Frank Huber, Heike Kircher, Isabel Matthes

**Randsportarten erfolgreich vermarkten**

GABLER EDITION WISSENSCHAFT

Frank Huber, Heike Kircher, Isabel Matthes

# Randsportarten erfolgreich vermarkten

## Gestaltung von Fernsehformaten mit Prominenten

**GABLER EDITION WISSENSCHAFT**

Bibliografische Information Der Deutschen Nationalbibliothek
Die Deutsche Nationalbibliothek verzeichnet diese Publikation in der
Deutschen Nationalbibliografie; detaillierte bibliografische Daten sind im Internet über
<http://dnb.d-nb.de> abrufbar.

1. Auflage 2008

Alle Rechte vorbehalten
© Betriebswirtschaftlicher Verlag Dr. Th. Gabler I GWV Fachverlage GmbH, Wiesbaden 2008

Lektorat: Frauke Schindler / Anita Wilke

Der Gabler Verlag ist ein Unternehmen von Springer Science+Business Media.
www.gabler.de

Umschlaggestaltung: Regine Zimmer, Dipl.-Designerin, Frankfurt/Main
Gedruckt auf säurefreiem und chlorfrei gebleichtem Papier
Printed in Germany

ISBN 978-3-8349-0924-4

# Vorwort

Mit einem gemessenen Marktanteil von 84,1% und einer Zuschaueranzahl von ca. 45 Millionen beim Halbfinalspiel der deutschen Mannschaft während der Fußball-WM im Jahr 2006 hat die Sportberichterstattung im Deutschen Fernsehen einen neuen Höhepunkt erfahren. Mit keinem anderen Medienprodukt als dem Sport sind solche Einschaltquoten zu erreichen, die sich in einem von starken Verdrängungsmechanismen gekennzeichneten Markt längst zum wichtigsten Entscheidungsfaktor über wirtschaftlichen Erfolg und Nicht-Erfolg sowohl der Fernsehanstalten als auch der Sportverbände entwickelt haben. Umso erstaunlicher erscheint die Tatsache, dass bislang relativ wenige Studien zur Sport-Rezeption im Fernsehen vorliegen. Vor allem weniger bekannte Sportarten entgehen fast gänzlich einer näheren Betrachtung. Im Hinblick auf die Frage, wie ein spannendes Sportereignis in ein nachgefragtes Unterhaltungsprogramm zu transformieren ist, setzte sich die vorliegende Schrift zum Ziel, mögliche Rezeptionsmotive bislang medial unterrepräsentierter Sportarten zu erkennen und in Verbindung mit neuen Vermarktungsmöglichkeiten – in Form verschiedener Promi-Sport-Formate, bei denen prominente Teilnehmer in unterschiedlichen Sportarten gegeneinander antreten, – zu überprüfen.

Das gleichermaßen erfolgsrelevante wie faszinierende Thema der geeigneten Vermarktung von Randsportarten haben die Autoren auf sehr anschauliche Weise im motivationstheoretischen Kontext herausgearbeitet. Die von den Verfassern initiierte Untersuchung ist als eine breit angelegte Erststudie zu werten, die dem Leser konkrete Hinweise zur Gestaltung von Fernsehformaten für Randsportarten liefern soll. **"Randsportarten erfolgreich vermarkten"** ist somit ein sehr aktuelles Buch, das sich an Sport- und Medienmanager, aber auch an Marketing- und Kommunikationsforscher wendet.

Heike Kircher

Frank Huber

Isabel Matthes

# Inhaltsverzeichnis

# Abkürzungsverzeichnis

| | |
|---|---|
| Abb. | Abbildung |
| Ästh | Ästhetik |
| AGF | Arbeitsgemeinschaft Fernsehforschung |
| allg. | allgemein |
| ARD | Arbeitsgemeinschaft der öffentlich-rechtlichen Rundfunkanstalten der Bundesrepublik Deutschland |
| bspw. | beispielsweise |
| BVerfG | Bundesverfassungsgericht |
| bzw. | beziehungsweise |
| ca. | circa |
| CBS | Columbia Broadcasting System |
| d. h. | das heißt |
| DEV | Durchschnittlich erfasste Varianz |
| Dipl.-Kffr. | Diplom-Kauffrau |
| Dr | Doktor |
| DSF | Deutsches Sportfernsehen |
| Einst. | Einstellung |
| EM | Europameisterschaft |
| EProf | Einstellung gegenüber dem Profi-Sport-Format |
| EProm | Einstellung gegenüber dem Promi-Sport-Format |
| ESMS | Entertainment Sport Motivation Scale |
| et. al. | und andere |
| etc. | und so weiter |
| f. | folgend |
| ff. | fortfolgend |
| GfK | Gesellschaft für Konsumforschung |
| H | Hypothese |
| Hrsg. | Herausgeber |
| Ident | Identifikation |
| Jg. | Jahrgang |

| | |
|---|---|
| LISREL | Linear Structural Relations |
| Min. | Minute |
| Mio. | Millionen |
| Mod | Moderator |
| Mrd. | Milliarden |
| MSSC | Motivation Scale for Sport Consumption |
| NFL | National Football League |
| Nr. | Nummer |
| o. V. | ohne Verfasser |
| Pfadkoeff. | Pfadkoeffizient |
| PLS | Partial Least Squares |
| PSB | parasoziale Beziehung |
| PSI | parasoziale Interaktion |
| RTL | Radio Télévision Luxembourg |
| S. | Seite |
| S. A. | Societé Anonyme |
| SFMS | Sport Fan Motivation Scale |
| Span | Spannung |
| Spek | Spektakulär |
| SPSS | Statistical Package for the Social Sciences |
| Tab. | Tabelle |
| TV | Television |
| u. a. | und andere |
| Univ.-Prof. | Universitäts-Professor |
| Unt. | Unterhaltung |
| US | United States |
| USA | United States of America |
| Vgl. | Vergleiche |
| Vol. | Volume |
| WM | Weltmeisterschaft |
| z. B. | zum Beispiel |

| ZDF | Zweites Deutsches Fernsehen |
| ZFP | Zeitschrift für Forschung und Praxis |
| Zuk1 | Zukünftige Sehabsicht 1 (zielgerichtet) |
| Zuk 2 | Zukünftige Sehabsicht 2 (zielgerichtet) |

# Abbildungsverzeichnis

# Tabellenverzeichnis

# 1 Relevanz der Rezipientenforschung im Medien-Sportbereich

Die Rezeption von Sportereignissen sowohl vor Ort im Stadion als auch vor dem heimischen Bildschirm nimmt in der Freizeitgestaltung vieler Menschen heute eine bedeutende Rolle ein. Im Jahr 1999 haben die amerikanischen Profi-Ligen im Football, Baseball, Basketball und Hockey gemeinsam 116 Millionen Stadionbesucher verzeichnen können und über zwei Drittel der US-amerikanischen Bevölkerung bezeichnet sich selbst als Fans der National Football League (NFL).[1] Nicht nur in den USA erfreut sich der Sport großer Beliebtheit, sondern auch in Deutschland spricht man neuerdings von einer „Versportlichung der Gesellschaft".[2] Beispielhaft dafür ist eine zunehmende Begeisterung in Deutschland für die Spitzensportart Fußball zu beobachten, die mit der Ausrichtung der WM im eigenen Land einen neuen Höhepunkt erfahren hat: Das Halbfinalspiel der deutschen Mannschaft im Sommer 2006 verfolgten ca. 45 Millionen Zuschauer am heimischen Bildschirm oder außer Haus;[3] der gemessene Marktanteil von 84,1 % ist damit die höchste jemals in Deutschland gemessene Fernsehreichweite.[4] Generell ist festzustellen, dass die Bedeutung, die dem Bereich Sport in den Medien zukommt, in den letzten 20 Jahren enorm zugenommen hat[5] und dass das Fernsehen nach wie vor das wichtigste und meistgenutzte Medium für den Konsum von Sport darstellt[6] – täglich werden über 40 Stunden Sport auf deutschen Fernsehkanälen gesendet.[7]

Sport zählt also als Garant für höchste Einschaltquoten im Fernsehen und ist im Wettbewerb um die Gunst der Zuschauer längst zu einem wichtigen Ein-

---

[1] Vgl. James/Ridinger (2002), S. 261.
[2] Digel/Burk (2001), S. 18.
[3] 29,66 Mio. Zuschauer verfolgten das Spiel zu Hause und 16,38 Mio. außer Haus, vgl. Geese/Zeughardt/Gerhard (2006), S. 457.
[4] Vgl. Geese/Zeughardt/Gerhard (2006), S. 455: Fernsehreichweite wird seit 1975/76 gemessen.
[5] Vgl. Hackforth (2001), S. 34.
[6] Vgl. Gleich (2000), S. 514.
[7] Vgl. Rühle (2002), S. 220.

flussfaktor geworden. Daher erscheint es überraschend, dass dieses Programm-Genre im Rahmen der empirischen Medienforschung, vor allem im Bereich der Rezipientenforschung, bislang unzureichend untersucht wurde.[8] Welche persönlichen Beweggründe dazu führen, dass sich Menschen Sportübertragungen im Fernsehen ansehen, ist aber aufgrund zunehmender Konkurrenz um knappe Sendezeiten und gleichzeitig begrenzter Sehzeiten der Zuschauer von herausragender Wichtigkeit für die Programmgestaltung der Sender, die wiederum deren wirtschaftlichen Erfolg bestimmt.[9] *Schauerte* bezeichnet den Rezipienten dabei als „zentrale Position in der Medienlandschaft, an der entschieden wird, ob das publizistische Produkt im Wettbewerb besteht".[10]

Diesem Wettbewerb sind zugleich auch die verschiedenen Sportarten untereinander ausgesetzt, die ganz unterschiedliche Bedürfnisse beim Zuschauer befriedigen sollen. In diesem Zusammenhang konstatieren *Pan/Baker*: „An effective sport marketing strategy does not come solely from the production of a winning team, but rather from a conscious effort to produce a successful product which contains *consumer-expected value-driven attributes*, for an event that is congruent with unmet needs and wants".[11] Insbesondere Randsportarten, deren Wettbewerbe nur gelegentlich medial präsentiert werden, stehen in starker Konkurrenz zu Spitzensportarten wie dem Volkssport Nr. 1 Fußball.[12] Nicht nur die Medien, sondern auch die wissenschaftliche Forschung in diesem Bereich konzentriert sich auf Spitzensportarten. Studien zur Sport-Rezeptionsforschung beschäftigen sich demnach hauptsächlich mit den Zuwendungsmotiven der Zuschauer von American Football, Fußball, Baseball

---

[8] Vgl. Gleich (1998), S. 144.
[9] Vgl. Kapitel 2 zur gegenseitigen Abhängigkeit von Medien und Sport.
[10] Schauerte (2004), S. 96.
[11] Pan/Baker (2005), S. 353.
[12] Die Definition von Spitzensportart und Randsportart bzw. unterrepräsentierte Sportart bezieht sich in Anlehnung an das Verständnis von *Schellhaaß/Hafkemeyer* allein auf die Sehbeteiligung im Fernsehen und ist nicht zwangsläufig immer mit großen internationalen Erfolgen und großen Mitgliederzahlen in Vereinen verbunden, vgl. Schellhaaß/ Hafkemeyer (2002), S. 1.

oder Basketball – weniger bekannte Sportarten entgehen fast gänzlich einer näheren Betrachtung.[13] Dass jedoch gerade die Vermarktung von Randsportarten bisher unausgeschöpfte Potenziale in sich birgt, zeigt das überaus erfolgreiche Konzept des Privatsenders RTL, der einige, lange Zeit medial unbedeutende Sportarten wie Boxen, Formel 1 oder Skispringen zu mit den nachfragestärksten Medienprodukten aufzubauen verstand.[14]

Die vorliegende Arbeit setzt sich daher zum Ziel, Rezeptionsmotive von Sportzuschauern in Bezug auf medial bisher unterrepräsentierte Sportarten zu untersuchen. Sowohl den Sportverbänden selbst als auch den Sendeanstalten können diese Erkenntnisse dienen, um das Produkt Randsport bedürfnisgerechter auf die Zielgruppen abzustimmen, sodass für beide eine Win-Win-Situation entstehen kann.[15] In diesem Zusammenhang reicht es jedoch nicht aus, nur Rezeptionsmotive zu erkennen, sondern diese sind auch in Verbindung mit möglichen neuen Vermarktungsstrategien zu überprüfen – denn die Gewinnung von bisherigen Nicht-Rezipienten spielt aufgrund des hohen Wettbewerbs auf dem Fernsehmarkt eine entscheidende Rolle.[16] Eine dieser Möglichkeiten, die zur Bekanntheit von medial unterrepräsentierten Sportarten beitragen können, stellen die so genannten Promi-Sport-Formate[17] dar, bei denen prominente Personen in verschiedenen Sportarten gegeneinander antreten. Es gilt also zu klären, welche Zuwendungsmotive bei diesen Promi-Sport-Formaten eine Rolle spielen und ob es Unterschiede zu der bisherigen Präsentation derselben Sportarten im klassischen Profi-Sport-Format – d. h. einer Übertragung von Wettkämpfen mit professionellen Sportlern – gibt. Darauf aufbauend soll geprüft werden, ob mit Hilfe dieser Promi-Sport-Formate das

---

[13] Vgl. hierzu Studienüberblick zu Sport-Nutzungsmotiven in Kapitel 3.2.
[14] Vgl. Kapitel 2.5.
[15] Vgl. Kühnert (2004), S. 71.
[16] Vgl. Kühnert (2004), S. 75.
[17] Für den weiteren Verlauf der vorliegenden Arbeit wird dieser Begriff in Abgrenzung vom Profi-Sport-Format mit professionellen Sportlern an dieser Stelle eingeführt und fortlaufend verwendet. Die Wahl für die beiden Ausdrücke Profi- und Promi-Sport-Format fiel aufgrund der leichten Verständlichkeit und Unterscheidungsmöglichkeit, sodass der Lesefluss der Arbeit nicht durch komplexe Umschreibungen der Begriffe gestört wird.

Interesse der Rezipienten an den dort gezeigten Sportarten gefördert werden kann.

Um die vielschichtigen Zusammenhänge und Besonderheiten der Verbindung von Medien und Sport besser zu verstehen, bietet es sich daher zunächst an, im folgenden Kapitel den Sport-Medien-Komplex mit seinen Vorteilen und Problematiken aber auch Entwicklungstendenzen darzustellen. Im Kapitel 3 erfolgt anschließend eine umfangreiche Sichtung der aktuellen Literatur sowohl zur Medien- als auch zur Sport-Rezeption, um Erkenntnisse aus beiden Bereichen in der Betrachtung der Mediensport-Rezeption zusammenzuführen. Die daraus abgeleiteten Hauptmotive der TV-Sport-Nutzung werden abschließend näher vorgestellt. In einem darauf folgenden Schritt werden die Motive Ästhetik, Spannung, Unterhaltung, Sensationslust, soziale Identifikation und Moderation als mögliche Einflussfaktoren auf die Einstellung gegenüber dem Profi- bzw. Promi-Sport-Format ausgewählt und im vierten Kapitel dieser Studie in ein Modell integriert. Basierend auf der Markentransfertheorie liegt der zweite Schwerpunkt in diesem Modell in der Annahme eines postulierten Einflusses der positiven Einstellung gegenüber dem Promi-Sport-Format auf die zukünftige Sehabsicht des Profi-Sport-Formates in Abhängigkeit des Fits[18] zwischen den Einflussfaktoren der Einstellung. Zusätzlich werden verschiedene moderierende Variablen in das Modell aufgenommen, die die aufgestellten Konstruktzusammenhänge beeinflussen. Bevor jedoch in Kapitel 5 die empirische Überprüfung des entwickelten Erklärungsmodells durch Erhebung und anschließender Auswertung der Daten erfolgen kann, ist mit dem Partial Least Squares (PLS)-Ansatz ein geeignetes Verfahren zur Modellschätzung im Rahmen von Strukturgleichungsmodellen auszuwählen, eine entsprechende Operationalisierung der Konstrukte durchzuführen sowie das Untersuchungsdesign festzulegen. Die aus der Untersuchung gewonnenen Ergebnisse und ihre Interpretation stellen den Endpunkt des Kapitels dar, aus denen schließ-

---

[18] Unter Fit wird hier die Passung zwischen den beiden Formaten in Bezug auf die Nutzungsmotive, d. h. in Bezug auf die Einflussfaktoren der Einstellung des postulierten Modells, verstanden. Eine ausführliche Erläuterung erfolgt dazu in Kapitel 4.4.

lich in Kapitel 6 Implikationen für Forschung und Praxis deduziert sowie offene Forschungsfragen angesprochen werden. Abbildung 1 gibt einen Überblick über den Aufbau der Arbeit.

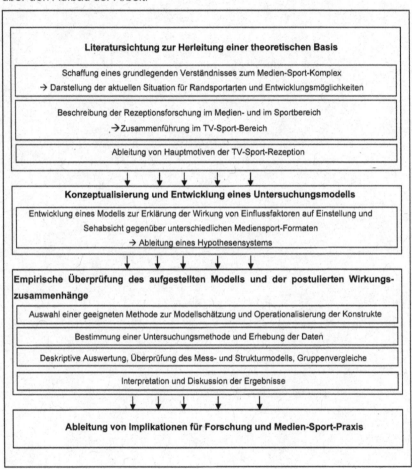

Abbildung 1: Aufbau der Arbeit

## 2 Grundlagen des Medien-Sport-Komplexes

Die Beziehungen und Verflechtungen zwischen Sport, Massenmedien und der Wirtschaft haben in den letzten Jahren an Komplexität deutlich zugenommen, das gemeinsame Ziel aller Beteiligten ist jedoch nach wie vor recht simpel. Es geht darum, die Aufmerksamkeit des Rezipienten zu erlangen, denn diese stellt die Basis für Medientreue und Kaufentscheidungen dar.[19] *Hagenah* erweitert diese Dreiecks-Beziehung und spricht vom ,Magischen Viereck',[20] indem er das Publikum als gleichwertige Größe mit aufnimmt, die sowohl von den anderen drei Bereichen beeinflusst wird als auch selbst auf diese einwirkt.[21]

Die Abhängigkeitsstrukturen innerhalb dieses Systems werden vor allem durch die zunehmende Relevanz des Wirtschaftssektors deutlich: Die Fernsehanbieter müssen die Kosten für Sportübertragungsrechte heute weitgehend über Werbeeinnahmen finanzieren und auch die Sportverbände decken ihre Investitionen in die Nachwuchsförderung hauptsächlich mit Hilfe von Merchandising, Sponsoren-Geldern und den Erlösen aus dem Rechteverkauf.[22]

Der Einfluss der Wirtschaftsseite auf die Zusammenhänge zwischen Medien, Sport und Publikum wird in den weiteren Ausführungen immer wieder erkennbar, erfährt jedoch keine gesonderte Betrachtung, da das Augenmerk in der vorliegenden Arbeit auf den Rezeptionsmotiven der Zuschauer für den Mediensport liegen soll. Nach einer kurzen Darstellung der Situation auf dem deutschen Fernsehmarkt werden die Abhängigkeitsstrukturen zwischen Medien und Sport aufgezeigt sowie Besonderheiten aber auch Problematiken der Beziehung identifiziert, um dann auf mögliche Entwicklungstendenzen für Randsportarten in diesem skizzierten Rahmen näher einzugehen.

---

[19] Vgl. Gleich (2000), S. 511, Schauerte/Schwier (2004), S. 7.
[20] Das ,Magische Viereck' beschreibt in der Volkwirtschaft die vier Ziele der Stabilisierungspolitik: Vollbeschäftigung, Preisniveaustabilität, Wachstum und außenwirtschaftliches Gleichgewicht, vgl. Cezanne (2005), S. 66.
[21] Vgl. Hagenah (2004b), S. 17.
[22] Vgl. Kühnert (2004), S. 70 f.

## 2.1    Darstellung der Situation auf dem deutschen Fernsehmarkt

Betrachtet man die Entwicklungsgeschichte des Mediums Fernsehen, wird die Bedeutung von Sportübertragungen schon von Beginn an erkennbar, erfolgte die erste direkte Fernsehübertragung durch elektronische Kameras gleich bei einem sportlichen Großereignis, nämlich bei den Olympischen Spielen 1936 in Berlin. Der erste große Höhepunkt in der länderübergreifenden Übertragung von Sportveranstaltungen war die Fußball-WM 1954 aus der Schweiz. Bereits neun Jahre später ging das ZDF mit seinem heute noch erfolgreichen „Aktuellen Sportstudio" auf Sendung.[23] Bis in die 70er Jahre galt Sport jedoch lediglich als eine von verschiedenen Möglichkeiten der Freizeitgestaltung. Das sportliche Engagement fand auf ehrenamtlicher Basis statt, Sportler hatten Amateurstatus und Werbung oder Sponsoring, wie bereits aus den USA bekannt, waren zu dieser Zeit in Deutschland regelrecht verpönt.[24]

Durch die Einführung der privaten Sender und Pay-TV-Kanäle in den 1980er Jahren sowie die Nutzung neuer Übertragungstechniken (Kabel-, Satelliten- und digitales Fernsehen) erfuhr der Fernsehmarkt eine Entwicklung von einer zunächst schwachen Differenzierung nach dem Zweiten Weltkrieg mit lediglich zwei öffentlich-rechtlichen Programmen hin zu einer großen Angebotsvielfalt mit speziellen Spartensendern wie Eurosport und DSF, die auch der Sportübertragung mehr Raum boten.[25] Dadurch konnten mehr Zuschauer gewonnen und folglich auch das Interesse der Werbeindustrie angeregt werden.[26] Im Zuge dieser Veränderungen wurde der Sport für die Sender immer bedeutender zur Generierung von Zuschauernachfrage bei beschränkten Sendezeiten.

Aktuell schreiten die Entwicklungen in diesem Bereich weiter voran, werden doch durch die angestrebte Digitalisierung 380 und mehr TV-Kanäle erwar-

---

[23] Vgl. Hackforth (1978).
[24] Vgl. Schauerte (2004), S. 85.
[25] Vgl. Haller (1996), S. 348, Digel/Burk (2001), S. 21.
[26] Vgl. Schwier (2004), S. 43 f.

tet.[27] Damit sinken zwar automatisch die Einschaltquoten pro Sender, gleichzeitig eröffnet die Digitalisierung aber eine Möglichkeit zur Segmentierung der Fernsehzuschauer in immer kleinere, bedürfnisgerecht abgestimmte Gruppen ohne große Streuverluste.[28]

## 2.2 Abhängigkeitsstrukturen zwischen Medien und Sport

Die mit der fortschreitenden Entwicklung der Medienlandschaft und einem durch zunehmenden Wettbewerb gekennzeichneten Markt einhergehenden Veränderungen nehmen auch Einfluss auf die Bedeutung des Fernsehens für die Sportvermarktung.[29] Der Sport gilt heutzutage als gesellschaftlich relevanter Bereich und erfährt durch die ständige Medienpräsenz einen deutlichen Image- und Popularitätsgewinn.[30] Weil mit der Ausstrahlung von Sportveranstaltungen regelmäßig hohe Einschaltquoten generiert werden können, hat sich der Verkauf von Übertragungsrechten an die Fernsehanstalten für die Sportverbände mittlerweile als lukrative Einnahmequelle erwiesen. Auch das Sport-Sponsoring und die gezielte Vermarktung von Vereinen und Sportlern durch den Verkauf von Fanartikeln (Merchandising) haben in den letzten Jahren in hohem Maße zugenommen. Dieser Aufbau finanzieller Ressourcen ist auch zwingend notwendig, um in erfolgreiche Nachwuchsarbeit investieren zu können, da die Leistungsanforderungen an Sportler im internationalen Vergleich immer größer werden.[31] Die mediale Präsentation ist für viele Sportarten daher von geradezu existentieller Bedeutung wie *Schaffrath* treffend konstatiert: „Was nicht in den Medien ist, existiert nicht oder anders formuliert, wer keine Medienpräsenz nachweisen kann, bekommt auch keine Sponsoren".[32] Diese Abhängigkeitsstruktur trifft jedoch nicht auf alle Sportarten zu. Dienen die Medien eigentlich als Mittel, um Sportereignisse ins Bewusstsein der Öffentlichkeit zu rücken, treten bei Spitzensportarten wie Fußball oder Formel 1

---

[27] Vgl. Stolte (1996), S. 357, Hackforth (2001), S. 36.
[28] Vgl. Hackforth (2001), S. 36.
[29] Vgl. Kühnert (2004), S. 71.
[30] Vgl. Digel/Burk (2001), S. 27.
[31] Vgl. Rott/Schmitt (2004), S. 29.
[32] Vgl. Schaffrath (2002), S. 23.

ökonomische Ziele immer mehr in den Vordergrund – das Fernsehen fungiert nur noch als ausführendes Instrument, an das Sende- und Verwertungsrechte meistbietend verkauft werden.[33]

Trotz des zunehmenden Drucks der Sportverbände auf die Fernsehsender stellt der Sport nach wie vor ein wichtiges Programmelement für die Sender dar – die Gründe dafür differieren allerdings zwischen den öffentlich-rechtlichen Rundfunkanstalten und den Privat-Sendern. So ist die Programm- und Themenauswahl bei den einen eher von rechtlichen und bei den anderen ausschließlich von ökonomischen Rahmenbedingungen bestimmt.[34] Das Rundfunkgesetz der Öffentlich-Rechtlichen sieht die Übertragung von Sportereignissen im Fernsehen als Teil der Aufgabe an, Meinungen, Strömungen und Themen der Gesellschaft abzubilden und aufzugreifen, um somit zum öffentlichen Willens- und Meinungsbildungsprozess einen Beitrag zu leisten. Daraus ergibt sich auch die Verpflichtung, eine breite Palette an verschiedenen Sportarten anzubieten, um nicht nur ein Massen- sondern auch ein speziell interessiertes Publikum anzusprechen.[35] Eine vollkommen andere, ökonomisch geprägte Sichtweise wird dagegen in der vielfach zitierten Aussage des ehemaligen RTL-Chefs *Thoma* offensichtlich: „Für mich gibt es nur vier Sportarten: Fußball, Fußball, Fußball und Tennis".[36] Wie schon zuvor verdeutlicht, gilt für viele Sender der Sport als Zugpferd. Lassen sich doch durch die Übertragung von Sportereignissen relativ einfach hohe Einschaltquoten generieren und gleichzeitig Zuschauer an den Sender binden.[37] Die Übertragung von sportlichen Großereignissen dient zudem der Schärfung des Senderprofils, der Pro-

---

[33] Vgl. Brinkmann (2000), S. 491.
[34] Vgl. Hagenah (2004b), S. 19.
[35] Vgl. Pleitgen (2005), S. 5 zum Rundfunkgesetz. Zu den Forderungen des BVerfG nach einem Grundversorgungsauftrag des öffentlich-rechtlichen Rundfunks vgl. auch Schellhaaß (2003a), S. 4.
[36] Zitiert nach Pleitgen (2000), S. 5. Aktuell müsste das Zitat entsprechend der wieder ins Programm aufgenommenen Titelkämpfe von Schulz, Maske oder den Klitschko-Brüdern angepasst und Tennis durch Boxen ersetzt werden.
[37] Vgl. Schellhaaß (2000), S. 7.

filierung des Images[38] und verbessert die strategische Position des Senders im Wettbewerb.[39] Dies gilt auch für den Reputationsaufbau von weniger bekannten Sendern, die durch den Erwerb von Spitzen-Sport-Rechten das Interesse der Zuschauer auf sich lenken können.[40] Wenn der Zuschauer dem Sender treu bleibt, können außerdem zeitlich vor- und nachgelagerte Sendungen durch so genannte Abstrahleffekte ins Restprogramm[41] von Sportübertragungen profitieren. Ein weiterer Vorteil von Sportereignissen zeichnet sich dadurch aus, dass sie in der Regel festen zeitlichen Vorgaben folgen und somit von den Sendern langfristig im Voraus in die Programmplanung aufgenommen werden können – was die Attraktivität des Produktes Sport für die Medien zusätzlich erhöht.[42]

## 2.3 Besonderheiten der Medien-Sport-Beziehung

Die vereinfachte Programmplanung durch zeitlich festgelegte Vorgaben impliziert zugleich eine besondere Stellung des Fernsehsports. Sportliche Großveranstaltungen weisen nämlich die Eigenschaften eines positionalen Gutes[43] auf, das sich durch eine Inelastizität des Angebotes auszeichnet. Ein positionales Gut kann demnach nicht in der Menge beliebig erweitert oder durch ein anderes ersetzt werden.[44] Dies trifft auch auf sportliche Großereignisse zu, da die Anzahl der Wettkämpfe begrenzt und eine Imitation im Vergleich zu anderen TV-Produkten schwierig ist.[45] Ein weiteres Merkmal und zugleich eine Schwierigkeit bei der Vermarktung des Gutes Sportberichterstattung liegt in

---

[38] Vgl. Schwier (2004), S. 41.
[39] Vgl. Enderle (2000), S. 72.
[40] Vgl. Siegert/Lobigs (2004), S. 179. Als Beispiel kann der kurzzeitige Erwerb der Übertragungsrechte der Fußball-Champions League durch den Sender tm3 angeführt werden, vgl. Kühnert (2004), S. 80.
[41] Vgl. Rott/Schmitt (2004), S. 29.
[42] Vgl. Loosen (2004), S. 10.
[43] Nach Kruse ist solches Gut charakterisiert „durch seinen vorderen Rang in der Qualitätsskala, wenn diese Rangeigenschaft (und nicht etwa die Qualität des Gebotenen als solche)besonders nachfragewirksam ist", Kruse (2000), S. 13.
[44] Vgl. Kruse (2000), S. 13, Kühnert (2004), S. 73.
[45] Vgl. Siegert/Lobigs (2004), S. 175.

der kostenlosen[46] Nutzung von Free-TV-Sendern[47], da fast jeder Haushalt einen Fernseher besitzt und für den Konsum einzelner Sendungen kein Preis
verlangt wird. Somit gibt es auch – im Gegensatz zur klassischen Produktein-
führung in der Industrie – keine Möglichkeit, den Konsumenten über attraktive
Einstiegspreise für das Produkt zu interessieren.[48] Für den Erfolg von Sportübertragungen ist auch das Überraschungsmoment ein wichtiges Gütekriterium, denn die reale Unsicherheit über den Ausgang eines Wettkampfes erhöht
die Spannung für die Zuschauer. Diese gewünschte Unsicherheit seitens der
Zuschauer, die ihre Nachfrageentscheidung u. a. auch von diesem Kriterium
abhängig machen, steht jedoch im Gegensatz zu den Erwartungen der Sender, die sichere und konstante Einschaltquoten wünschen.[49]

Fernsehprogramme können des Weiteren als Erfahrungsgüter bezeichnen
werden.[50] Erfahrungsgüter sind dadurch gekennzeichnet, dass die Qualität
des Gutes und damit der Nutzen für den Konsumenten erst nach der Inan-
spruchnahme der Leistung überprüft werden kann.[51] Eine Fernsehsendung
kann ebenfalls nicht vor dem Konsum vollständig bewertet werden. Nach *Hafkemeyer* kommt den Sendern außerdem eine Art Lenkungsfunktion zu, da vor
allem beim passiven Fernsehkonsum die Präferenzen der Zuschauer häufig
nicht klar festgelegt sind und sie sich daher bei ihrer Auswahl nach der Ge-
samtpositionierung des Senders richten. In Bezug auf die Sender kann daher
auch von einem Vertrauensgut gesprochen werden.[52] Bei Vertrauensgütern ist
weder vor noch nach der Leistung eine vollständige Beurteilung des Gutes

---

[46] Die öffentlich-rechtlichen Rundfunkanstalten erheben zwar eine monatliche Rundfunkge-
bühr, die aber nicht auf den Konsum einzelner Sendungen herunter gebrochen werden
kann, sodass es für Sportübertragungen keine im eigentlichen Sinne festgelegten Preise
gibt.
[47] Zu den Free-TV-Sendern gehören alle Sender, deren Programm frei empfangbar ist und
die sich dadurch von verschlüsselten Pay-TV-Anbietern wie dem Sender Premiere unterscheiden.
[48] Vgl. Hafkemeyer (2003), S. 63, Kühnert (2004), S. 85.
[49] Vgl. Wenner/Gantz (1989), S. 242, Coenen (2004), S. 127.
[50] Vgl. Hafkemeyer (2003), S. 81, Kühnert (2004), S. 89, Schwier (2004), S. 53.
[51] Vgl. Adler (1996), S. 69.
[52] Vgl. Hafkemeyer (2003), S. 81 f.

möglich.[53] Nach *Kühnert* können auch die Sendungen selbst als Vertrauensgut bezeichnet werden, da der Konsument auch nach der Programmauswahl nicht beurteilen kann, ob die gewählte Alternative seinen Nutzen maximiert hat.[54] Entsprechend vertraut der Rezipient bei der Wahl eines Senders darauf, ein seinen Präferenzen entsprechendes Produkt angeboten zu bekommen.[55] Hat ein Sender einen solchen Vertrauensstatus beim Zuschauer erworben, so können auch neue Sendeinhalte, beispielsweise Berichterstattungen über weniger bekannte Sportarten, mit aufgenommen werden, ohne dass ein sofortiges Umschalten erfolgt. Durch Habitualisierung und Kanaltreue kann das träge Umschaltverhalten der Zuschauer genutzt werden, um neue Sportinhalte in das Programm zu implementieren.[56]

## 2.4 Problematiken der Beziehung zwischen Medien und Sport in Bezug auf Randsportarten

Dass beide Seiten, sowohl die Medien als auch der Sport, sich gegenseitig bereichern und voneinander profitieren können, zeigen die Ausführungen aus den vorherigen Abschnitten. Jedoch zeichnen sich im Zuge der steigenden Angebotsvielfalt auf dem Fernsehmarkt auch Problematiken dieser Beziehung ab. Vor Eintritt der privaten TV-Anbieter auf dem Fernseh- und Rundfunkmarkt in den 1980er Jahren herrschte ein weitgehender Interessensausgleich zwischen den beiden öffentlich-rechtlichen Sendern ARD und ZDF und den Sportverbänden, der sich durch geringe Lizenzgebühren seitens der Verbände und einer Art Monopolstellung der beiden Sender auszeichnete.[57] Mit dem zunehmenden Angebot an Sendern, die an der Ausstrahlung von Sportereignissen interessiert sind, verstärkte sich aber die Stellung der Sportverbände, die die Senderechte heute meistbietend vergeben. Betrugen die Lizenzgebühren für ARD und ZDF für die Bundesliga-Saison 1987/88 vergleichsweise geringe

---

[53] Vgl. Adler (1996), S. 69.
[54] Vgl. Kühnert (2004), S. 89.
[55] Vgl. Hafkemeyer (2003), S. 81 f.
[56] Vgl. Siegert/Lobigs (2004), S. 175.
[57] Vgl. Schauerte (2004), S. 86.

9 Mio. Euro,[58] zahlten Arena TV, ARD und Telekom für die Saison 2005/06 rund 440 Mio. Euro.[59] Die damit einhergehende Problematik liegt auf der Hand, sind die Vermarktungsrechte für Sender doch mittlerweile so kostspielig, dass zur Refinanzierung alle Möglichkeiten der Zweit- und Drittverwertung ausgenutzt werden müssen.[60] Trotzdem haben die Kosten der Übertragungsrechte längst die Werbeeinnahmen überstiegen, sodass vor allem die Privat-Sender über die Grenzen der finanziellen Leistungsfähigkeit hinausgehen. In 2002 beliefen sich die Einnahmen des öffentlich-rechtlichen Rundfunks durch die Rundfunkgebühren auf ca. 7 Mrd. Euro, denen die Werbeeinnahmen der Privaten mit ca. 4,2 Mrd. Euro gegenüberstanden. Der Sender SAT 1 zog daraus die Konsequenz und verzichtete auf die Erstverwertungsrechte der Fußball-Bundesliga, sodass seit 2003 die Erstberichterstattung im Free-TV wieder beim Ersten Deutschen Fernsehen liegt.[61]

Die hohen Kosten für Übertragungsrechte haben folglich, auch bedingt durch gleichzeitig knappe Sendezeiten und begrenzte Sehzeiten, zu Konzentrationsprozessen im Sportmarkt geführt. So stellt *Gleich* fest, dass heute nur Sportarten, die für ein Massenpublikum attraktiv sind, eine Chance auf einen Sendeplatz im Fernsehen haben.[62] Nach einer Studie der Deutschen Sporthochschule in Köln von 1999 beziehen sich ca. ein Drittel aller Sport-Beiträge im Fernsehen auf Fußball, gefolgt von Leichtathletik, Motorsport und Tennis. Alle anderen Sportarten waren mit einem Anteil von höchstens drei Prozent vertreten, was die bestehende Kluft zwischen Spitzen- und Randsport veranschaulicht.[63] *Strauss* hingegen führt die Konzentration der marktführenden Sender auf bestimmte Großereignisse in bestimmten Sportarten auch auf kulturell gewach-

---

[58] Vgl. Brinkmann (2000), S. 496. Die Problematik der Vermarktungsrechte am Beispiel Fußball zeigt Schellhaaß (1999) auf.
[59] o.V. (2006b), S. 13. Die Daten basieren auf dem DFL/Bundesligareport 2006.
[60] Bei der Mehrfachverwertung ergibt sich jedoch zugleich das Problem der Aktualität, da bereits bekannte Ergebnisse die Attraktivität schmälern, vgl. Kühnert (2004), S. 77, Schwier (2004), S. 42.
[61] Vgl. Schauerte (2004), S. 100.
[62] Vgl. Gleich (2000), S. 512.
[63] Vgl. Gleich (2000), S. 511.

sene Strukturen zurück, denn es handelt sich hierbei in der Regel um Sportarten, die sich schon lange vor Einführung der Fernsehübertragung einer großen Beliebtheit erfreuten[64] und daher auch eine gewisse Loyalität der Zuschauer genießen.[65] Sender, die diese Sportarten mit in ihr Programm aufnehmen, können somit relativ risikolos ihre Einschaltquoten sichern.

Im Zusammenhang mit diesen Konzentrationstendenzen ist auch der TV-32er-Vertrag[66] zu nennen, ein Rahmenvertrag zwischen den Sendern ARD und ZDF sowie 32 bislang medial unterrepräsentierten Sportarten, der die Angebotsvielfalt im Sportbereich sichern soll. Die Auswahl der Sportarten sowie die Art und Dauer der Berichterstattung wird jedoch den Sendern überlassen, sodass diesen keine rechtliche Verpflichtung aus dem Vertrag entsteht, sportliche Veranstaltungen zu übertragen. In der Praxis erfolgt eine punktuelle, nicht regelmäßige Präsentation von Randsportarten, die keine Möglichkeiten birgt, langfristig neue Zuschauer für eine Sportart zu interessieren. Im Gegensatz zu den privaten Anbietern entsteht auch kein Anreiz bzw. keine Notwendigkeit, einen finanziellen Überschuss durch eine veränderte Programmstrategie zu erzielen, da die Einnahmen durch die verpflichtenden Rundfunkgebühren weitestgehend konstant gesichert sind.[67]

Stattdessen nehmen massenattraktive Sportarten wie Fußball mittlerweile zunehmend Einfluss auf die Programmplanung der Fernsehsender und drängen damit weniger bekannte Sportarten noch mehr an den Rand. Der Fußball ist in Europa schon lange nicht mehr auf die Medien als Mittler angewiesen, sondern es bilden sich mittlerweile bereits eigene Vereinssender, wie die Beispiele der Vereine Manchester United, Real Madrid oder AC Mailand zeigen.[68] In der aktuellen Diskussion steht auch eine vertikale Integration in umgekehrter

---

[64] Vgl. Strauss (2002), S. 155.
[65] Siehe hierzu auch die Studie von Mahony et al., die sich mit der Problematik der Zuschauerloyalität bei der Einführung einer neuen Fußball-Liga in Japan gegenüber alten, etablierten Ligen beschäftigen, vgl. Mahony et al. (2002), S. 2.
[66] Zum genauen Wortlaut des Vertrages siehe Schellhaaß/Hafkemeyer (2002), S. 5 ff.
[67] Vgl. Schellhaaß (2003a), S. 3 ff.
[68] Vgl. Brinkmann (2000), S. 495, Pleitgen (2000), S. 4.

Richtung, d. h. dass Medienkonzerne zunehmend Interesse zeigen, sich finanziell an Sportvereinen zu beteiligen, wodurch sich gegenseitige Abhängigkeitsstrukturen noch weiter verstärken werden.[69]

## 2.5    Entwicklungstendenzen für Randsportarten

*Schellhaaß* fasst die Problematik vieler Sportarten zusammen, nach der trotz
Änderungen im Regelwerk, Verschiebung der Austragungszeiten oder Modifi-
zierung der Wettbewerbe[70] „es der großen Mehrheit an Sportarten bislang
noch nicht gelungen ist, ein spannendes Sportereignis in ein nachgefragtes
Unterhaltungsprogramm zu transformieren".[71] Seiner Meinung nach rührt das
mangelnde Interesse der Zuschauer auch daher, dass durch die sporadische
Berichterstattung seitens der Sender beim Rezipienten kein nachhaltiges Wissen über die Sportart aufgebaut werden kann. Sind die Spieler weitgehend
unbekannt und werden die Regeln nicht verstanden, so erfährt der Zuschauer
keinen Nutzen aus der Übertragung und schaltet höchstwahrscheinlich in ein
anderes Programm um.[72]

Dass der Erfolg von Randsportarten mit den richtigen Wettbewerbsstrategien
aber realisierbar ist und hier das Potenzial bisher nicht ausgeschöpft zu sein
scheint, zeigen die Bemühungen des Senders RTL, der bereits mehrfach zum
Zeitpunkt des Rechteeinkaufs durchaus als Randsportarten zu bezeichnende
Sportarten – wie Tennis, Formel 1, Boxen oder Skispringen – systematisch zu
Spitzensportarten aufzubauen verstand.[73] Die Sportart Boxen besaß beispielsweise lange Zeit ein negatives Image und war daher für Medien und
Sponsoren kaum von Interesse. Durch die regelrechte Inszenierung des ost-
deutschen Boxers Henry Maske durch den Sender RTL nach der Wiederver-

---

[69] Vgl. zu diesen Entwicklungstendenzen ausführlich Enderle (2000), S. 78 ff.
[70] Detaillierte Vorschläge für einige Sportarten machen Schellhaaß/Hafkemeyer (2002), S. 74
ff.
[71] Schellhaaß (2003b), S. 1.
[72] Vgl. Schellhaaß (2003b), S. 4 f.
[73] Vgl. Schellhaaß (2003a), S. 10.

einigung wurden seine Kämpfe zu den kommerziell erfolgreichsten Medienereignissen der 1990 Jahre.[74]

Eine Alternative zu dieser Eventisierungsstrategie[75] stellt die von *Schellhaaß* formulierte Beimischungsstrategie dar, die zudem unter dem finanziellen Gesichtspunkt gesehen mit geringerem Risiko behaftet ist. Das Ziel dieser Strategie liegt darin, neue Wege der Präsentation zu suchen, die den Zuschauer auf zunächst eher passive Weise mit der Sportart in Berührung bringen, beispielsweise durch Integration in andere Sendeformate.[76] Der Rezipient konsumiert die Sendung also zunächst nicht wegen der präsentierten Sportart, wird aber ‚en passant' mit Informationen über diese versorgt, was langfristig zu einem Reputationsaufbau der Sportart führen kann.[77]

Eine Möglichkeit stellen in diesem Zusammenhang die so genannten Promi-Sport-Formate dar, die in jüngster Zeit verstärkt auch auf dem deutschen Fernsehmarkt Einzug halten. Bei diesen Einzel-Sendungen bzw. zum Teil auch Serienformaten treten prominente Personen, wie Schauspieler, Moderatoren, Sänger oder auch Politiker, in einem sportlichen Wettkampf gegeneinander an. Bei einigen Formaten erfolgt die Entscheidung über den Sieg aufgrund der schnellsten Zeit oder der geringsten Fehlerzahl, bei anderen wird die Leistung der Prominenten von einer Fach-Jury und dem Fernsehpublikum per Telefonvoting bewertet. Diese Sportformate mit prominenten Teilnehmern wurden in Deutschland zunächst von den privaten Anbietern mit in das Programm aufgenommen, wie die erfolgreichen Beispiele „Wok-WM" oder „Turmspringen" auf PRO7 mit Stefan Raab sowie das „Promi-Boxen" auf RTL zeigen.[78] Aber auch die öffentlich-rechtlichen Sender haben das Potenzial dieser Sendungen erkannt und mit „Star-Biathlon" (ARD) und „Promi-Turnen" (ZDF)

---

[74] Vgl. Lamprecht/Stamm (2002), S. 152.
[75] Siegert/Lobigs (2004), S. 176.
[76] Vgl. Kühnert (2004), S. 75.
[77] Vgl. Schellhaaß (2003b), S. 6, Hafkemeyer (2003), S. 83.
[78] Turmspringen konnte in der Zielgruppe der 14-49-Jährigen Marktanteile von über 30% verzeichnen, vgl. Krei (2005), http://www.quotenmeter.de/index.php?newsid=12151, letzter Abruf 27.11.2006.

weitere Sportarten auf neuem Wege präsentiert.[79] Neben den Einzel-Sendungen hat RTL nach der erfolgreichen mehrwöchigen Tanz-Show „Let's Dance" auch die Rechte am Serien-Format „Dancing on Ice" erworben, die beide in Großbritannien entwickelt und dort zur „meistgesehenen Samstag-abend-Show der letzen fünf Jahre"[80] wurden. Die angeführten Beispiele zeigen, dass mit prominenten Teilnehmern hohe Einschaltquoten zu generieren sind – während dieselben Sportarten im herkömmlichen Profi-Format präsentiert nach wie vor ein Schattendasein fristen.

In Anlehnung an die Idee von *Schellhaaß*, dass Randsportarten zunächst über alternative Präsentationsformen und Beimischung in andere Programme an den Zuschauer herangetragen werden sollen, setzt sich die vorliegende Arbeit daher zum Ziel, die Einstellung der Rezipienten gegenüber den Promi-Sport-Formaten und mögliche positive Transferwirkungen auf den Profi-Sport näher zu untersuchen.[81] Für die Entwicklung eines empirischen Modells zur Überprüfung dieses postulierten Zusammenhangs unter Berücksichtigung verschiedener Rezeptionsmotive ist jedoch zunächst eine ausführliche Sichtung der bisherigen Forschungsergebnisse zur Rezeption von Sportereignissen zwingend erforderlich, die im folgenden Kapitel geleistet wird.

---

[79] Vgl. Krei (2005), http://www.quotenmeter.de/index.php?newsid=9881, letzter Abruf: 27.11.2006, o. V. (2007), http://www.daserste.de/print.asp?url=http://www.daserste.de/starbiathlon, letzter Abruf: 20.02.2007.
[80] O. V. (2006a): http://www.rtl.de/tv/dancingonice_924910.php, letzter Abruf: 09.10.2006.
[81] Eine ausführliche Herleitung dieser Idee auf der Basis der Konsumkapitaltheorie von *Stigler/Becker* erfolgt im empirischen Teil der Arbeit in Kapitel 4.1.

# 3 Analyse der Literatur zum Medien-Sport-Komplex

*Gantz* stellte bereits zu Beginn der 1980er Jahre fest, dass es trotz des hohen Anteils an Sportberichterstattungen am Gesamtprogramm überraschenderweise bisher relativ wenige Studien gibt, die sich mit den Beweggründen der Zuschauer beschäftigen, solche Sendungen zu verfolgen.[82] Zu diesem Zeitpunkt beschränkten sich die Studien hauptsächlich auf die Untersuchung der demographischen Zusammensetzung des Fernsehpublikums.[83] Bei einer Überprüfung der Forschung im Sport-Psychologie- und Sport-Soziologie-Bereich über 20 Jahre später zeigte sich wenig Veränderung hinsichtlich dieser Situation. So legten immer noch weniger als fünf Prozent der betrachteten Studien ihren Fokus auf die Untersuchung von Zuschauer-Motiven und -Verhalten.[84] *Schwier* begründet den bisher unzureichenden Kenntnisstand neben der dynamischen Entwicklung des Untersuchungsgegenstandes auch damit, „dass es sich bei der auf den Sport bezogenen Publikums- und Wirkungsforschung um eine relativ junge und in der universitären Forschungslandschaft wohl eher randständige Disziplin handelt".[85]

Um einen Überblick über bisher angewandte Methoden und daraus resultierende Erkenntnisse zu erhalten, werden im Folgenden zunächst die verschiedenen Ansätze in der Medienrezeptions-Forschung skizziert. Im Weiteren erfolgt dann eine Zusammenfassung von Studien, die sich mit der Motivation Sportveranstaltungen zu besuchen beschäftigen, sodass abschließend die Ergebnisse aus beiden Bereichen, den Medien und dem Sport, in der Betrachtung der Forschungen zur TV-Sport-Rezeption zusammengeführt und Hauptmotive der Rezeption abgeleitet werden können.

---

[82] Vgl. Gantz (1981), S. 263.
[83] Vgl. Mahony/Moorman (2000), S. 131, Trail/James (2001), S. 109, James/Ridinger (2002), S. 261.
[84] Vgl. Melnick/Wann (2004), S. 1.
[85] Schwier (2000), S. 116.

## 3.1 Rezeptionsforschung im Medienbereich

### 3.1.1 Untersuchungen auf Basis demographischer Daten

Für den deutschen Fernsehmarkt wird die ARD/ZDF-Studie „Massenkommunikation" seit 1964 in regelmäßigen Abständen durchgeführt und stellt weltweit
die einzige Repräsentativstudie zur langfristigen Entwicklung von Medienge-
wohnheiten dar. Hierbei werden vor allem Images, Akzeptanz und Bindungs-
stärke der Medien Fernsehen, Hörfunk, Tageszeitung und Internet einzeln, im
Vergleich und ihre gegenseitige Wirkung aufeinander erforscht.[86] Im Direkt-
vergleich der Medien erfährt das Fernsehen nach wie vor das breiteste
Imageprofil; die öffentlich-rechtlichen Anbieter stehen nach Meinung der Probanden für anspruchsvolle Programminhalte, den Privaten wird ein stark emotional geprägtes Imageprofil bescheinigt.[87]

Im Bereich der Fernsehforschung wird außerdem das Spartenangebot[88] der
einzelnen Sender der Nutzung durch den Rezipienten gegenübergestellt, um
so mögliche Angebots- und Nachfrage- Unterschiede zu ermitteln. Hierbei wird
das Nutzungsverhalten in Beziehung zu den Demographika Alter, Geschlecht
und Bildung gesetzt, wobei sich beispielsweise in Bezug auf die Sparte Sport
deutlich stärkere Präferenzen bei männlichen Zuschauern zeigen und diese
mit dem Alter zunehmen.[89] Die einzelnen Sparten erfahren zudem eine Unterteilung in so genannte Untersparten. Beim Sport erweist sich die Berichterstattung inklusive Live-Übertragung als Spitzenreiter in der Gunst der Zuschauer,
in großen Abständen gefolgt von den Sportmagazinen und dem Sportteil im
Rahmen der Nachrichten.[90] Neben den Spartenpräferenzen der einzelnen
Gruppen wird in regelmäßigen Abständen auch die erinnerte Wahrnehmung

---

[86] Vgl. Ridder/Engel (2001), S. 102. Außerdem führt die Gesellschaft für Konsumforschung
(GfK) seit 1988 im Auftrag der AGF (ein Zusammenschluss von ARD, ProSieben-
Sat.1MediaAG, RTL und ZDF) kontinuierlich quantitative Fernsehzuschauerforschung in
Deutschland anhand eines repräsentativen Zuschauer-Panels durch, vgl. http://www. agf.
de, letzter Abruf: 30.01.07.
[87] Vgl. Ridder/Engel (2001), S. 113.
[88] Die Unterteilung erfolgt typischerweise in die Sparten Information, Unterhaltung, Sport,
Fiction, Werbung und Sonstiges.
[89] Vgl. Gerhards/Klingler (2005), S. 561 f.
[90] Vgl. Gerhards/Klingler (2005), S. 568.

einzelner Themen, wie politisches Geschehen, Wirtschaft, Gesundheit, Sport etc. in den Medien mit dem allgemeinen Themeninteresse der Deutschen verglichen, um mögliche, bisher unausgeschöpfte Potenziale zu erkennen.[91]

Jedoch führen nicht nur die öffentlich-rechtlichen Sendeanstalten regelmäßig Untersuchungen zum Mediennutzungsverhalten durch, sondern auch die Privatsender. Beispielsweise lässt die SevenOne Media GmbH, zugehörig zur PRO7-SAT1-Gruppe, seit 1999 im Halbjahres-Rhythmus eine Befragung der relevanten Zielgruppe zwischen 14 und 49 Jahren durchführen und kann somit die Entwicklung der Mediennutzung über mehrere Jahre nachzeichnen.[92]

Gegenstand der deutschen Fernsehforschung sind jedoch nicht nur die Medien im Allgemeinen, sondern die Sparte Sport und insbesondere sportliche Großereignisse erfahren auch eine gesonderte Betrachtung. Hierbei wird zum einen die Stellung des Sports in Bezug auf andere Programmsparten erforscht, zum anderen das Interesse der Zuschauer an verschiedenen medial präsentierten Sportarten untersucht. In diesem Zusammenhang erfolgt ebenfalls eine zusätzliche Unterteilung nach demographischen Merkmalen, um aufzuzeigen, von welchen Sportarten eher das weibliche bzw. männliche Geschlecht oder junge und alte Zuschauergruppen angesprochen werden.[93] Bei den Sendern wird zusätzlich nach Voll- oder Spartenprogramm sowie nach den öffentlich-rechtlichen und privaten Anbietern hinsichtlich des Sportanteils am Gesamtprogramm unterschieden, wobei die öffentlich-rechtlichen, begünstigt auch durch die Dritten Programme, als Vollprogrammanbieter nach wie vor am häufigsten über Sport berichten und ihr Angebot weiter ausbauen.[94] Auffallend ist, dass sowohl RTL als auch SAT.1 trotz hoher Einschaltquoten ihre Anteile an Sportübertragungen reduziert haben und gleichzeitig mehr Reportagen und Magazine ausstrahlen. Dies lässt sich mit den zunehmenden Kosten für

---

[91] Vgl. Blödorn/Gerhards/Klingler (2006), S. 637.
[92] Vgl. SevenOne Media (2005).
[93] Vgl. Rühle (1999), Rühle (2003). Zu Unterschieden zwischen den Geschlechtern siehe detailliert auch Kapitel 3.2.4.
[94] Vgl. Rühle (2003), S. 220.

Sportübertragungsrechte erklären, die zumindest bei den Privaten offenbar eine Obergrenze erreicht haben.[95]

Sportliche Großereignisse, wie die Olympischen Spiele oder Fußball-Weltmeisterschaften, werden von der Medienforschung in eigenen Untersuchungen näher betrachtet. Ergänzend zu den Sendestatistiken, die Aufschluss über die Übertragungsdauer einzelner olympischer Sportarten, Nettoreichweiten[96] und Marktanteile der Sender geben, werden auch Bewertungen der Qualität der Berichterstattung mit aufgenommen.[97] Hierzu gehören die Einschätzung der Reporter- und Moderatoren-Leistung ebenso wie die Beurteilung des Informationsgehalts, der Vielfalt und der Hintergrundberichte. In Bezug auf den Kontext der vorliegenden Arbeit erscheint es interessant, dass 85% der Befragten zu den Olympischen Spielen 2004 sich positiv über die Vielfalt der präsentierten Sportarten äußerten, was ein Sportinteresse über Spitzensportarten hinaus vermuten lässt.[98] Im Zuge der Fußball-Weltmeisterschaft in 2006 wurde erstmalig auch die so genannte Außer-Haus-Nutzung gemessen. Das Public Viewing in vielen deutschen Städten, d. h. das Sehen unter freiem Himmel durch die Bereitstellung von Großbildleinwänden, erfuhr eine sehr starke Zuschauernachfrage, konnte insgesamt jedoch die externe Fernsehnutzung bei Freunden, Nachbarn, Verwandten oder in der Gastronomie nicht erreichen.[99] Als Determinanten der Zuschauernachfrage nach Sportereignissen gelten auch konkurrierende Freizeitaktivitäten und situative Umstände. Hier nehmen vor allem das Wetter, die Jahreszeit, die Tageszeit, der Wochentag und Sonderprogramme aufgrund außergewöhnlicher Ereignisse nehmen eine besondere Stellung ein.[100] Insbesondere der Zeitpunkt der Ausstrahlung spielt eine wichtige Rolle beim Wettbewerb um knappe Sendeplätze; beispielsweise ist die Vierschanzentournee der Skispringer in der arbeitsfreien Zeit zwischen

---

[95] Eine ausführliche Betrachtung der Problematik erfolgte bereits in Kapitel 2.4.
[96] Nettoreichweite beschreibt die Anzahl der Zuschauer, die mindestens eine Sendung gesehen haben.
[97] Vgl. Zubayr/Geese/Gerhard (2004).
[98] Vgl. Zubayr/Geese/Gerhard (2004), S. 470.
[99] Vgl. Geese/Zeughardt/Gerhard (2006), S. 457.
[100] Vgl. Rott/Schmitt (2004).

Weihnachten und Neujahr und gleichzeitig während der Winterpause der Fußball-Bundesliga optimal terminiert.[101]

Zusammenfassend lässt sich konstatieren, dass die vorgestellten Studien zur Rezeptionsforschung sich fast ausschließlich auf die Messung von Einschaltquoten und Reichweiten beschränken sowie das Programmangebot der verschiedenen Sender miteinander vergleichen. Motiven der Rezipienten, warum sie einen bestimmten Sender, eine bestimmte Sendung ansehen, wird kaum nachgegangen. Die Untersuchungen reduzieren sich in der Regel auf die Erhebung demographischer Merkmale. Um aber individuelle Erwartungen der Fernsehzuschauer zu eruieren, die durch ein bedürfnisgerechtes Programmangebot erfüllt werden sollen, erweisen sich diese Ansätze daher – auch aufgrund der heutigen Programmvielfalt und des verstärkten Wettbewerbs – als nicht (mehr) ausreichend.[102] Nicht nur die eingeschränkte Aussagefähigkeit der vorhandenen Studien stellt nach *Goertz* einen Mangel dar, er weist in den Ergebnissen seiner Studie zur Rezeptionsforschung im deutschsprachigen Raum auch auf das Problem der allgemeinen Zugänglichkeit hin. Im Rahmen der akademischen Rezeptionsforschung sind viele Manuskripte, Diplomarbeiten oder Dissertationen „schlichtweg nicht erreichbar".[103] Als noch problematischer erweist sich jedoch die Suche nach Studien im Bereich der ökonomischorientierten Publikumsforschung. Diese Studien werden in der Regel von Sendeanstalten an externe Medienforschungsunternehmen vergeben und die Ergebnisse unter Verschluss gehalten.[104]

### 3.1.2 Unterteilung der Rezipienten nach Sinus-Milieus®

Einen im Vergleich zu demographischen Daten weiter greifenden und wesentlich anspruchsvolleren Ansatz bildet die Lebensstil-Segmentierung, bei der verschiedene Konsumententypologien voneinander unterschieden werden.

---

[101] Vgl. Schellhaaß/Hafkemeyer (2002), S. 19.
[102] Vgl. Gleich (1995), S. 186.
[103] Goertz (1997), S. 11.
[104] Vgl. Goertz (1997), S. 9.

Grundgedanke dieser Segmentierung besteht in der Idee, dass der Mensch in seinem Wesen nicht genetisch codiert, sondern Produkt seiner Sozialisation, d. h. seiner Umgebung, ist. Menschen leben demnach nach bestimmten grundlegenden Lebensgewohnheiten, Einstellungsmustern und Verhaltensregeln.[105]

Eine der bekanntesten Möglichkeiten stellt in diesem Zusammenhang die Einteilung der Bundesrepublik in verschiedene Milieus dar. Seit 1979 nimmt das Sinus-Institut in Heidelberg[106] in regelmäßigen Abständen eine Segmentierung der deutschen Bevölkerung in kombinierte Werte- und Sozialschichtgruppen vor.[107] In die Untersuchung gehen beispielsweise das Kaufverhalten, Arbeit und Beruf, soziale Lage, Mediaverhalten oder Leitbildqualitäten. Diese Informationen werden zu Bausteinen der Sinus-Milieus® verdichtet, d. h. Menschen mit ähnlichen Wertprioritäten und Lebensstilen werden zu Gruppen zusammengefasst.[108] Im Bereich der Medienforschung werden die einzelnen Milieus auf ihr Fernsehnutzungsverhalten hin untersucht und nach Senderpräferenzen, bevorzugten Programmsparten, aber auch einzelnen Sendungen/ Serien unterschieden.[109] Darüber hinaus führen die privaten Sender im Hinblick auf ihre werbetreibenden Kunden auch Untersuchungen durch, die Zusammenhänge zwischen Produkt- und Mediennutzung und der Werthaltung der Personen aufzeigen. Hierbei werden in einer jährlichen Befragung einem repräsentativen Panel ca. 450 Marken und 110 Fernsehformate, darunter auch viele Sportformate, zur Bewertung vorgelegt. Aufgrund der Ergebnisse kann dann der Werbespot zielgruppengerecht innerhalb der entsprechenden Sendeformate positioniert werden.[110]

---

[105] Vgl. Nieschlag/Dichtl/Hörschgen (2002), S. 210.
[106] Das Sinus-Institut fusionierte 1998 mit Cofremca S.A. zu Sinus Sociovision S.A. mit Sitz in Paris.
[107] Vgl. Meffert (2000), S. 200.
[108] Vgl. http://www.sinus-sociovision.de, letzter Abruf: 10.12.2006.
[109] Seit 2000 führt die SevenOne Media GmbH auf Basis der Daten der AGF/GfK-Fernsehforschung diese Erhebung durch. Siehe dazu ausführlich Seven One Media (2004a).
[110] Für einen ausführlichen Überblick zur Vorgehensweise dieser Erhebung siehe SevenOne Media (2004b).

### 3.1.3 Ansätze aus der Medienwirkungsforschung

Aus welcher speziellen und individuellen Motivation heraus ein Rezipient ein bestimmtes Programmangebot im Fernsehen wahrnimmt und wie er von diesem beeinflusst wird bzw. wie er selbst Einfluss nimmt, kann eine Segmentierung nach Lebensstilen und Werthaltungen oder die Auswertung demographischer Daten nur bedingt erklären. Daher erscheint es lohnenswert, an dieser Stelle verschiedene Ansätze aus der Medienwirkungsforschung näher zu betrachten, um daraus Erkenntnisse für das Rezipientenverhalten ableiten zu können. Wirkungen werden in der Wissenschaft oftmals mit Veränderungen gleichgesetzt,[111] bezogen auf die Wirkung von Massenmedien werden darunter Veränderungen verstanden, die „ganz, partiell oder in Wechselwirkung mit anderen Faktoren auf Medien bzw. deren Inhalte zurückgeführt werden können".[112] Die Medienwirkungsforschung nimmt in der Kommunikationsforschung eine zentrale Stellung ein, beziehen sich doch andere Bereiche, wie etwa Analysen zu Medieninhalten oder Untersuchungen zur Mediennutzung, häufig bei der Interpretation ihrer Ergebnisse auf theoretische Ansätze aus der Wirkungsforschung.[113]

Die einzelnen Wirkungstheorien lassen sich in historischer Hinsicht nach *McQuail* in drei oder neuerdings auch vier Entwicklungsphasen unterteilen,[114] die von vielen Forschern übernommen worden sind.[115] Jede dieser Phasen zeichnet sich durch bestimmte Wirkungsmodelle, Studien und historische Ereignisse aus, die im Folgenden in einem kurzen Überblick dargestellt werden sollen. Die in den einzelnen Phasen verankerten Wirkungsansätze thematisieren jedoch immer nur bestimmte Facetten der Wirkungsforschung und sind

---

[111] Vgl. Jäckel (2005), S. 60.
[112] Brosius (2003), S. 128.
[113] Vgl. Brosius (2003), S. 128.
[114] Vgl. McQuail (1977), S. 72 ff., McQuail (2000), S. 416 ff.
[115] Vgl. Brosius/Esser (1998), S. 343, Schenk (2002), S. 57 ff., Bonfadelli (2004), S. 14, Kunczik/Zipfel (2005), S. 287.

daher vielmehr als sich ergänzende Teilaspekte bei der Interpretation von Medienwirkungen zu verstehen.[116]

Die erste Phase der Medienwirkungsforschung ist zeitlich zu Beginn des 20. Jahrhunderts bis in die 40er Jahre zu verorten und beschreibt im Zuge der Propagandabotschaften der beiden Weltkriege, im Besonderen gestützt durch die Entwicklung der Massenmedien Radio und Film, eine so genannte Allmacht der Medien, der die Rezipienten wehrlos ausgesetzt sind.[117] In Anlehnung an das mit dieser Phase assoziierte Stimulus-Response-Modell (S-R-Modell), das von einer direkten, unmittelbaren und bei allen Rezipienten identischen Reaktion auf einen massenmedial distribuierten Stimulus ausging, wurde der starke Einfluss der Medien auch mit Begriffen, wie „Magic Bullet Theory", „Transmission Belt Theory" oder „Hypodermic Needle Concept" umschrieben.[118] Einhergehend mit diesen Vorstellungen eines allmächtigen Mediums sind die im Zuge der Industrialisierung aufgetretenen gesellschaftlichen Veränderungen zu sehen, die die soziale Isolation und damit gleichzeitig die Beeinflussbarkeit von Rezipienten seitens bestimmter Interessengruppen gefördert haben sollen.[119] Als bekanntes Beispiel für eine starke Medienwirkung wird oftmals das Radiohörspiel „Invasion from Mars" von *Orson Welles* aus dem Jahr 1938 angeführt, welches einige Zuschauern nicht als fiktive, sondern als reale Nachrichtenmeldung wahrnahmen und vereinzelt zu Panikreaktionen in der Bevölkerung geführt hat. Bei genauerer Betrachtung dieses Beispiels zeigt sich jedoch, dass tatsächlich nur 2% der erwachsenen amerikanischen Bevölkerung durch das Hörspiel in Schrecken versetzt wurde,[120] sodass *Brosius/Esser* von einer „maßlosen Überbewertung der Medieneffekte"[121] sprechen. Daher wird in der Kommunikationswissenschaft selbst das S-R-Modell

---

[116] Vgl. Bonfadelli (2004), S. 13.
[117] Vgl. Bonfadelli (2004), S. 14.
[118] Vgl. Brosius/Esser (1998), S. 343, Bonfadelli (2004), S. 14, Kunczik/Zipfel (2005), S. 287.
[119] Vgl. Kunczik/Zipfel (2005), S. 288.
[120] Vgl. Brosius (2003), S. 131, Kunczik/Zipfel (2005), S. 288.
[121] Brosius/Esser (1998), S. 343.

kaum aktiv vertreten, sondern dient vielen Autoren eher zur Abgrenzung ihrer eigenen Position.[122]

Der Zeitraum zwischen 1940 und 1965 spiegelt die zweite Phase der Medien-wirkungsforschung wider, in der den Medien die vormals angenommene star-ke Wirkung auf die Rezipienten abgesprochen wurde – die Medienallmacht wurde von der Medienohnmacht abgelöst.[123] Medienwirkung zeigt sich dem-nach nicht mehr in einer Änderung, sondern allenfalls in einer Bestätigung o-der Verstärkung der bereits vorhandenen Meinungen und Einstellungen der Rezipienten.[124] Diese Annahme gründet sich vor allem in den Ergebnissen der Studie „The People's Choice" von *Lazarsfeld/Berelson/Gaudet*,[125] die im Vor-feld der amerikanischen Präsidentenwahl im Jahr 1940 bei einer Untersu-chung feststellen konnten, dass die massive Berichterstattung in den Medien eher zu einer Verstärkung bereits vorhandener Meinungen führte und nur in acht Prozent der Fälle eine tatsächliche Veränderung derselben nach sich zog.[126]

Dieses Ergebnis und weitere empirischen Untersuchungen gaben Hinweise darauf, dass entgegen der Annahmen einer direkten und uniformen Medien-wirkung gemäß dem S-R-Modell, intervenierende Variablen existieren, die die Wirkung beim einzelnen Rezipienten modifizieren.[127] *Klapper* bezeichnet die-ses einflussnehmenden Variablen in seinem Modell der begrenzten Effekte[128] als Mediating Factors und summiert darunter Unterschiede in der Persönlich-keitsstruktur und im sozialen Umfeld des Menschen: Zum einen nehmen Rezi-pienten durch selektive Wahrnehmung überwiegend nur solche Informationen auf, die ihren eigenen, bereits bestehenden Einstellungen entsprechen. Zum anderen erfolgt die Kommunikation oftmals nicht auf direktem Wege zwischen

---

[122] Vgl. Brosius (1998), S. 132.
[123] Bonfadelli (2004), S. 13.
[124] Vgl. Bonfadelli (2004), S. 14.
[125] Die Orginalstudie ist nachzulesen bei Lazarsfeld/Berelson/Gaudet (1944).
[126] Vgl. Brosius/Esser (1998), Brosius (2003), S. 132, Kunzcik/Zipfel (2005), S. 289.
[127] Vgl. Kunczik/Zipfel (2005), S. 289.
[128] Vgl. Klapper (1960), S. 18 ff.

Medium und Rezipient, sondern über so genannte Meinungsführer, die die aufgenommene Information filtern und in einem zweiten Schritt an andere, weniger kommunikativ agierende Personen weitergeben. Diese indirekte Wirkungsweise wird in der Kommunikationswissenschaft als Zweistufenfluss der Kommunikation bezeichnet. Die Position der Meinungsführer in einer Gesellschaft wird zudem durch die soziale Gruppenbindung gefördert – Mitglieder einer Gruppe neigen dazu, sich der Mehrheitsmeinung unterzuordnen bzw. von dieser nicht abzuweichen, um nicht die Zugehörigkeit zur Gruppe zu verlieren.[129] Einhergehend mit den Überlegungen von *Klapper* ist somit eine Erweiterung des klassischen S-R-Paradigmas zum Stimulus-Organismus-Response-Modell (S-O-R-Modell) festzustellen, das den Menschen als einen „wirkungsmodifizierenden Filter"[130] versteht, sodass die Medienwirkung bestimmten Einschränkungen unterliegt. *Schenk* weist in diesem Zusammenhang darauf hin, dass das Modell der begrenzten Effekte insbesondere von Medienproduzenten gerne dazu verwendet wurde, um damit die Folgenlosigkeit des Konsums medialer Inhalte zu belegen.[131]

Die dritte Phase der Medienwirkung bestimmt den Zeitraum zwischen 1965 und 1980 und markiert einen erneuten Paradigmenwechsel in der Medienwirkungsforschung. Ausgehend von der vormals postulierten Wirkungslosigkeit der Medien erfolgt eine erneute Hinwendung zu starken Medieneffekten, was sich im viel zitierten Beitrag von *Noelle-Neumann* „Return to the Concept of Powerful Media"[132] widerspiegelt.[133] Begründet werden die Vorstellungen einer verstärkten Einflussnahme der Medien durch die zunehmende Verbreitung des Mediums Fernsehen und gleichzeitig durch die Entwicklung neuer Theorien und Fortschritte im Bereich der Methodenlehre. *Donsbach* fasst daher treffend zusammen: „Drei Merkmale kennzeichnen diese Phase: ausgefeiltere Metho-

---

[129] Einen ausführlichen Überblick zum Meinungsführer-Konzept sowie zum Zweistufenfluss der Kommunikation bieten Jäckel (2005), S. 101 ff. und Kunczik/Zipfel (2005), S. 322 ff.
[130] Kunczik/Zipfel (2005), S. 289.
[131] Vgl. Schenk (2002), S. 58.
[132] Vgl. Noelle-Neumann (1973).
[133] Vgl. Brosius/Esser (1998), S. 345, Bonfadelli (2004), S. 15, Kunczik/Zipfel (2005), S. 292.

den, bescheidenere Hypothesen und differenziertere Ansätze".[134] Die Kombination verschiedener Erhebungsmethoden sowie die Erfassung längerfristiger Wirkungsprozesse durch Zeitreihenstudien mit festgelegten, vordefinierten Panels ermöglichten nun eine weitaus differenziertere Analyse und Interpretation von Medienwirkungen.[135] Die Forschungsfragen konzentrierten sich weniger auf das Vorhandensein einer Medienwirkung, sondern unter welchen Bedingungen es zu Wirkungen kommt. Als intervenierende Variablen können die Art der Botschaft, das Medium selbst, die Art der Präsentation, die Voreinstellung beim Rezipienten und die zeitlichen Umstände definiert werden.[136] Die Forschung in dieser dritten Phase der Medienwirkungsforschung konzentriert sich zudem zusehends nicht mehr allein auf die vom Kommunikator verbreiteten Inhalte und deren Wirkung beim Rezipienten, sondern bezieht auch den aktiven Umgang des Rezipienten in die Forschung mit ein.

In diese dritte Phase lässt sich auch der Uses and Gratification-Approach von *Katz/Blumler/Gurevitch*[137] einordnen. Im Rahmen dieses Ansatzes geht es nunmehr darum, wie und aufgrund welcher Motive und Bedürfnisse sich ein Rezipient aktiv und positiv den Medien zuwendet, um bestimmte Gratifikationen zu erhalten.[138] Gratifikation wird hier als Befriedigung von Bedürfnissen verstanden. Es wird also von einem aktiven Rezipienten ausgegangen, der zielgerichtet konkrete Programminhalte auswählt, um damit seine entsprechenden Bedürfnisse zu befriedigen.[139] Den Grundgedanken des Uses and Gratification-Ansatzes fasst *Raney* vereinfacht wie folgt zusammen: „Individuals have social and psychological needs, which they presume certain media content can meet. Consequently, individuals seek out different media contents

---

[134] Donsbach (1991), S. 18.
[135] Vgl. Bonfadelli (2004), S. 15.
[136] Vgl. Brosius (2003), S. 133.
[137] Vgl. Katz/Blumler/Gurevitch (1974).
[138] Im Zusammenhang mit der Frage nach der Bildung bestimmter Themenpräferenzen beim Rezipienten stehen auch neuere Ansätze wie Agenda-Setting, Wissensklufthypothese und Kultivierungshypothese. Auf diese Ansätze soll im Folgenden jedoch nicht näher eingegangen werden. Ein ausführlicher Überblick findet sich bei Kunczik/Zipfel (2005).
[139] Vgl. Bente/Fromm (1997), S. 143, Huber (2006), S. 14.

at different times depending on those needs, with the expectation that their needs will be gratified through media consumption".[140] *Katz/Blumler/Gurevitch* stellen dabei fünf Annahmen des Uses and Gratification-Approach heraus: [141]

„1. Ein ‚aktives' Publikum konsumiert Medien zielgerichtet;

2. die Initiative zur Herstellung der Verbindung zwischen Bedürfnisbefriedigung und Wahl des Medieninhalts liegt beim Publikum;

3. Medienkonsum stellt nur eine Möglichkeit der Bedürfnisbefriedigung dar;

4. Rezipienten ‚kennen' ihre Bedürfnisse und können darüber Auskunft geben;

5. Werturteile über die kulturelle Bedeutung von Massenkommunikation sollen unterbleiben."

Der Uses and Gratification-Ansatz basiert im Grunde auf der Selective Exposure-Theorie[142], die eine Erweiterung der Gedanken von *Heiders* Balancetheorie[143] und *Festingers* Theorie der kognitiven Dissonanz[144] auf den Medienbereich darstellt. Individuen wenden sich demnach selektiv solchen Medieninhalten zu, die konsistent zu ihren existierenden Einstellungen und Meinungen sind und vermeiden gleichzeitig die Aufnahme kontrastiver Informationen.

In enger Verbindung mit der gewünschten Bedürfnisbefriedigung durch den Konsum bestimmter Medieninhalte ist die Motivation des Rezipienten zu nennen. Unter Motivation wird zunächst allgemein die „aktivierende Ausrichtung des momentanen Lebensvollzugs eines Individuums auf einen positiv bewerteten Zielzustand verstanden".[145] Einfacher ausgedrückt lassen sich Motive auch als „zielgerichtete, gefühlsmäßig und kognitiv gesteuerte Antriebe des Konsumentenverhaltens"[146] definieren, mit deren Hilfe vorhandene Bedürfnisse be-

---

[140] Raney (2004), S. 51.

[141] Vgl. im Original Katz/Blumler/Gurevitch (1974), S. 21 f., hier zitiert nach Kunczik/Zipfel (2005), S. 344 f.

[142] Eine ausführliche Diskussion der Selective Exposure-Theorie erfolgt in Zillmann/Bryant (1985).

[143] Zur Balancetheorie vgl. Heider (1958).

[144] Zur Theorie der kognitiven Dissonanz vgl. Festinger (1957).

[145] Rheinberg (2002), S. 17.

[146] Trommsdorff (2002), S. 114, vgl. auch Kroeber-Riel (2003), S. 142 zu aktivierenden und kognitiven Motivationskomponenten.

friedigt werden sollen.[147] Sowohl personenbezogene als auch situationsbezogene Faktoren beeinflussen die Motivation einer Person, ein bestimmtes Ziel zu verfolgen[148] Persönlichkeitsmerkmale erklären dabei interindividuelle Unterschiede im Verhalten zwischen Personen; intraindividuelle Verhaltensvariationen, also innerhalb einer Person, lassen sich auf situative Faktoren, wie intrinsische und extrinsische Anreize, zurückführen.[149] In der Rezeptionsforschung ist die Handlung vorwiegend intrinsisch motiviert, d. h. die Handlung wird um ihrer selbst Willen ausgeführt und der angestrebte Zielzustand, z. B. eine gute Stimmung, soll bereits im Moment der Rezeption eintreten und nicht erst als spätere Folge.[150]

Erste Studien zu der Frage, welche Motive hinter der Mediennutzung stehen, wurden bereits in den 40er Jahren in Bezug auf den Radio-Konsum von *Herzog* und *Mendelson* durchgeführt; aus den 70er Jahren finden sich Untersuchungen, die das Nutzungsverhalten von Kindern thematisierten. Aber erst seit Anfang der 1980er Jahre erfolgte eine systematische Forschung im Rahmen der Uses and Gratification-Perspektive, auch durch den Vergleich der Ergebnisse von Einzelstudien.[151] *Rubin* beispielsweise konnte in seiner Studie zum Mediennutzungsverhalten fünf Faktoren extrahieren, namentlich Pass Time/Habit, Information, Entertainment, Companionship und Escape, wovon das Motiv Pass Time/Habit alleine fast die Hälfte der erklärten Varianz[152] des Modells ausmachte.[153] Außer zwischen den Motiven Information und Passtime/Habit konnte zwischen allen anderen Motiven eine Korrelation festgestellt werden.[154] Teile der Motivskala von *Rubin* lassen sich ebenfalls in den bekannten Motiv-Katalogen von *Greenberg* sowie *Palmgreen/Wenner/Rayburn*

---

[147] Vgl. Huber (2006), S. 14.
[148] Vgl. Rheinberg (2002), S. 56.
[149] Vgl. Heckhausen (2006), S. 5.
[150] Vgl. Vorderer (1996), S. 320.
[151] Vgl. Rubin (1983), S. 37 f., Schenk (2002), S. 61, Kunczik/Zipfel (2005), S. 344.
[152] Die erklärte Varianz beschreibt den Anteil der Varianz einer Variable, der durch die anderen Variablen im Modell erklärt werden kann, vgl. zur Bestimmung auch Kapitel 5.4.3.
[153] Vgl. Rubin (1983), S. 42.
[154] Siehe auch Abelman/Atkin/Rand (1997), S. 371, die auf Basis der *Rubin*-Skala weitere Untersuchungen durchführten.

finden, die jedoch auch neue Dimensionen, wie Selbstfindung[155] oder parasoziale Interaktion[156] einführen. Auch *Ridder/Engel* haben als zentrale Nutzungsmotive Information, Spaß, Entspannung, Mitreden-Können und Ge-
wohnheit identifiziert und in Beziehung zu den Demographika Alter, Geschlecht und Bildungsniveau gesetzt. Die Ergebnisse ließen zwischen den
Geschlechtern keine großen Unterschiede erkennen, wohl aber hinsichtlich
der Altersstrukturen. Jüngere zeigen sich eher unterhaltungsorientiert, während Ältere die Informationsfunktion des Fernsehens herausstellen. Für höher
Gebildete spielt die Informationsfunktion eine geringere Rolle als für niedriger
Gebildete.[157]

Die Vorgehensweise, wie mögliche Zuwendungsmotive zu den Medien gemäß
dem Uses and Gratification-Ansatz identifiziert werden, hat im Bereich der
Publikumsforschung aber auch einige kritische Überlegungen erfahren.[158]
*Vorderer* fasst zusammen: „Statt aus vorhandenen Theorien oder Modellen
empirisch überprüfbare Hypothesen abzuleiten, wurde in den allermeisten Fällen induktiv vorgegangen, indem man die Rezipienten selbst nach dem ‚Warum' ihrer Mediennutzung befragte".[159] Des Weiteren ist sich der Rezipient
auch nicht immer seinen Bedürfnissen bewusst und wählt keineswegs nur
zielgerichtet Programme aus. *Rubin* konnte in seinen Untersuchungen zwischen instrumentellem und ritualisiertem Sehen unterscheiden, d. h. neben
den so genannten Information-Seeker, die ganz bestimmte Sehpräferenzen
aufweisen und den Inhalt des Kommunikations-Mediums betonen, gibt es
auch Rezipienten-Typen, die aus habituellen Gründen, zur Unterhaltung oder
zum Zeitvertreib fernsehen. Bei diesen Personen steht das Fernsehen als
Kommunikations-Medium selbst im Vordergrund.[160]

---

[155] Vgl. Greenberg (1974), S. 74. Unter Selbstfindung wird hier soziales Lernen verstanden.
[156] Vgl. Palmgreen/Wenner/Rayburn (1980), S. 169.
[157] Vgl. Ridder/Engel. (2001), S. 108.
[158] Vgl. Hackforth (1988), S. 27, Rubin (2002), S. 530 f.
[159] Vorderer (1996), S. 310, ähnliche Kritik übt auch Huber in ihren Ausführungen (2006), S.
      32.
[160] Vgl. Rubin (1983), Rubin (1984). Damit ist auch das so genannte Zapping, d. h. das un-
      gerichtete Durchschalten durch die Programme, zu erklären, vgl. dazu Strauss (2002), S.

Aufgrund der Kritik am Uses and Gratification-Ansatz wurden weitere Theorien und Hypothesen aus den Disziplinen Psychologie und Soziologie zur Erklärung menschlicher Handlungen herangezogen. In der Publikumswirkungsforschung erfolgte dies aber in nicht systematischer Weise, sodass heute neben einstellungstheoretischen Ansätzen, wie der Dissonanztheorie von *Festinger*[161] oder der Einstellungs-Verhalten-Modelle von *Fishbein/Ajzen*,[162] auch erregungsphysiologische Ansätze, wie das Sensation-Seeking-Konzept von *Zuckerman*[163] oder die Moodmanagement-Theorie von *Zillmann*[164] zur Beschreibung und Erklärung von Rezipientenverhalten zu finden sind,[165] auf welche an dieser Stelle[166] jedoch nicht näher eingegangen wird.

Trotz der genannten kritischen Überlegungen zum Uses and Gratification-Ansatz basieren die meisten der im folgenden Kapitel vorgestellten Studien zur Sport-Rezeptionsforschung[167] dennoch auf dieser Theorie. Dies gründet sich vor allem in der Praktikabilität dieses Ansatzes. Bei den betreffenden Studien werden in aller Regel kausale Zusammenhänge zwischen bestimmten Motiven und der Rezeption von Sportveranstaltungen untersucht, also eine explizite Verbindung zwischen Motiv und Gratifikation unterstellt. Diese lässt sich durch Zustimmung bzw. Ablehnung seitens der Probanden auf die Frage, ob ein bestimmtes Motiv (z. B. empfunden Spannung) einen Grund für die Rezeption darstellt, analytisch relativ einfach feststellen.[168] Dass ein Rezipient

---

168. Genau genommen wird dieses Verhalten in der Kommunikationswissenschaft als Grazing bzw. Scanning bezeichnet; Zapping hingegen beschreibt nur den Programmwechsel bei Werbung. In der vorliegenden Arbeit wird jedoch weiterhin der Zapping-Begriff verwendet, da dieser im allgemeinen Sprachgebrauch geläufiger ist, vgl. Bonfadelli (2004), S. 186 f.

[161] Vgl. Festinger (1957).

[162] Vgl. Fishbein/Ajzen (1975), Ajzen/Fishbein (1980), Ajzen (1985), Ajzen (1988) sowie Kapitel 4.5.

[163] Vgl. Zuckermann (1994).

[164] Vgl. Zillmann (1983).

[165] Einen ausführlichen Überblick bietet hierzu Vorderer (1996).

[166] Auf einzelne, ausgewählte Ansätze wird in Kapitel 3.4 bei der theoriegeleiteten Betrachtung einzelner Motive sowie in Kapitel 4 bei der Herleitung des empirischen Modells näher eingegangen.

[167] Vgl. hierzu Kapitel 3.2.

[168] Zu beispielhaften Fragestellungen in den Studien siehe Kapitel 5.2.

jedoch nicht immer im Vorfeld der Programmauswahl die zu erwartenden Gratifikationen der einzelnen Medien-Angebote miteinander vergleicht und daraus
resultierend eine Entscheidung trifft, lässt sich mit der bereits erwähnten, weit
verbreitenden Existenz des Zappings belegen. Einige Forscher begegnen dieser Problematik, indem sie versuchen, diese nicht zielgerichtete Rezeption als
eigenständiges Motiv zu integrieren. Probanden können daher in den Untersuchungen beispielsweise auch angeben, dass sie einen bestimmten Medienin-
halt konsumieren, weil sie sonst nichts anderes zu tun haben.[169]

Neuere Überlegungen zur Uses and Gratification-Forschung nehmen unter-
dessen eine differenziertere Betrachtung der Gratifikationen vor, auf die im
Folgenden kurz eingegangen werden soll. Dabei unterscheidet man zwischen
gesuchten und erhaltenen Gratifikationen. Je nachdem, ob die von den Rezipienten gesuchte Gratifikation durch die Rezeption bestimmter medialer Inhalte erfüllt bzw. nicht erfüllt wird, könnten sich hieraus mögliche Einflüsse auf
zukünftige Medienbeurteilung und den weiteren Medienkonsum der Rezipienten ergeben.[170] Dieser Zusammenhang zwischen Erwartungen und Bewertungen von Gratifikationen wird im folgenden Modell von *Palmgreen* veranschaulicht:

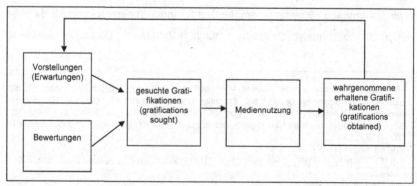

Abbildung 2: Das Erwartungs-Bewertungs-Modell gesuchter und erhaltener Gratifikationen
            nach *Palmgreen*[171]

---

[169] Vgl. beispielsweise Wenner/Gantz (1989), S. 258.
[170] Vgl. Kunczik/Zipfel (2005), S. 348.
[171] In Anlehnung an Palmgreen (1984), S. 56.

Das Modell geht davon aus, dass bestimmte Erwartungen und Bewertungen die gesuchten Gratifikationen (gratifications sought) beeinflussen. Diese wiederum entscheiden über die Mediennutzung. Aus der Rezeption medialer Inhalte heraus resultieren die erhaltenen Gratifikationen (gratifications obtained), die rückwirkend die Vorstellungen der Rezipienten verändern oder auch verstärken können.[172] Dieser Ansatz berücksichtigt somit mögliche Wandlungen im Nutzungsverhalten von Rezipienten, die sich durch die Mediennutzung selbst ergeben können. Darüber hinaus können Veränderungen im sozialen und kulturellen Milieu des Rezipienten ebenfalls Einfluss auf die gesuchten Gratifikationen nehmen.[173] Außerdem bringen die einzelnen Lebensphasen im Lebenszyklus eines Individuums veränderte Bedürfnisstrukturen mit sich.[174] *Palmgreen* hat daher in einem nächsten Schritt das oben beschriebene Modell um zusätzliche Einflussfaktoren erweitert.[175]

Gegenstand der aktuellen Uses and Gratification-Forschung stellen die so genannten Neuen Medien dar und damit verbunden mögliche Gratifikationsverschiebungen beim Rezipienten. *Rubin* weist in diesem Zusammenhang auf die anhaltende Bedeutung des Ansatzes auch in der neueren Kommunikationsforschung hin: „Uses and Gratifications will be especially valuable as we seek to understand the newer, interactive media environment".[176]

Nach *McQuail*[177] lässt sich in der Medienwirkungsforschung neben der klassischen Dreiteilung eine vierte Phase identifizieren, die durch eine transaktionale Medienwirkung gekennzeichnet ist.[178] Nach diesem Verständnis wird sowohl dem Publikum als auch den Medien eine starke Wirkung zugeordnet. Der

---

[172] *Palmgreen* bezieht sich in seinem Modell auf Ansätze aus der Multiattributivskalierung zur Messung von Einstellungen. Diese werden in Kapitel 4.2 näher vorgestellt.
[173] Vgl. Merton (1968), S. 461 f.
[174] Vgl. Karnowski (2003), S. 35 f.
[175] Vgl. Hierzu Palmgreen (1984), S. 57.
[176] Rubin (2002), S. 541.
[177] Vgl. McQuail (2000), S. 420.
[178] *Brosius/Esser* stellen jedoch in Frage, ob es sich hier um eine eigenständige, abzugrenzende Phase handelt, vgl. Brosius/Esser (1998), S. 346.

dynamisch-transaktionale Ansatz[179] von *Früh/Schönbach* verbindet medien-
zentrierte und publikumsorientierte Sichtweisen miteinander, indem er die
Transaktionen zwischen Medien und Rezipienten berücksichtigt und somit ü-
ber die einseitige Sichtweise des Uses and Gratification-Ansatzes hinaus-
geht.[180] Die Existenz dieser vier Phasen wird mittlerweile jedoch von einigen
Forschern zunehmend in Frage gestellt, denn bei näherer Betrachtung der
Studien in den jeweiligen Zeitabschnitten lassen sich keine großen Gegensät-
ze in der Medienwirkung feststellen, die eine Unterteilung rechtfertigen.[181] Das
Phasenmodell hat jedoch den Vorteil, einen komplexen Entwicklungsprozess
recht anschaulich darzustellen, was *Brosius/Esser* als mögliche Begründung
für die weite Verbreitung des Modells ansehen.[182]

## 3.2     Forschung zu Rezeptionsmotiven im Sportbereich

Die Sichtung der Literatur speziell zu Sport-Rezeptionsmotiven zeigt, dass
sich die meisten Untersuchungen nicht auf Sportübertragungen im Fernsehen,
sondern auf die Motivation, Sportveranstaltungen vor Ort zu besuchen, beziehen, welche jedoch Hinweise auf die Rezeptionsmotive für Sportkonsum im
Fernsehen liefern können. Viele Autoren[183] greifen bei der Auswahl ihrer Mo-
tivskalen auf die Arbeiten von *Sloan*[184] sowie *Zillmann/Bryant/Sapolsky*[185] zurück, die erstmalig auf Basis wissenschaftlich fundierter Theorien umfangreiche Untersuchungen zum Sportnutzungsverhalten durchführten. Letztere vergleichen zunächst den aktiven Sporttreibenden mit dem Sportsehenden und
kommen zu dem Ergebnis, dass viele der Motive einander ähneln. „The thrill of
victory and the agony of defeat", „root for the home team" und das Spiel zum
„talk of the town" zu machen stellen dabei wichtige Beweggründe dar.[186]

---

[179] Vgl. Früh/Schönbach (1982).
[180] Eine Berücksichtigung dieses umfassenden Ansatzes würde den Rahmen dieser überschreiten, sodass sich die vorliegende Arbeit nur auf die publikumsorientierte Sichtweise
konzentriert.
[181] Vgl. Brosius/Esser (1998), S. 351, Kunczik/Zipfel (2005), S. 293.
[182] Vgl. Brosius/Esser (1998), S. 349.
[183] Literaturhinweise sind in den folgenden Unterkapiteln angegeben.
[184] Vgl. Sloan (1989).
[185] Vgl. Zillmann/Bryant/Sapolsky (1989).
[186] Vgl. Zillmann/Bryant/Sapolsky (1989), S. 251 ff.

Generell weisen die Untersuchungen der Forschung zur Sportrezeption recht unterschiedliche Schwerpunkte auf, da verschiedene Ursache-Wirkungs-Beziehungen untersucht wurden. Zum einen sind bisher mehrere Motiv-Skalen entwickelt worden, anhand derer die Wirkung der Erfüllung einer Reihe von Rezeptionsmotiven auf das Verhalten von Sport-Zuschauern überprüft wurde. Einen anderen Ansatz stellt die Betrachtung der Beziehung zwischen den Nutzungsmotiven und der Identifikation mit einem präferierten Sport-Team dar. Auch das Ticketkaufverhalten von Besuchern einer Sportveranstaltung in Abhängigkeit von bestimmten Identifikations-Faktoren war Gegenstand mehrerer Untersuchungen, während sich andere Studien speziell den Unterschieden im Geschlecht in Bezug auf die Motivwahl und -ausprägung widmeten. Im Folgenden werden die unterschiedlichen Richtungen näher vorgestellt, die als Grundlage für weitere Erkenntnisse dienen können.

### 3.2.1 Klassische Motiv-Skalen im Überblick

Im Laufe der letzten Jahre wurden unterschiedliche Skalen zur Messung der Motive von Sport-Rezipienten entwickelt. Eine der ersten Skalen stellt die mittlerweile vielfach zitierte Sport Fan Motivation Scale (SFMS) von *Wann*[187] dar, die folgende acht Faktoren beinhaltet: Gruppenanbindung, Familie, Ästhetik, Selbstwert, Ökonomie, Spannung, Realitätsflucht, Unterhaltung.[188] Der Unterhaltungs-Faktor hat sich hierbei als das stärkste Motiv erwiesen, während die Rezeption aus ökonomischen Motiven heraus (Wettabschlüsse) die geringste Bedeutung erfahren hat.[189] Die Skala erfuhr in der Studie von *Armstrong* eine Erweiterung hinsichtlich des kulturellen Aspekts, wobei nach Unterschieden in ethnischen Gruppen geforscht wurde. Dabei zeigte eine Befragung unter ausschließlich afroamerikanischen Besuchern eines Basketball-Spiels, dass bei dieser Zielgruppe die kulturelle Zugehörigkeit sowohl zu den Athleten als auch zu den Zuschauern ein bedeutendes Motiv für die Rezepti-

---

[187] Vgl. Wann (1995).
[188] Die Motive wurden aus dem Englischen in Anlehnung an Strauss (2002), S. 157 übersetzt
[189] Vgl. Wann/Schrader/Wilson (1999), S. 118, Armstrong (2002), S. 315.

onsabsicht darstellt und sich daraus ein neues Marktpotenzial für bestimmte Sportarten eröffnet.[190]

Um die Güte der SFMS-Skala weiter zu verbessern,[191] wurden von *Wann/ Schrader/Wilson* Untersuchungen mit heterogeneren Probanden Gruppen durchgeführt und zudem verschiedene Sportarten miteinander verglichen. Hierbei zeigten sich motivationale Unterschiede zwischen den Befragten in Bezug auf bestimmte Sportart-Typen. Beispielsweise erfuhr das Motiv Ästhetik bei nicht-aggressiven Individual-Sportarten im Vergleich zu Team-Sportarten eine höhere Bedeutung, während die Faktoren Spannung und Flucht dagegen bei letzteren einen größeren Einfluss ausübten.[192]

Eine weitere, ebenfalls in verschiedenen Untersuchungsdesigns getestete Skala stellt die Motivation Scale for Sport Consumption (MSSC) dar. *Trail/ James* nehmen hier zusätzlich die Faktoren Wissen, d. h. Interesse für statistische Informationen über Spieler und Teams, sowie physische Attraktivität und Fähigkeiten der Spieler mit auf, deren Einfluss auf die Nutzungsabsicht sich in den Ergebnissen als signifikant erwiesen hat. Das höchste Gewicht in der Motiv-Skala war jedoch eindeutig der Funktion des Sports als Steigerung des eigenen Selbstwertgefühls[193] durch den sportlichen Erfolg der präferierten Mannschaft beizumessen.[194] Interessant erscheint im Kontext der vorliegenden Arbeit, dass ein großer Teil der Motive[195] bei Befriedigung auch eine positive Korrelation mit einem Anstieg der zukünftigen Mediennutzung in dieser Sportart aufweist.[196] In einer umfassenderen Studie von *Trail/Fink/Anderson*

---

[190] Vgl. Armstrong (2002), S. 310 sowie S. 319.

[191] Trail/James (2001), S. 110 f. weisen in ihrer Studie neben Reliabilitäts- vor allem auf Validitätsprobleme der SFMS-Skala hin.

[192] Vgl. Wann/Schrader/Wilson (1999), S. 126.

[193] Im Original wird dieses Motiv als Vicarious Achievement bezeichnet, was aufgrund der dazugehörigen Items (bspw.: I feel proud when the team does well) aber mit Steigerung des eigenen Selbstwerts übersetzt wurde.

[194] Vgl. Trail/James (2001), S. 119 f.

[195] Fünf der neun Motive, nämlich Selbstwert, Ästhetik, Realitätsflucht, physische Fähigkeiten der Spieler und soziale Interaktion, zeigten einen positiven Einfluss auf.

[196] Vgl. Trail/James (2001), S. 122.

wurde versucht, auf Basis der MSSC-Skala einen Zusammenhang zwischen Nutzungsmotiven, Identifikation, Erwartungen an den Ausgang des Spiels und deren Erfüllung bzw. Nicht-Erfüllung, Zufriedenheit und zukünftiges Fan-Verhalten abzuleiten.[197] Aufgrund einer hohen nicht erklärter Varianz verschiedener Modellvariablen lassen die Ergebnisse zwar keine aussagekräftigen Implikationen zu, es werden jedoch neue Ansätze und Überlegungen aufgezeigt, die dazu anregen sollen, in zukünftigen Forschungsarbeiten auch andere, bisher wenig untersuchte Einflussfaktoren auf das Verhalten von Sport-Rezipienten mit aufzunehmen.[198]

Dass der Einfluss der Erfüllung verschiedener Nutzungsmotive auch vom Faktor Zeit als intervenierende Variable abhängig sein kann, zeigen die Forschungen von *Mahony et al.* Während die Sympathie zu einem bestimmten Team bzw. das generelle Gefallen an der Sportart mit der Länge des Fan-Seins zunimmt, wird die Zuneigung zu einem bestimmten Sportler dadurch sogar leicht negativ beeinflusst.[199] Die Autoren vermuten in diesem Zusammenhang, dass „fans may initially be attracted by players, but forming a strong attachment to the sport and to a particular team is more important for long-term support".[200]

Im Gegensatz zu den bisher vorgestellten Skalen, die in der Regel fünf bis neun Motive aufweisen, beschränkt sich *Mehus* in ihrer Entertainment Sport Motivation Scale (ESMS) auf zwei Motiv-Kategorien. Unter der Kategorie Sociability fasst sie das Zusammensein mit Familie und Freunden sowie die Unterstützung für lokalen Sport zusammen, Excitement hingegen beschreibt das Interesse an einer Sportart bzw. einem favorisierten Team, Spannung und Unterhaltung.[201]

---

[197] Vgl. Trail/Fink/Anderson (2003), S. 9.
[198] Vgl. Trail/Fink/Anderson (2003), S. 16.
[199] Vgl. Mahony et al. (2002), S. 14.
[200] Mahony et al. (2002), S. 15.
[201] Vgl. Mehus (2005), S. 339.

Diese Auswahl einiger, in der Forschung bereits mehrfach angewandter und erweiterter Skalen zeigt, dass sich die untersuchten Rezeptionsmotive weitestgehend ähneln, jedoch oftmals unterschiedlich benannt und kategorisiert werden. Beispielsweise wird die Möglichkeit, durch den Sieg der präferierten Mannschaft das eigene Selbstbewusstsein zu stärken, durch sehr ähnliche Items operationalisiert, das Motiv jedoch bei *Wann* als Self Esteem, bei *Mahony* et al. und *Trail/James* als Vicarious Achievement bezeichnet.[202] Unterscheidet man in der MSSC zwischen neun verschiedenen Nutzungsmotiven, so fassen andere Autoren zum Beispiel Stress, Spannung und Unterhaltung zu einem Motiv zusammen.[203] Zusammenfassend über alle gesichteten Studien hinweg konnte die Hinwendung zu Sportereignissen immer wieder vorrangig durch das erwartete Erleben von Spannung, dramatischen Erlebnissen und positivem Stress (Eustress) sowie durch die Identifikation mit einem Team/Sportler und die damit verbundene Steigerung des eigenen Selbstwertgefühls begründet werden.[204]

### 3.2.2 Studien zur Team-Identifikation

Da die Identifikation mit einem erfolgreichen Team als einer der Hauptbeweggründe für die Hinwendung zu Sportereignissen gilt, haben sich einige Autoren diese Tatsache zum Anlass genommen, genau dieses Motiv einer genaueren Betrachtung zu unterziehen. *Fink/Trail/Anderson* konnten beispielsweise zeigen, dass die Stärke der Team-Identifikation in Abhängigkeit von den Rezeptionsmotiven der MSSC variiert und dabei das Motiv Vicarious Achievement[205] mit einem Anteil von 40% die meiste Varianz der Identifikation erklären konnte, während das gemeinsame Sehen im Kreis der Familie keinen signifikanten Einfluss aufwies.[206] Die Autoren sehen diese Ergebnisse im Einklang mit der allgemeinen Annahme, dass sich Menschen gerne mit erfolgreichen und be-

---

[202] Vgl. Trail/James (2001), S. 119, Armstrong (2002), S. 318, Mahony et al. (2002), S. 12.
[203] Vgl. Trail/James (2001), S. 119 f., Zhang et al. (2001), S. 46, Mehus (2005), S. 338.
[204] Einen kurzen Überblick über bisher untersuchte Rezeptionsmotive geben auch Mahony et al. (2002), S. 3 ff.
[205] Zur Diskussion über das Verständnis von Vicarious Achievement vgl. Kapitel 3.2.1.
[206] Fink/Trail/Anderson (2002), S. 202.

rühmten Personen/Teams identifizieren, während sie sich bei dauerhaftem Misserfolg auch schnell wieder abwenden.[207]

Mit dem Einfluss der Team-Identifikation auf den Zusammenhang zwischen Rezeptionsmotiven und dem Wohlbefinden von Fans nach einem gewonnenen Spiel beschäftigten sich *Wann/Royalty/Rochelle*. Sie konnten feststellen, dass die Identifikation mit dem Team und fast alle Motive der SFMS mit dem Wohlbefinden positiv korrelierten, es aber Motive wie Eustress oder Unterhaltung gab, die auch bei einer Kontrolle des Team-Identifikations-Levels einen positiven Einfluss auf die Zufriedenheit und die Freude über den Sieg aufwiesen.[208] Zuschauer können also auch durch ein gutes Spiel, das ihnen Spannung und Unterhaltung liefert, positive Emotionen entwickeln, ohne jedoch eine persönliche Identifikation mit dem Sieger-Team aufweisen zu müssen. Gegenstand einer anderen Untersuchung von *Wann* und Kollegen war die Frage, inwieweit Team-Identifikation und Selbstbewusstsein als Determinanten der Selbst-Präsentation von Sport-Fans gelten können. Die Stärke der Team-Identifikation war hierbei ein Indikator dafür, ob das Fan-Tum in der Selbstbeschreibung erwähnt wurde. Die Stärke des Selbstbewusstseins hingegen implizierte, an welcher Stelle es in der Selbst-Beschreibung von den Befragten angeführt wurde.[209]

Des Weiteren scheint das psychologische Wohlbefinden von Fans den Ergebnissen einer anderen Studie von *Wann* zufolge umso mehr von der Identifikation beeinflusst zu werden, je geringer die räumliche Nähe zum Team ist – denn so sind regelmäßige Treffen möglich, die zur Sozialisation zwischen den Fans beitragen.[210] Dass die räumliche Nähe aber keine Bedingung für die Wahl eines favorisierten Teams sein muss, zeigt eine Befragung unter norwegischen Studenten zu in- und ausländischen Sport-Teams. Die Fans von aus-

---

[207] Fink/Trail/Anderson (2002), S. 203.
[208] Vgl. Wann/Royalty/Rochelle (2002), S. 211 f.
[209] Vgl. Wann/Royalty/Roberts (2000), S. 202 f.
[210] Vgl. Wann (2006), S. 86.

ländischen Vereinen wiesen im Vergleich signifikant höhere Identifikationswerte auf, was *Melnick/Wann* auf eine fehlende professionelle Sport-Industrie in Norwegen zurückführen, die für gezieltes Marketing und mediale Präsenz sorgen könnte. In den USA dagegen haben durch professionelle Vermarktung und ständige Live-Übertragungen im Fernsehen unzählig viele Teams eine große Fan-Gemeinde – allein im Basketball unterscheidet man vier gleichermaßen erfolgreiche Ligen mit über 100 Teams.[211]

Mit der Veränderung in der Einstellung gegenüber Teams und deren Leistungsbewertung ebenfalls in Abhängigkeit von der Identifikation beschäftigten sich *Dietz-Uhler/Murell* und befragten in diesem Zusammenhang über eine ganze Saison hinweg in regelmäßigen Abständen Besucher von Spielen eines Uni-Football-Teams. Sie konnten dabei feststellen, dass Zuschauer, die sich mit der Heim-Mannschaft identifizierten, die Leistungen des Teams positiver beurteilten und die positive Bewertung im Laufe der Saison auch unabhängig von den tatsächlichen Leistungen zunahm. Im Kontext der vorliegenden Arbeit erscheint bei den Ergebnissen besonders interessant, dass das Team auch signifikant besser bewertet wurde, wenn es in den Medien eine positive statt eine negative Darstellung erfuhr.[212]

Nicht nur die Identifikation, sondern auch die Loyalität gegenüber einem Team und das daraus resultierende Verhalten war bereits Gegenstand von Untersuchungen auf dem Gebiet der Sport-Rezeptions-Forschung. Wurde die Loyalität bisher oftmals einfach anhand der Anzahl verkaufter Stadion-Tickets gemessen, haben *Mahony/Madrigal/Howard* das Attachment, d. h. die Sympathie bzw. Zuneigung gegenüber einem Team, als entscheidende Variable zum Aufbau von Loyalität identifiziert. Die Ergebnisse zeigten zudem, dass es einen Großteil an Probanden gab, der zwar eine hohe Loyalität gegenüber dem Team aufwies, was sich dies aber nicht im Verhalten, z. B. durch den Besuch

---

[211] Vgl. Melnick/Wann (2004), S. 10 f.
[212] Vgl. Dietz-Uhler/Murrell (1999), S. 20 ff.

von Spielen, niederschlug. Hier gilt es, aus Sicht der Veranstalter Anreize zu schaffen, um die vorhandenen Barrieren der Zuschauer, beispielsweise finanzieller oder zeitlicher Art, zu überwinden.[213]

### 3.2.3 Einflussfaktoren auf das Ticketkaufverhalten

Speziell mit Einflussfaktoren auf das Ticketkaufverhalten von Sport-Fans beschäftigten sich *Pan et al.* und stellten fest, dass neben ökonomischen Faktoren, z. B. den Ticketpreisen oder Fahrtkosten, und der spannungsgeladenen, besonderen Atmosphäre im Stadion auch der Erfolg des Teams als wichtige Determinante für die Kaufentscheidung gilt. Gemessen wurde der Faktor Erfolg des Teams mittels den Dimensionen Leistung in der vergangenen Saison, Erwartungen für die laufende Saison, Bedeutung von Star-Spielern und Loyalität zum Team, wobei letztere jedoch lediglich eine geringe Ladung auf den Faktor Erfolg des Teams aufwies.[214]

Auch demographische Faktoren, wie Alter, Geschlecht, Anfahrtsweg, Familiengröße, Haushaltseinkommen oder die Anzahl der Jahre als Inhaber einer Saisonkarte wirken sich auf die Kaufentscheidung aus. Hier zeigte sich, dass mit zunehmender Anzahl der Jahre als Saisonkarteninhaber die Bedeutung der Leistung des Teams und ökonomische Faktoren abnahmen. Etwa die Hälfte der befragten Zuschauer eines Football-Spiels gab an, schon länger als 11 Jahre im Besitz einer Dauerkarte zu sein. Des Weiteren zeigten sich Effekte in Abhängigkeit des Einkommens. So stellte die Loyalität zum Team bei Personen mit niedrigerem Einkommen einen bedeutenderen Einflussfaktor des Ticketkaufs dar als bei finanziell besser gestellten Personen.[215] Prozentual gesehen geben Personen mit weniger Einkommen einen größeren Teil davon für den Kauf einer Saison-Karte aus. Daher kann vermutet werden, dass sie dies nur tun, wenn eine starke emotionale Bindung zum Team besteht. Demographische Daten – wie die oben genannten – haben den Vorteil, dass sie relativ

---

[213] Vgl. Mahony/Madrigal/Howard (2000), S. 21 ff.
[214] Vgl. Pan et al. (1997), S. 452.
[215] Vgl. Pan/Baker (2005), S. 370.

schnell und einfach erhoben und ausgewertet werden können, jedoch erst im Zusammenhang mit anderen Einflussgrößen, wie der Loyalität, für zielgruppengerechte Marketing-Maßnahmen anwendbar werden.

### 3.2.4  Geschlechtsspezifische Unterschiede in den Rezeptionsmotiven

In den letzten Jahren ist ein zunehmender Anstieg von weiblichen Sport-Fans zu verzeichnen,[216] was *Wenner/Gantz* auf ein sich wandelndes Frauenbild in der Gesellschaft zurückführen. Veränderte Rollen und Normen beeinflussen ihrer Meinung nach auch den TV-Sport-Konsum.[217] Es herrschen jedoch nach wie vor klare Unterschiede im Sportinteresse zwischen den Geschlechtern. Laut einer ARD-Trendbefragung aus 2002 messen in der Zielgruppe 14 bis 49 Jahre 66% der Männer dem Sport einen wichtigen oder besonders wichtigen Stellenwert im Fernsehen bei, während in derselben Zielgruppe nur 23% der Frauen das Sportangebot als wichtig empfinden.[218] Nach *Wenner/Gantz* würden auch mehr Männer als Frauen wirklich etwas vermissen, wenn Sport als Programmelement im Fernsehen abgesetzt werden würde.[219] Auch die Sportarten selbst polarisieren zum Teil stark zwischen den Geschlechtern: Während Fußball und Leichtathletik mittlerweile ein breites, weitgehend geschlechterunabhängiges Publikum ansprechen, sind bei vielen Ball-, Motor- oder Kraftsportarten männliche Zuschauer eindeutig überrepräsentiert. Von ästhetischen Sportarten wie Eiskunstlaufen oder rhythmischer Sportgymnastik fühlen sich hingegen hauptsächlich Frauen angesprochen.[220]

In letzter Zeit zeigen sich hier jedoch auch Veränderungen, die jüngsten Messungen zur Fußball-WM 2006 deutlich machen. Bei den letzten drei Spielen der deutschen Mannschaft konnten die Messungen nämlich sogar mehr weibliche als männliche Zuschauer verzeichnen[221] – was wiederum die zunehmen-

---

[216] Vgl. Dietz-Uhler et al. (2000), S. 220, Geese/Zeughardt/Gerhard (2006), S. 456.
[217] Vgl. Wenner/Gantz (1991), S. 242.
[218] Vgl. Rühle (2003), S. 216.
[219] Vgl. Gantz/Wenner (1991), S. 236.
[220] Vgl. Rühle (2003), S. 219
[221] Vgl. Geese/Zeughardt/Gehard (2006), S. 456.

de Bedeutung der Frau im Sport-Sektor unterstreicht. Die Begeisterung durch sportliche Erfolge der eigenen Mannschaft scheint sich also auch auf ansonsten weniger interessierte Zielgruppen zu übertragen. Diese Vermutung konnten auch *James/Ridinger* bestätigen, die bei Frauen ein höheres Interesse für spezifische Teams als für Sport generell feststellten.[222] Die Autoren untersuchten in diesem Zusammenhang nicht nur motivationale Unterschiede zwischen den Geschlechtern, sondern auch zwischen Männer- und Frauensport. Dabei fanden sie heraus, dass die Mehrheit der Zuschauer eines Männer-Basketball-Spiels auch männlich war und der umgekehrte Fall für das Frauen-Basketball-Spiel galt. Interessanterweise wurde die soziale Interaktion, d. h. die Möglichkeit, durch das Spiel gemeinsame Zeit mit Freunden und Familie zu verbringen, von beiden Geschlechtern nicht als sehr wichtig empfunden.[223] Dieses Motiv wurde jedoch in anderen Studien als typisch für weibliche Zuschauer identifiziert, die primär aus sozialen Gründen heraus Sport gemeinsam mit anderen ansehen.[224]

Nicht mit den Unterschieden im Geschlecht, sondern mit dem Einfluss der so genannten Gender Role Orientation auf das Involvement als Sportfan haben sich *Wann/Waddill/Dunham* beschäftigt. Sie konnten feststellen, dass weniger das Geschlecht, sondern eher geschlechtstypische Charakteristika auf den Fan-Tum-Grad einwirken. Je größer also der Grad an männlichen Charakteristika, den ein Mann oder eine Frau besitzt, desto stärker ist sein bzw. ihr Fan-Level ausgeprägt. In Bezug auf die zielgruppengerechte Vermarktung von Sport ist daher eine auf das Geschlecht beschränkte Unterteilung nicht ausreichend, vielmehr sollten Strategien entwickelt werden, die das Maskuline bei Männern und bei Frauen ansprechen.[225] Die Eigenschaft, ein Sport-Fan zu sein, kann sich in Abhängigkeit vom Geschlecht auch auf den sozialen Status einer Person auswirken. In einer Studie unter College-Studenten wurden das

---

[222] Vgl. James/Ridinger (2002), S. 267.
[223] Vgl. James/Ridinger (2002), S. 273.
[224] Vgl. Gantz/Wenner (1991), S. 238, Dietz-Uhler et al. (2000), S. 227, Mehus (2005), S. 335.
[225] Vgl. Wann/Waddill/Dunham (2004), S. 371 sowie S. 373 f.

aktive Betreiben von Sport sowie das Sport-Fan-Sein als wichtigste Determinanten nach der physischen Attraktivität für die Popularität von Männern identifiziert – während für die Bewertung von Frauen das Interesse an Sport eine
untergeordnete Rolle spielte.[226] Zusammenfassend sind die Ergebnisse zu
geschlechtsspezifischen Unterschieden in den Nutzungsmotiven, aber auch im
generellen Interesse an Sport, als nicht eindeutig anzusehen. Insbesondere
neuere Studien widerlegen teilweise bislang angenommene Rollenmuster, sodass es hier weiterer Forschungen bedarf.

## 3.3    Forschung im Bereich TV-Sport-Rezeption

Die vorgestellten Studien aus Kapitel 3.2 beziehen sich alle auf die Motivation,
Sportveranstaltungen zu besuchen. Aus welchen Beweggründen heraus Zuschauer aber TV-Sport konsumieren, wird vergleichsweise selten analysiert,
obwohl erfahrungsgemäß mit der Übertragung von Sportveranstaltungen regelmäßig höchste Einschaltquoten im Fernsehen erreicht werden.[227] *Strauss*
zieht in einem Literaturüberblick einen Vergleich zwischen Sport im Fernsehen
und Sportveranstaltungen vor Ort und kommt zu dem Schluss, „dass sich die
Gründe, dass Menschen ein Sportereignis live vor Ort bzw. vor dem Fernseh-
schirm anschauen, nicht erheblich unterscheiden".[228] Zu diesem Ergebnis
kommen zwar auch *Wenner/Gantz*, sie heben aber zugleich hervor, dass bei
Sport im Fernsehen so genannte Non-Fanship-Faktoren, wie „nichts anderes
zu tun", „nichts anderes im TV" oder „Zeit totschlagen" von den Befragten relativ hoch bewertet wurden.[229] Diese Motive scheinen spezifisch für den Fernsehsport zu sein, denn sie tauchten in den bisher vorgestellten Studien zur
Sport-Rezeption nicht auf. Auch der Vergleich von Fernsehsportnutzung und
generellen TV-Nutzungsmotiven[230] zeigt keine großen Unterschiede, sodass
diese zunächst auf den TV-Sport übertragen werden können. Der Mediensport
zeichnet sich im Gegensatz zu anderen Fernsehformaten aber durch eine un-

---

[226] Vgl. End/Kretschmar/Dietz-Uhler (2004), S. 117.
[227] Vgl. Kapitel 1.
[228] Strauss (2002), S. 157.
[229] Vgl. Wenner/Gantz (1989), S. 258.
[230] Vgl. Kapitel 3.1.3.

sichere, reale und nicht beeinflussbare Situation aus, sodass zusätzliche, sportspezifische Motive, wie „to thrill in victory" neben den typischen Beweggründen, wie Entspannung, Unterhaltung, Informationssuche oder Zeitvertreib eine bedeutende Rolle spielen.[231]

Im deutschsprachigen Raum sind in den letzten Jahren zur TV-Sport-Rezeption mit den Arbeiten von *Aimiller/Kretschmar*, *Schauerte* und *Hagenah* drei umfangreiche Studien erschienen. *Aimiller/Kretschmar* haben im Auftrag des Deutschen Sportfernsehens (DSF) zwölf Motive für 24 verschiedene Sportarten untersucht. Die Motive haben sie dabei den Dimensionen soziale und parasoziale Beziehungen sowie Entspannung bzw. Stimulation zugeordnet. Aufgrund der großen Bandbreite an berücksichtigten Sportarten, die sowohl Team- als auch Individualsportarten sowie aggressive Sportarten, wie Wrestling oder Boxen, aber auch ästhetischen Sport, wie Tanzen oder Eiskunstlauf, umfasst, sind die Ausprägungen in den Nutzungsmotiven sehr unterschiedlich und verdeutlichen damit die Wichtigkeit einer separierten Betrachtung.[232] Auch *Schauerte* hat sich in seiner Dissertation ausführlich mit der Mediensport-Nutzung beschäftigt, den Schwerpunkt aber auf die Unterschiede in der Nutzung verschiedener Sportmedien, wie Fernsehen, Zeitschrift, Radio oder Internet gelegt und dabei vor allem deskriptive Daten erfasst. Bei den Nutzungsmotiven identifiziert er die kognitiven und affektiven Bedürfnisse als die einflussreichsten, ohne jedoch die Bedeutung dieser Dimensionen weiter zu erläutern – was einen Vergleich zu den Ergebnissen anderer Studien erschwert.[233] Umso ausführlicher werden die Nutzungsmotive hingegen in der Dissertation von *Hagenah* untersucht, der sich zudem nicht nur auf den Rezipienten konzentriert, sondern auch die Beziehung zwischen Medien und Rezipient, d. h. die gegenseitigen Abhängigkeiten wie auch Einflussnahmen, auf Basis des dynamisch-transaktionalen Ansatzes von *Früh/Schönbach*[234] analy-

---

[231] Vgl. Gantz (1981), S. 266.
[232] Vgl. Aimiller/Kretschmar (1995).
[233] Vgl. Schauerte (2002).
[234] Vgl. Früh/Schönbach (1982).

siert hat.[235] In seiner Sport-TV-Motiv-Skala (STVM-Skala) unterscheidet er neun Faktoren und verbindet dabei die allgemeinen Dimensionen Entspannung, Zeitvertreib, sozialer Vergleich und Informationssuche mit sportspezifischen Motiven, wie Zusammensein, ästhetisches Vergnügen oder parainteraktive Emotionssuche, wobei letztere die bedeutendste Einflussvariable des Modells darstellt.[236]

Dieser kurze Überblick über veröffentlichte Studien speziell zum TV-Sport-Rezeptionsverhalten zeigt zum einen, dass Forschungen auf diesem Gebiet bisher nur vereinzelt und weitgehend unabhängig voneinander erfolgt sind. Zum anderen wird bei den wenigen vorhandenen Arbeiten aber erkennbar, dass die Konstruktion der Skalen auf einer Verbindung von generellen TV-Nutzungsmotiven aus der Medienwirkungsforschung und speziellen Sport-Motiven, die für Besucher von Sportveranstaltungen vor Ort entwickelt wurden, basiert.

Bisher nicht als Teil einer Motivskala, sondern separiert untersucht wurde die Funktion des Moderators bzw. Kommentators einer Sportberichterstattung für den Zuschauer. Die Stärke der Einflussnahme dieser Personen auf das Erleben von Sport im Fernsehen und die damit verbundene Rezeptionsabsicht konnte aber in den wenigen veröffentlichten Studien[237] deutlich nachgewiesen werden, sodass eine genauere Betrachtung dieses neuen Motivs sinnvoll erscheint. *Schaffrath* unterteilte in einem Experiment die Zuschauer einer Live-Übertragung eines Fußballspiels im Fernsehen in eine Gruppe mit und eine ohne Kommentar. Mehr als 90% der Befragten gaben an, den Kommentar als wichtig zu erachten und die Personen ohne Kommentar kritisierten, dass sie sich aufgrund der Abwesenheit kommentatorischer Leistungen während des Spiels nicht genügend über Hintergründe, Verletzungen oder Auswechslungen

---

[235] Vgl. Kapitel 3.1.3.
[236] Vgl. Hagenah (2004b).
[237] Vgl. Weischenberg (1976), Schaffrath (2003), Klimmt/Bepler/Scherer (2006).

informiert fühlten.[238] Der Moderator/Kommentator bietet demnach eine Art Orientierungshilfe für den Rezipienten und unterstützt das Verstehen des Spielablaufs. Für eine zielgruppengerechte Programmgestaltung spielt darüber hinaus auch die Art des Kommentars eine Rolle. Mit der Frage, ob die Ausrichtung des Kommentars eher sachlich-journalistisch oder emotional-unterhaltsam sein sollte, beschäftigten sich *Klimmt/Bepler/Scherer* und konnten eine Verbindung beider Elemente als bevorzugte Wahl der Zuschauer konstatieren.[239] Nach *Weischenberg* hat die Unterhaltungsfunktion in der Sportkommunikation deutlich zugenommen.[240] Der Moderator wird immer mehr zum Entertainer[241] und neben dem Sporthelden selbst zur Identifikationsfigur. Der Moderator nimmt also nicht nur durch seine fachliche Kompetenz Einfluss auf den Inhalt der Sportberichterstattung, sondern auch durch seine Persönlichkeit, die *Strobach* wie folgt beschreibt: „Durch seine Stimme, seine Sprache, sein Auftreten, sein Aussehen, seine Kleidung, seine Mimik und seine Gestik wird der Moderator zum ‚Markenzeichen' der von ihm präsentierten Sendung, wird zum verbindenden Element zwischen Sender, Sendung und Rezipient".[242]

## 3.4 Hauptmotive der TV-Sport-Rezeption

Mit Hilfe der in den vorangegangen Kapiteln durchgeführten ausführlichen Literatursichtung konnten Hauptmotive der Mediensport-Rezeption identifiziert werden, die im Folgenden eine genauer theoriegeleitete Betrachtung erfahren, da sie im empirischen Bereich der vorliegenden Arbeit Anwendung finden. Der Literaturüberblick hat ferner gezeigt, dass die untersuchten Motive zur Sport-Rezeption zwar von vielen Autoren unterschiedlich benannt werden, sich in ihrer Bedeutung aber oftmals nicht groß unterscheiden. Die einzelnen Motive sind zudem nicht völlig unabhängig voneinander zu sehen und basieren daher

---

[238] Vgl. Schaffrath (2003), S. 92.
[239] Vgl. Klimmt/Bepler/Scherer (2006), S. 184.
[240] Vgl. Weischenberg (1976), S. 193.
[241] Hier ist anzumerken, dass bekannte deutsche Unterhaltungsshow-Moderatoren wie Jauch, Kerner, Beckmann ihre Fernsehkarriere alle im Sportfernsehen begonnen haben.
[242] Strobach (1993), S. 124.

zum Teil auf demselben theoretischen Hintergrund.[243] Um dennoch eine Klas-
sifizierung der Motive vornehmen zu können, bietet sich das Konzept von *Raney* an, der eine Unterteilung in kognitive, affektive/emotionale und behaviora-
le/soziale Motive vorschlägt.[244] Einen Überblick über die Unterteilung der
Hauptmotive in diese drei Kategorien und die dazugehörigen theoretischen
Ansätze, die in den nächsten Abschnitten eine genauer erläutert werden, bietet Tabelle 1:

| Motiv-Klassifizierung | Theoretischer Ansatz |
|---|---|
| Kognitiv: Ästhetik und Lernen | Lehre von den Künsten und vom Schönen |
| Emotional: Unterhaltung, Entspannung, Spannung, Moderator, soziale Identifikation, Flucht | Recreationstheorie, Diversionstheorie, Dispositionstheorie, Stress- and Stimulation-Seeking, Sensation-Seeking, Theorie der sozialen Identität, parasoziale Interaktion, Eskapismus-Theorie |
| Behavioral/Sozial: Aggressionsabbau, Gruppenanbindung (Freunde, Familie), Anschlusskommunikation | Katharsis-Theorie, Sozialisationstheorien |

Tabelle 1: Motiv-Klassifizierung und theoretische Ansätze

### 3.4.1 Kognitive Motivatoren der TV-Sport-Rezeption

Der Begriff Ästhetik als die Lehre von den Künsten und vom Schönen[245] erfährt im allgemeinen Sprachgebrauch einen sehr weit gedehnten Bedeutungsinhalt, sodass eine eindeutige Definition schwierig erscheint. *Ritter* beschreibt
‚schön' als „die Kennzeichnung der Fähigkeit, empfindend und fühlend von
dem, was ist, angerührt zu werden und Rührung und Empfindung des Herzens
hervorzurufen".[246] In der Sportliteratur wird darunter oftmals die Schönheit und
Anmutung verbunden mit der Stilistik der Sportart verstanden. Als typisch ästhetische Sportarten gelten daher Tanzen, Eiskunstlaufen, Segeln oder

---

[243] Vgl. Schramm/Dohle/Klimmt (2004), S. 129.
[244] Vgl. Raney (2004), S. 52.
[245] Vgl. Ritter (1971), S. 555.
[246] Ritter (1971), S. 558.

Golf.[247] Aber auch die Grazie, mit der Michael Jordan einen Korb wirft oder Pelé den Ball ins Tor schießt, wird von vielen als ästhetisch beschrieben.[248] *Leonard* und *Michener* bezeichnen die ästhetischen Bewegungen der Sportler gar als eine Form von Kunst.[249] Unterstützend wirkt hierbei die weit entwickelte Kameratechnik, die Wiederholungen in Super-Zeitlupe zulässt, was ermöglicht, dass besonders schöne und gelungene Szenen dem Zuschauer gleich mehrfach präsentiert werden können und ihm in Erinnerung bleiben.[250] Ästhetik kann sich auf die Sportart selbst, aber auch auf das Aussehen oder die Kleidung der Akteure beziehen und spiegelt somit verschiedene Facetten wider.[251] Der Bereich Ästhetik im Sport wurde bisher jedoch erst unzureichend untersucht, wie *Zillmann/Paulus* konstatieren: „Despite much discussion of flow, harmony, and grace in the locomotion of athletes, and despite linking athletic motions to ballet and declaring athletic performances artistic, sports aesthetics is a poorly understood phenomenon, and the contribution of the aesthetic component of athletic performances to enjoyment remains to be determined".[252]

Ein weiteres, den kognitiven Motiven zuzuordnendes Element stellt das Lernen dar. Vor allem jene Personen weisen ein Interesse am TV-Sport auf, die selbst eine bestimmte Sportart ausüben und daher durch das Gesehene lernen wollen, um es auf die eigene sportliche Aktivität zu übertragen.[253] In vielen Studien gilt dieses Element zwar als fester Bestandteil der Motiv-Skala, hat aber einen vergleichsweise geringen Stellenwert in der Determinierung der Rezeptionsabsicht.[254] *Raney* hingegen sieht die Motivation, sich Wissen anzu-

---

[247] Siehe hierzu auch die Untersuchung des Motivs Ästhetik bei verschiedenen Sportarten in der DSF-Studie von Aimiller/Kretzschmar (1995).

[248] Vgl. Raney (2004), S. 61.

[249] Vgl. Leonard (1974); Michener (1976).

[250] Vgl. Kühnert (2004), S. 75.

[251] Auf die einzelnen Dimensionen der Ästhetik und ihre Messung wird im Rahmen der Operationalisierung des Konstrukts in Kapitel 5.2 näher eingegangen.

[252] Zillmann/Paulus (1993), S. 608.

[253] Vgl. Kühnert (2004), S. 12.

[254] Vgl. Wenner/Gantz (1989), Trail/James (2001), Fink/Trail/James (2002), Hagenah (2004b).

eignen auch unter dem Gesichtspunkt, diese gelernten Informationen dann im Gespräch mit anderen einfließen zu lassen, um mitreden zu können, was jedoch eher dem behavioralen/sozialen Motivbereich zuzuordnen ist.[255] In Bezug auf die Forschungsfragen der vorliegenden Arbeit spielt das Lernen eine untergeordnete Rolle, da der Fokus hauptsächlich darauf liegt, zu eruieren, wie das Interesse neuer Zuschauer für bislang wenig beachtete Sportarten geweckt werden kann. Die Übertragung auf die eigene sportliche Aktivität ist dabei nur für einen Bruchteil des Publikums von Bedeutung.

### 3.4.2  Emotionale Motivatoren der TV-Sport-Rezeption

Im Gegensatz zum Lernaspekt, der nur für einzelne Personen von Interesse ist, konsumiert die weitaus größere Gruppe Sport im Fernsehen aus Gründen der Unterhaltung verbunden mit der Suche sowohl nach Entspannung aber auch nach Anregung.[256] Nach *Sloan* ist Unterhaltung „the engaging of another's attention and/or occupying them pleasurably".[257] Der Autor begründet seinen so genannten Salubrious Effect, unter dem er Freude und mentales Wohlbefinden versteht, mit der Recreations- und Diversionstheorie, die beide den Aspekt der Entspannung bzw. Ablenkung hervorheben.[258] Diesen Überlegungen zufolge ist für den Unterhaltungswert eines Sportereignisses im Fernsehen das Endergebnis irrelevant.[259] *Raney*[260] hingegen widerspricht dieser These und erklärt mit Hilfe der Dispositionstheorie, dass der Ausgang des Spiels sehr wohl auf das Enjoyment einwirkt.[261] Diesen Ansatz haben im Bereich der Sportrezeption erstmals *Zillmann/Bryant/Sapolsky* vorgestellt. Sie gehen davon aus, dass die Freude über den Sieg eines Teams und damit das Vergnügen an der Sportrezeption mit einer positiven Einstellung gegenüber

---

[255] Vgl. Raney (2004), S. 60.
[256] Vgl. Gleich (2000), S. 515.
[257] Sloan (1989), S. 188.
[258] Entspannung wird auch in anderen Motiv-Katalogen mit Unterhaltung gleichgesetzt, vgl. Huber (2006), S. 18.
[259] Vgl. Sloan (1989), S. 183.
[260] Vgl. Raney (2004).
[261] Zu einer ausführlichen Diskussion der Dispositionstheorie siehe auch Bryant/Raney (2000), S. 162 ff.

dem Team steigt und mit einer negativen Einstellung sinkt. Analog steigt die Freude über eine Niederlage mit negativen Gefühlen für dieses Team an und sinkt mit positiven Gefühlen.[262] Mit dieser Annahme ist jedoch ein gewisses Involvement seitens des Zuschauers verbunden, denn bei Personen, die indifferent gegenüber beiden Parteien sind, wird der Ausgang des Wettbewerbs keinen oder keinen großen Einfluss auf den Unterhaltungswert haben. Die Autoren stellen daher die Frage, worin sich diese Unterteilung in Freund und Feind gründet. Die lokale Identifikation mit dem Heim-Team stellt eine Möglichkeit dar, aber es gibt auch Studien, die diesen Zusammenhang nicht bestätigen konnten.[263] Andere Personen begeistern sich immer für die Partei, die aktuell erfolgreich ist und wieder andere unterstützen gerne vermeintliche Außenseiter.[264] Die Frage also, aus welchen Beweggründen heraus Parteinahme entsteht, die letztlich den Unterhaltungswert beeinflusst, kann demnach verschiedene Ursachen haben.

Wie bereits erwähnt, kann Unterhaltung auch als spannend und anregend bezeichnet werden. *Sloan* bezeichnet diese Anregungsfunktion als Stress- and Stimulation-Seeking. Erklärt wird die Suche nach Spannung, Risiko und Stress von einigen Autoren auch mit den Überlegungen von *Klausner*,[265] dessen Meinung nach Individuen, die in ihrem normalen Leben keine Spannung erfahren, ihre Bedürfnisse nach Stress und Anregung auf andere Art und Weise zu befriedigen versuchen.[266] Routinisierung, Bürokratisierung und Langeweile nehmen im Arbeitsleben vieler Menschen immer mehr zu, daher bietet Sportfernsehen die gesuchte Spannung und das Risiko, welches zudem für den Zuschauer risikolos befriedigt werden kann.[267] Wie die vorgestellten Arbeiten zur Sportrezeption gezeigt haben, bewerten viele Zuschauer die durch die Unsicherheit über den Ausgang des Wettbewerbs entstehende Spannung als posi-

---

[262] Vgl. Zillmann/Bryant/Sapolsky (1989), S. 257.
[263] Vgl. die Ergebnisse der Studie von Melnick/Wann (2004) in Kapitel 3.2.2.
[264] Vgl. Zillmann/Bryant/Sapolsky (1989), S. 265.
[265] Vgl. Klausner (1968).
[266] Vgl. Sloan (1989), S. 185.
[267] Vgl. Zillmann/Bryant/Sapolsky (1989), S. 254, Digel/Burk (2001), S. 26.

tiven Stress (Eustress), dem sie sich gerne aussetzen. Dieser Unterschied zu anderen TV-Formaten, die einem weitgehend vorgegebenen Handlungs- und Ablaufplan folgen, stellt ein wichtiges Zuwendungsmotiv für Sportrezeption dar. Empirisch belegt werden konnte die Wichtigkeit einer solchen Dramatik, bei der der Ausgang des Spiels bis zum Ende hin offen bleibt, in mehreren Untersuchungen.[268] Hierbei ist jedoch nach der Stärke des Fan-Grads zu unterscheiden, denn insbesondere langjährige Fans bevorzugen den sicheren Sieg ihrer Heim-Mannschaft und können sich mit Aussagen wie „I enjoy games where the outcome is not decided until the very end"[269] nicht identifizieren. Spannung im Sport muss zudem nicht unbedingt mit Unsicherheit gleichgesetzt werden, wie *Bryant/Raney* folgern, sondern ist ihrer Meinung nach „a high degree of perceived certainty of a negative outcome".[270] Je mehr ein Fan also einen negativen Ausgang bereits antizipiert aber dennoch fürchtet, umso größer ist die Spannung für ihn und gleichzeitig – gemäß der Dispositionstheorie – auch die Freude über einen möglichen positiven Ausgang. Speziell bei Spielen, die erst kurz vor Ende entschieden werden, kann sich die über den ganzen Spielverlauf aufgebaute Spannung dann final entladen und weicht einer Erleichterung über den Sieg. Dieser Verlauf der Spannungskurve wird in der Literatur mit Hilfe der Excitation-Transfer-Theorie von *Zillmann* beschrieben.[271]

Prinzipiell ähnlich angelegt wie das Bedürfnis nach Stress und Spannung ist das Sensation-Seeking-Motiv. Als Sensation-Seeker werden nach *Zuckerman* Personen bezeichnet, die ständig aktiv und selektiv nach neuen Reizen in ihrem Leben suchen. Sensation-Seeking kann dabei den Ergebnissen der Reizforschung zufolge zu einem gewissen Grad angeboren sein, aber auch durch das soziale Umfeld einer Person beeinflusst werden. Auf jeden Fall handelt es sich dabei nach *Gleich et al.* aber um ein relativ stabiles Persönlichkeitsmerk-

---

[268] Vgl. Trail/James (2001), Mahony et al. (2002), Trail/Fink/Anderson (2003).
[269] Mahony et al. (2002), S. 12.
[270] Bryant/Raney (2000), S. 166.
[271] Vgl. Zillmann (1983).

mal, das jedoch unterschiedlich stark ausgeprägt sein kann.[272] Daher werden in der Sensation-Seeking-Skala auch unterschiedliche Dimensionen der Reizsuche erfasst, die beispielsweise zwischen dem Erleben von stimulierenden Situationen mit Risiko, wie dem aktiven Betreiben von risikoreichen Sportarten, und ohne persönliches Risiko unterscheiden.[273] Zu den letztgenannten Situationen kann nach *Hagenah* die Rezeption von Sportereignissen im Fernsehen gezählt werden.[274] Mit der Verbindung des Persönlichkeitsmerkmals Sensation-Seeking und den Beweggründen, warum sich Menschen bestimmten Fernsehinhalten zuwenden, haben sich *Gleich et al.* beschäftigt und konnten dabei feststellen, dass bei so genannten High-Sensation-Seekern das Bedürfnis zur Vermeidung von Langeweile sowie nach Anregung und Spannung deutlich stärker ausgeprägt ist als bei Low-Sensation-Seekern.[275] Sowohl für die Anwesenheit im Stadion als auch im erweiterten Sinne für die Live-Übertragung am Bildschirm verfolgen Sensation-Seeker das Ziel „simply being a member of the crowd itself",[276] um dieses gesuchte Erregungsgefühl zu erfahren. Des Weiteren ist zum Aspekt Spannung anzumerken, dass die Wahrnehmung einer Sportübertragung im Fernsehen auch von der Art und Weise der Präsentation beeinflusst wird und die wahrgenommene Spannung mit einer dramatischen Darbietung ansteigt.[277]

Die Präsentation eines Sportereignisses im Fernsehen wird außerdem stark durch den Moderator bzw. Kommentator beeinflusst. Einen wichtigen Beitrag zum Verständnis der Moderator-/Kommentator-Wirkung haben *Bryant et al.* geleistet, die die Auswirkungen auf Unterhaltung, Spannung und Interesse durch unterschiedliche Kommentare bei einem Tennis-Spiel untersuchten: Einmal wurden die beiden Spieler vom Kommentator als beste Freunde, in einer zweiten Gruppe als erbitterte Feinde und in einer Kontrollgruppe als neut-

---

[272] Vgl. Gleich et al. (1998), S. 665.
[273] Vgl. Zuckerman (1994).
[274] Vgl. Hagenah (2004a), S. 83.
[275] Vgl. Gleich et al. (1998), S. 675. Die Unterteilung zwischen High und Low erfolgte dabei durch die Betrachtung der Gesamtsummenscores der Items der Skala.
[276] Sloan (1989), S. 186.
[277] Vgl. Comisky/Bryant/Zillmann (1977).

ral dargestellt. In den Ergebnissen zeigte sich deutlich, dass eine rivalisierende Beschreibung zu höherem Unterhaltungswert und Spannungsempfinden führte als eine positive oder neutrale Beschreibung.[278] Weiterhin ist denkbar, dass der Moderator selbst einen Grund für die Rezeption von TV-Sport darstellt. Wie in Kapitel 3.3 angesprochen, kann der Moderator aufgrund seiner Persönlichkeit und einer informativ und unterhaltsam gestalten Moderation selbst Einflussfaktor der Rezeptionsabsicht sein.

Die Diskussion der Motive Unterhaltung und Spannung haben bereits verdeutlicht, dass die Stärke der Einflussnahme der Motive auf die TV-Sport-Rezeption auch abhängig vom Identifikationsgrad der Zuschauer ist. Es gibt Rezipienten „who merely enjoy watching an event and those who think of sport as an important part of their life".[279] Zu welcher der beiden Gruppen ein Rezipient zuzuordnen ist, hängt von seinem Selbstkonzept, seiner Identität, ab. Vor dem Hintergrund der Theorie der sozialen Identität von *Tajfel* und *Turner*[280] ist dabei zwischen der personalen und der sozialen Identität zu unterscheiden. Die personale Identität umfasst die Interessen einer Person und die Meinungen und Einstellungen, die sie über ihre Fähigkeiten und Fertigkeiten hat. Dagegen beinhaltet die soziale Identität das Wissen über die Zugehörigkeit zu bestimmten sozialen Gruppen. Die Kategorisierung kann auf Basis demographischer Kriterien (z. B. Alter, Geschlecht oder Nationalität) erfolgen oder die Mitgliedschaft in einer Organisation oder Institution implizieren.[281] Durch die Identifikation mit einer Gruppe stärken Individuen ihr Selbstbewusstsein und erfahren mehr über ihr eigenes Wesen.[282] Übertragen auf den Sportbereich lassen sich Fan-Gemeinden als solche sozialen Gruppen identifizieren. Nach *Strauss* ist ein Fan also „eine Person, die einen Teil des Selbstkonzepts aus der Verbindung zu einer Sportmannschaft, einem Verein oder auch zu einem

---

[278] Vgl. Bryant et al. (1982).
[279] Trail/James (2001), S. 109.
[280] Vgl. Tajfel (1982), Turner (1987).
[281] Tajfel (1982), S. 2, Turner (1987), S. 29. Eine Zusammenfassung der Überlegungen von *Tajfel* und *Turner* übertragen auf den Sport bieten Fink/Trail/Anderson (2002), S. 196.
[282] Vgl. Dietz-Uhler/Murrell (1999), S. 16.

Sportler aufbaut. Identifikation bezeichnet dann den Prozess, mit dem diese Verbindung aufgebaut, aufrechterhalten und natürlich auch gezeigt wird".[283] Die Entwicklung einer sozialen Identität wird maßgeblich beeinflusst durch spezifische Sozialisationsagenten – im Sport sind dies die Familie, vor allem die Väter, aber auch Schule, Freunde oder Sportvereine, durch die frühzeitig der Zugang zu bestimmten Sportarten geebnet werden kann.[284]

In einigen Studien wurde in Verbindung mit der sozialen Identifikation auch das Motiv Achievement-Seeking aufgegriffen.[285] Dass das Erreichen einer guten eigene Leistung im Vergleich mit anderen Personen und die damit verbundene Anerkennung anderer wichtige Handlungsanreize darstellen, konnte *Maslow* in seinen Untersuchungen zu Personen, die in einem direkten Wettbewerb zueinander stehen, feststellen.[286] Auch Sportler, die in ständiger Konkurrenz zueinander stehen, eröffnen sich einer direkten Bewertung ihrer Leistung anhand von tatsächlichen Erfolgen. Fans dieser Sportler oder Mannschaften versuchen dabei nicht selten, den Erfolg ihres Favoriten dazu zu nutzen, das eigene Selbstwertgefühl zu steigern. Der Sieg der favorisierten Mannschaft hat in Abhängigkeit von der Stärke der Identifikation mit diesem Team also einen positiven Einfluss auf die Selbstwahrnehmung der eigenen Person. Dieses Phänomen wird in der Literatur auch als „basking in reflected glory" (BIRG) bezeichnet.[287] Individuen versuchen demnach, sich „im Ruhme der anderen zu sonnen", sodass das soziale Umfeld einen positiven Eindruck von der eigenen Person bekommt. Nach außen hin dargestellt wird diese Verbindung zwischen dem erfolgreichen Team und der Person selbst durch Hilfsmittel wie Schals, Trikots oder Aufkleber. Diese Merkmale werden in der Regel jedoch nur recht kurzzeitig benutzt und können bei Niederlagen ebenso schnell wieder entfernt werden – man spricht dann vom so genannten COR-

---

[283] Strauss (2002), S. 159.
[284] Vgl. Melnick/Wann (2004), S. 6.
[285] Vgl. Kapitel 3.2.1.
[286] Vgl. Maslow (1970).
[287] Vgl. dazu ausführlich Cialdini et al. (1976).

Fing („cutting off reflected failure").[288] Dieses Verhalten ist bei den so genannte Fair Weather Fans[289] deutlich öfter und im Zeitverlauf schneller zu beobachten als bei langjährigen Anhängern einer Mannschaft.[290]

Da die direkte Interaktion zwischen Rezipient und Sportler in der Regel fehlt, ist ein solches, egoistisch geprägtes Abwenden sehr einfach zu vollziehen und bringt keine negativen Nachwirkungen für den Zuschauer mit sich. Dieses Verhalten steht im Zusammenhang mit dem Konzept der parasozialen Interaktion (PSI).[291] Darunter versteht man eine spezifische Form des interpersonalen Involvements mit medial vermittelten Personen. Aus der parasozialen Interaktion heraus können dann auch parasoziale Beziehungen (PSB) zu Sportstars entstehen. Parasozial bedeutet dabei ,scheinbar', denn die Interaktion bzw. in einem weiteren Schritt die Beziehung zwischen Rezipient und Medienstar ermöglicht nur einen einseitigen, d. h. vom Medienstar zum Rezipienten, und keinen wechselseitigen, sich gegenseitig bedingenden Austausch zwischen den Partnern. Nach *Vorderer* entsteht so zusagen eine „Illusion von Intimität"[292] durch die scheinbar direkte Ansprache seitens der Medienakteure, auf die der Rezipient aber nicht antworten kann. Diese Einseitigkeit ermöglicht auch das leichte Abwenden des Rezipienten vom Medienstar oder Sportler, wenn dieser nicht die erwünschten Leistungen erbringt.

Parasoziale Interaktion umfasst dabei perzeptiv-kognitive, affektive und konative Prozesse. Bei den kognitiven Prozessen geht es besonders darum, einen Bezug zwischen sich selbst und der interessierenden Medienperson herzustellen, indem man versucht, sich in die Lage der Person hinzuversetzen, ihre Ziele, Gedanken und Wünsche zu rekonstruieren und im Vergleich zur eigenen

---

[288] Vgl. dazu ausführlich Snyder/Lassegard/Ford (1986).
[289] Als Fair Weather Fans werden in der Literatur Personen bezeichnet, die sich nur im Erfolgsfall zur Mannschaft bekennen, während die so genannten Die Hard Fans über einen langen Zeitraum eine starke Identifikation aufweisen, vgl. Strauss (2002), S. 161 f.
[290] Vgl. Strauss (2002), S. 161 f.
[291] Einen Überblick zu diesem Ansatz bietet Gleich (1997), neuere Konzeptualisierungen finden sich bei Schramm/Hartmann/Klimmt (2002).
[292] Vorderer (1998), S. 696.

sozialen Situation zu bewerten. Speziell erfolgreiche Sportler, die von der ganzen Nation als Helden verehrt werden, stellen hierbei eine überaus attraktive
Personengruppe dar.[293] Gemäß der sozialen Identität nach *Tajfel* und *Turner*[294] geht es hierbei aber nicht darum, die eigene sportliche Kompetenz mit
der des professionellen Sportstars zu vergleichen – dieser Vergleich würde
sicherlich zu einer Minderung des eigenen Selbstwerts führen. Stattdessen
ordnen sich Anhänger einer bestimmten Mannschaft einer gemeinsamen sozialen Gruppe zu und vergleichen dann ihre Mannschaft mit dem gegnerischen
Team. Bei einem Sieg erfolgt dann in Anlehnung an die Theorie der sozialen
Vergleichsprozesse von *Festinger* ein Abwärtsvergleich mit dem Gegner, d. h.
die Leistung des Gegners wird als schlechter bewertet als die Leistung des
eigenen Teams. Bei einer Niederlage hingegen versucht man in der Regel andere Erklärungen als die schlechte Leistung der eigenen Mannschaft zu finden, um somit die enttäuschten Erwartungen abzuschwächen.[295] Des Weiteren stellt die emotionale Anteilnahme am Erfolg sowie an der Niederlage einen
Aspekt der parasozialen Interaktion dar und konnte in einigen Studien als Indikator für eine hohe Identifikation nachgewiesen werden.[296] Die parasoziale
Interaktion zeigt sich aber nicht nur durch kognitive und affektive Anteilnahme,
sondern auch in beobachtbarem Verhalten. Im Sport zeigen Fans beispielsweise durch Anfeuerungen und Jubelrufe, dass sie sich zu einem bestimmten
Team bekennen.[297] Anzumerken ist jedoch, dass Sportler sich in einem we-
sentlichen Punkt von anderen, rein fiktiven Medienfiguren, die von Schauspie-
lern gespielt werden, unterscheiden. Sportler spielen sich selbst und demnach
können sie prinzipiell auch im realen Leben angetroffen werden.[298]

Die vorangegangenen Ausführungen haben gezeigt, dass eine Person, die
sich mit einem Sport-Team identifiziert, einen Teil ihres Selbstkonzepts aus

---

[293] Vgl. Schramm/Dohle/Klimmt (2004), S. 122.
[294] Vgl. Tajfel (1982), Turner (1987).
[295] Vgl. Schramm/Dohle/Klimmt (2004), S. 126, in der Wissenschaftstheorie wird dieses Verhalten mit der Vermeidung kognitiver Dissonanz nach Festinger (1957) erklärt.
[296] Vgl. Wann/Schrader/Wilson (1999), Zhang et al. (2001), Mehus (2005).
[297] Vgl. Gantz (1981), S. 269.
[298] Vgl. Hartmann (2004a), S. 104.

dieser Verbindung heraus aufbaut, den Sport also aktiv in ihre Lebensgestaltung einbindet. Es erscheint aber auch möglich, sich durch den Konsum von TV-Sport aus dem Alltag zu flüchten. Dieser Annahme liegt die Eskapismus-Theorie zugrunde, die lange Zeit in der Mediennutzungsforschung vertreten wurde.[299] In neueren Diskussionen wird die Bedeutung des Flucht-Motivs aber eingeschränkt, denn heutzutage wird weniger von einem sozialen Mangel ausgegangen. Statt dem einer Flucht vom Alltagsleben wird vermehrt von einem Hinwendung zu neuen, abwechslungsreichen Erfahrungen durch den Fernsehkonsum gesprochen.[300] *Rubin* konnte in seiner Studie zur Medienrezeption sogar einen negativen Zusammenhang zwischen dem Eskapismus-Motiv und der Sehdauer feststellen.[301] Aufgrund dieser neueren Erkenntnisse wird das Motiv Realitätsflucht im Rahmen der vorliegenden Studie nicht weiter betrachtet.

### 3.4.3 Behaviorale und soziale Motivatoren der TV-Sport-Rezeption

*Sloan* hat in seinem viel zitierten Aufsatz zu Sportnutzungsmotiven[302] auch den Umgang mit den aggressiven Elementen des Sports aufgenommen, die *Gantz* in seiner Motivskala mit den Indikatoren "to get loose" oder "to let off steam" formulierte.[303] Gemäß der Katharsis-Theorie soll durch die Rezeption gewalthaltiger Sportarten das eigene Gewaltpotenzial verringert und damit eine Art reinigende Wirkung ausgeübt werden – ein Zusammenhang, der durch empirische Studien jedoch nicht hinreichend unterstützt werden konnte. [304] Stattdessen zeigten Beobachtungen eher ein Ansteigen statt Absinken der Aggression nach dem Spiel als Folge von Frustration bei einer Niederlage der

---

[299] Vgl. Huber (2006), S. 18 f.
[300] Vgl. Vorderer (1996), S. 313.
[301] Vgl. Rubin (1983), S. 47.
[302] Vgl. Sloan (1989).
[303] Vgl. Gantz (1981), S. 269 f.
[304] Vgl. Zhang et al. (2001), S. 46, die in einer Befragung von Zuschauern eines Hockey-Spiels einen positiven Einfluss des Katharsis-Motivs auf die Sehabsicht nicht bestätigen konnten.

favorisierten Mannschaft, was besonders im Kollektiv mit anderen Fans festgestellt werden konnte.[305]

Die gemeinsame Rezeption von Sportereignissen kann aber auch im positiven
Sinne zur Sozialisation einer Person beitragen und stellt für viele Zuschauer
ein wichtiges Nutzungsmotiv dar. Sportübertragungen im Fernsehen werden
nicht ohne Grund mehr als andere Programminhalte gemeinsam mit Freunden
und Familie zu Hause oder in Sportbars, sowie neuerdings auf öffentlichen
Plätzen, konsumiert. Dies zeigen auch die Ergebnisse zur Fußball-WM 2006,
die einen starken Anstieg der Außer-Haus-Nutzung gemeinsam mit anderen
Personen verzeichnen konnten.[306] Die Möglichkeit, durch gemeinsamen
Sportkonsum Zeit mit der Familie verbringen, konnte vor allem für Frauen als
besonders wichtig identifiziert werden.[307] *Gantz/Wenner* haben hinsichtlich der
Geschlechter aber Unterschiede darin festgestellt, wie diese Zeit gemeinsam
mit der Familie verbracht wird: Frauen verrichten oft nebenbei Hausarbeiten,
während Männer sich voll auf das Spiel konzentrieren und auch im Vorfeld bereits Vorbereitungen für den Fernsehabend treffen.[308]

Außerdem diskutieren Männer mehr als Frauen mit Freunden, aber auch
Fremden, über das laufende Spiel. *Schramm/Dohle/Klimmt* konstatieren in
diesem Kontext, dass die Rezeption in der Gruppe auch das Rezeptionsverhalten und die Rezeptionswirkung beeinflusst. In der Gruppe entsteht häufig
das Bedürfnis, Kommentare abgeben zu müssen, um die eigene Kompetenz
und das aufgebaute Wissen darstellen zu können, damit man als ‚Experte' ak-
zeptiert wird.[309] Die Autoren kommen zu dem Schluss, dass der Sport gleichermaßen der Affiliation, d. h. der Zuwendung zu anderen, aber auch der
Distinktion dienen kann, wenn eine Person montags im Kreise der Arbeitskol-

---

[305] Vgl. Sloan (1989), S. 187.
[306] Vgl. Kapitel 3.1.1.
[307] Vgl. Kapitel 3.2.4.
[308] Vgl. Gantz/Wenner (1991).
[309] Vgl. Schramm/Dohle/Klimmt (2004), S. 122 sowie S.134. Eine ähnliche Ansicht vertritt
auch Kühnert (2004), S. 12.

legen nicht über die Fußballergebnisse vom Wochenende mitreden kann.[310] Zudem handelt es sich dabei im Gegensatz zu beispielsweise politischen Themen um einen relativ risikolosen Gesprächsstoff, bei dem auch gegensätzliche Meinungen vorgetragen werden dürfen.[311]

In der Medienforschung wurde dieser Zuschauerkommunikation im Anschluss an die Fernsehrezeption bereits große Aufmerksamkeit gewidmet.[312] Eine von *Kepplinger/Martin* vorgestellte Studie unterstreicht den Einfluss der Massenmedien auf die interpersonale Kommunikation, denn in etwa drei Viertel aller beobachteten Gesprächssituationen spielten sie eine Rolle – besonders Personen unter 30 Jahren äußerten sich besonders häufig über das Fernsehen. Resümierend konnten die Autoren drei zentrale Funktionen der Massenmedien in der Alltagskommunikation ableiten: Sie dienen als Anlass für Gespräche über ein bestimmtes Thema, vermitteln Informationen und verteidigen Meinungen.[313]

Nach *Hafkemeyer* eignet sich die Rezeption von Sportereignissen gut für die Alltagskommunikation, wenn es sich um wiederkehrende Ereignisse handelt. Wenn die Akteure über einen längeren Zeitraum nämlich stets dieselben bleiben, können somit durch die Investition in sportspezifisches Wissen – eben durch die Rezeption – hinreichend große Erträge erzielt werden, indem man sich an Unterhaltungen über Sport zu beteiligen weiß. Der Austausch von Informationen fördert wiederum selbst den Lernprozess.[314] Vor diesem Hintergrund lässt sich nach *Adler* auch das Phänomen von Superstars im Sport erklären. Entgegen dem ursprünglichen Ansatz von *Rosen*,[315] dass sich Stars

---

[310] Vgl. Schramm/Dohle/Klimmt (2004), S. 122 sowie S.134.

[311] Vgl. Hattig (1994), S. 285.

[312] Einen breiten Überblick über bisherige Forschungen in diesem Bereich bieten Charlton/Klemm (1998), S. 722.

[313] Vgl. Kepplinger/Martin (1986), S. 120 sowie S. 127.

[314] Vgl. Hafkemeyer (2003), S. 98. Auch der Moderator/Kommentator einer Sportsendung trägt nach *Strobach* zum Wissensaufbau und der Chance zur Anschlusskommunikation bei, indem er Hintergrundinformationen liefert, vgl. Strobach (1993), S. 129.

[315] Vgl. Rosen (1981).

alleine aufgrund von Leistungsunterschieden von ihren Konkurrenten abhe-
ben, vertritt er die Ansicht, dass nicht unbedingt derjenige mit dem größten
Talent, sondern der Sportler mit dem höchsten Bekanntheitsgrad die besten
Chancen hat, ein Star zu werden.[316] Über diesen wird in der alltäglichen
Kommunikation am meisten gesprochen und Individuen, die sich bisher nicht
mit diesen Inhalten beschäftigt haben, aber ein potentielles, sozial motiviertes
Interesse aufweisen, haben es einfacher, wenn sie ihre Investitionen in den
Wissensaufbau über einen bereits bekannten und gesellschaftlich akzeptierten
Sportler tätigen. In Bezug auf medial unterrepräsentierte Sportarten, über die
in der Bevölkerung nicht oder nur in kleinen abgegrenzten Gruppen gesprochen wird, zeigt sich hingegen darin ein Problem für einen Reputationsaufbau
dieser Sportarten – das soziale Motiv wirkt nach *Hafkemeyer* in den Anfängen
des Reputationsaufbaus sogar eher hemmend und wird daher erst verhältnis-
mäßig spät relevant.[317] Zunächst muss es gelingen, durch die regelmäßige
Integration von Sportinhalten in das Fernsehprogramm, die entsprechende
Sportart überhaupt ins Bewusstsein des Konsumenten zu rücken.

---

[316] Vgl. Adler (1985), S. 211 f.
[317] Vgl. Hafkemeyer (2003), S. 100.

# 4 Modell zur Erklärung der Wirkung von Einflussfaktoren auf Einstellung und Sehabsicht gegenüber unterschiedlichen Medien Sport-Formaten

Die vorangegangenen Ausführungen haben gezeigt, dass der Einfluss einiger Faktoren auf die Rezeption von Sportereignissen theoretisch begründet und vereinzelt empirisch bestätigt werden konnte, teilweise aber Unklarheiten bezüglich Stärke und Richtung der Wirkungsweise der Motive bestehen. Der Studienüberblick hat des Weiteren eine starke Konzentration auf Spitzensportarten wie American Football, Fußball, Baseball oder Basketball zum Vorschein gebracht. Zuwendungsmotiven für Randsportarten wurde bisher kaum Aufmerksamkeit gewidmet, sodass hier insgesamt ein enormer Forschungsbedarf vorliegt.

Daher sollen nun in einem empirischen Modell zum einen bislang als einflussreich erachtete Faktoren, zum anderen aber auch neue, wenig untersuchte Rezeptionsmotive in einer Skala zusammengeführt und als mögliche Einflussfaktoren der Einstellung gegenüber Randsportart-Sendungen überprüft werden. Unter Berücksichtigung der Komplexität des Modells beschränkt sich die Auswahl auf die in diesem Zusammenhang wichtigsten sechs Faktoren. Im Rahmen des Modells erfolgt eine Unterscheidung zwischen zwei Präsentationsformen der zu untersuchenden Randsportarten, dem Profi-Sport- und dem Promi-Sport-Format. Des Weiteren wird ein möglicher Transfer der Einstellung gegenüber diesen Formaten auf die zukünftige Sehabsicht von Randsportarten im Profi-Sport-Format mit einbezogen. Die Aufnahme moderierender Variablen, die die Stärke der postulierten Zusammenhänge beeinflussen, vervollständigt den Aufbau des Modells. Abbildung 3 gibt einen Überblick über die komplexen Beziehungen, bevor diese detailliert begründet werden.

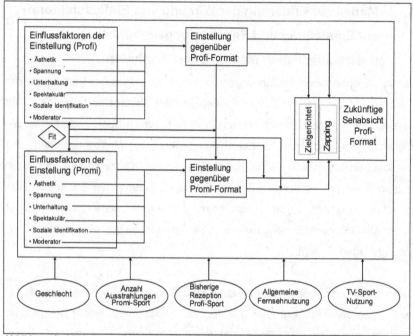

Abbildung 3: Modell zur Erklärung der Wirkung von Einflussfaktoren auf Einstellung und Sehabsicht gegenüber unterschiedlichen Mediensport-Formaten

## 4.1    Die untersuchten Präsentationsformen Profi- und Promi-Sport-Format

Zwei unterschiedliche Präsentationsformen stehen im Fokus der Betrachtung der empirischen Analyse, das Profi- und das Promi-Sport-Format. In Kapitel 2.5 wurde bereits auf die zunehmende Präsenz von so genannten Promi-Sport-Veranstaltungen im deutschen Fernsehen hingewiesen, deren Bedeutung für einen Reputationsaufbau von Randsportarten mit Hilfe der Konsumkapitaltheorie von *Stigler/Becker* nun näher beleuchtet werden soll.[318] Am Beispiel von Musik erklären die Autoren, dass das Wissen um Musik und damit auch die Wertschätzung in Abhängigkeit von der Zeit, in der man sich der Musik widmet und die zur Wissensaneignung dient, ansteigt – also nicht durch

---

[318] Vgl. Stigler/Becker (1977). *Schellhaaß* stützt sich in seinen Ausführungen für den Medien-Sport-Bereich ebenfalls auf einen viel zitierten Aufsatz von *Stigler/Becker* zur Konsumkapitaltheorie, vgl. Schellhaaß (1999, 2000, 2003a, 2003b).

einmaligen Konsum erworben werden kann.[319] Übertragen auf die Mediennutzung muss nach diesem Ansatz ein Fernsehkonsument in sein Konsumkapital investieren, um sein Nutzenempfinden durch den Konsum einer Fernsehsendung zu erhöhen. Zu Beginn eines Spielfilms beispielsweise ist der Rezipient noch wenig informiert über die Handlung und das Zusammenspiel der Charaktere. Um die Zusammenhänge zu verstehen und schließlich mit dem finalen Höhepunkt belohnt zu werden, muss er Investitionen in Form von Aufmerksamkeit und Verknüpfung der verschiedenen Informationen erbringen.[320] Der entscheidende Unterschied von Sendungen wie Spielfilmen zum Sport und damit auch nach *Schellhaaß* zugleich die Marktzutrittsschranke für unbekannte Sportarten, besteht darin, dass der Wissenserwerb[321] und damit auch der aus der Sportübertragung resultierende Nutzenerwerb wesentlich langsamer erfolgt und von der Häufigkeit des Konsums abhängt – dafür dann aber auch eine langfristige Bindung an die Sportart möglich macht.[322] Das im Laufe der Zeit aufgebaute Konsumkapital in Form von Wissen über die Sportart ist nämlich nicht auf andere Märkte (Sportarten) übertragbar. Daher wird ein Fan die von ihm präferierte Sportart nicht ohne weiteres wechseln.[323]

Im Hinblick auf die Zeitkomponente weist *Hafkemeyer* darauf hin, dass die Investition in Lernprozesse für eine neue Sportart nur dann nutzbringend ist, „wenn die zukünftigen Erträge die heutigen Aufwendungen übersteigen".[324] Die Wahl der Freizeitgestaltung eines Konsumenten ist dabei – ähnlich der Güterproduktion in einem Unternehmen – in Abhängigkeit von gewünschten In- und Output-Kombinationen zu sehen. Zusätzlich stehen alle Freizeitaktivitäten in Konkurrenz um die knapp bemessene Zeit des Konsumenten. Zu Beginn des Konsums von Randsportarten werden daher die Opportunitätskosten bei Verzicht auf eine attraktive Alternativtätigkeit – für die in der Regel bereits

---

[319] Vgl. Stigler/Becker (1977), S. 78.
[320] Vgl. Schellhaaß (2003b), S. 4.
[321] Wissen wird hier mit Konsumkapital gleichgesetzt in Anlehnung an Schellhaaß/Hafkemeyer (2002), S. 23.
[322] Vgl. Schellhaaß (2003b), S. 4 und Hafkemeyer (2003), S.14.
[323] Vgl. Frisch (2004), S. 5.
[324] Hafkemeyer (2003), S. 8.

Konsumkapital aufgebaut wurde – den durch die Randsportart generierten Nutzen übersteigen. Erst durch weiteren Konsum und damit verbundene Lerneffekte beim Konsumenten wird sich der Nutzen aus dem Konsum der Randsportart an den Nutzen der Alternativtätigkeit annähern. Bei stetigem Zuwachs des Konsumkapitals fällt die Investitionsentscheidung ab einem bestimmten Zeitpunkt zugunsten der Randsportart aus.[325] Die Gegenüberstellung des Konsumnutzens aus Randsportart und Alternativtätigkeit in Abhängigkeit von Faktor Zeit wird in der folgenden Abbildung 4 veranschaulicht:

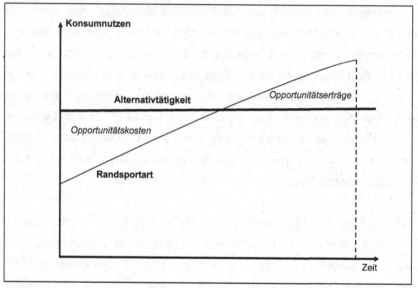

Abbildung 4: Konsumnutzenprozess im Zeitablauf[326]

In der Regel sind jedoch die Opportunitätserträge durch den Konsum der Randsportart geringer als die Opportunitätskosten, die dem Individuum durch den Verzicht auf die Alternativtätigkeit entstehen – womit auch die mangelnde Nachfrage nach dem Konsum von Randsportarten in der Bevölkerung zu begründen ist. Um dennoch Randsportarten als attraktives Unterhaltungsangebot zu vermarkten und zukünftige Nachfrage zu generieren, ist für den Aufbau ei-

---

[325] Es wird dabei unterstellt, dass aus dem Nutzen der Alternativtätigkeit hingegen kein zusätzliches Konsumkapital resultiert.
[326] In Anlehnung an Hafkemeyer (2002), S. 9.

ner Sportart ein besonderes Augenmerk auf die Anfangsphase zu richten, in der die Sportart attraktiv und unterhaltsam zu präsentieren ist, ohne den Konsumenten zugleich mit zu vielen Informationen zu überfordern. Durch die Integration in unterhaltsame und leicht verständliche Sendeformate werden die Zuschauer nicht überfordert und gleichzeitig eröffnet sich dadurch die Möglichkeit, die Sportart einem breiten Publikum vorzustellen.[327] Eine Überprüfung der Zusammenhänge zwischen den Überlegungen aus der Konsumkapitaltheorie und der Attraktivität von Sportsendungen steht den Aussagen von *Woratschek/Schafmeister* nach aber noch aus,[328] weshalb im Rahmen dieser Studie eine empirische Überprüfung in Bezug auf das Promi-Sport-Konzept als Plattform für eine unterhaltsame Darstellung von Randsportarten erfolgt. Im Speziellen wird untersucht, ob Promi-Sport-Formate dazu führen können, dass Rezipienten sich auch für normale Sportübertragungen in der entsprechenden Randsportart (Profi-Sport-Format), z. B. Weltmeisterschaften, interessieren.

## 4.2 Zum Konstrukt Einstellung

Im Mittelpunkt des Modells stehen die Einstellung gegenüber dem Profi- sowie gegenüber dem Promi-Sport-Format. Die aus der vorliegenden Forschungsliteratur zur Sport-Medien-Nutzung heraus abgeleiteten Motive (Viewing Motives) werden in der Konsequenz als Einflussfaktoren auf die Einstellung gegenüber dem Profi- und dem Promi-Sport-Format bezeichnet. Im Gegensatz zu bestehenden Studien wird demnach nicht der Einfluss der Rezeptionsmotive auf die Sehabsicht direkt untersucht, sondern der Einfluss auf die Einstellung der Rezipienten. In einem darauf aufbauenden Schritt wird dann der Zusammenhang zwischen der Einstellung gegenüber den Formaten und der zukünftigen Sehabsicht eines Profi-Wettkampfes in der jeweiligen Sportart überprüft. Diese Vorgehensweise entspricht der gängigen Sichtweise der Marketingtheorie, wonach Einstellungen als vorgelagerte Größen von Verhaltensabsichten konzeptualisiert werden. Darüber hinaus erscheint es beim Promi-

---

[327] Vgl. Kapitel 2.5.
[328] Vgl. Woratschek/Schafmeister (2004), S. 73.

Sport-Format schwierig, Sehabsichten abzufragen, da es sich in der Mehrzahl um einmalige Shows oder Serien handelt[329] und daher zukünftig nicht davon ausgegangen werden kann, dass dieselbe Sportart mehrere Male im Promi-Sport-Format gezeigt wird. Unter Berücksichtigung dieser Gegebenheiten erscheint es daher sinnvoller, statt einer direkten Überprüfung des Zusammenhangs zwischen den Rezeptionsmotiven und der Sehabsicht zunächst die Einstellung gegenüber dem jeweiligen Sport-Format als meditierende Variable[330] zwischenzuschalten.

Im Folgenden erfährt der Einstellungsbegriff eine nähere Betrachtung. Einstellungen werden allgemein zu den psychischen Determinanten des Konsumenten-Verhaltens gezählt[331] und nehmen dort eine zentrale Rolle ein.[332] Nach *Kroeber-Riel/Weinberg* kann der Begriff Einstellung als „subjektiv wahrgenommene Eignung eines Gegenstandes zur Befriedigung einer Motivation" umschrieben werden.[333] Die Einstellung einer Person zeigt sich in der positiven oder negativen Bewertung eines Objektes, je nachdem ob das Objekt sich als geeignet herausstellt, die Motivation einer Person – basierend auf ihren Bedürfnissen – zu befriedigen.[334] Der Begriff Einstellung wird dabei auch immer häufiger mit dem Image, das eine Marke beim Konsumenten innehat, gleichgesetzt.[335] Einstellungen sind von Emotionen und Motiven zu unterscheiden, denn sie sind objektbezogen, durch Erfahrung erworben,[336] relativ stabil (d. h. situationsunabhängig) im Zeitablauf und verhaltenswirksam.[337] Während die klassische Drei-Komponenten-Theorie der Einstellung eine Unterteilung in affektive (gefühlsmäßige), kognitive (wissensbasierte) und konati-

---

[329] Ausnahmen bilden hier bspw. die „Wok-WM" auf PRO7 mit Stefan Raab oder der „Star Biathlon" in der ARD mit Jörg Pilawa, die bereits mehrere Male ausgestrahlt wurden.
[330] Zum Begriff mediierende Variable vgl. Huber et al. (2007), S. 69 ff.
[331] Vgl. Kroeber-Riel/Weinberg (1999), S. 167.
[332] Vgl. Nieschlag/Dichtl/Hörschgen (2002), S. 594.
[333] Kroeber-Riel/Weinberg (1999), S. 168.
[334] Vgl. Herrmann (1998), S. 75.
[335] Vgl. Hermanns (1997), S. 115, Kroeber-Riel/Weinberg (1999), S. 196, Hammann/ Erichson (2000), S. 336.
[336] Einstellungen können aber auch mittelbar erworben werden z. B. durch Kommunikation mit Dritten, vgl. Felser (1997), S. 241 f., Nieschlag/Dichtl/Hörschgen (2002), S. 595.
[337] Vgl. Hammann/Erichson (2000), S. 334, Trommsdorff (2002), S. 150.

ve (intentionale) Komponenten[338] – ausgehend von einer Konsistenz im Denken, Fühlen und Handeln[339] – vornimmt, zählt man in der neueren Diskussion um den Einstellungsbegriff die konative Komponente nicht mehr dazu, sondern positioniert sie eigenständig zwischen Einstellung und Verhalten. Die Wirkung von Einstellung auf Verhalten erfolgt also indirekt über die Intention, d. h. die Verhaltensabsicht.[340] Die Einstellung gilt in der klassischen Marketingtheorie nach wie vor als eine der zentralen Bestimmungsgrößen für die Kaufabsicht, insbesondere weil sich Einstellungen, wie bereits angesprochen, in der Regel als relativ stabil und dauerhaft charakterisieren lassen.[341]

Bei der Messung von Einstellungen haben sich aufgrund ihrer sehr leichten Konstruktion und praktisch universellen Einsatzmöglichkeit Ratingskalen, bei denen subjektive Einschätzungen gegenüber Personen oder Objekten seitens der Befragten abgegeben werden, als der am häufigsten eingesetzte Skalentyp durchgesetzt.[342] Im Rahmen der mehrdimensionalen Einstellungsmessung werden Ratingskalen oftmals in Form des Semantischen Differentials angewendet,[343] das von *Osgood* ursprünglich zur Messung von Wortbedeutungen entwickelt wurde.[344] Personen sollen hierbei mit Hilfe mehrerer zweipoliger Ratingskalen (meist siebenstufig) das betreffende Objekt beschreiben, wobei die Pole jeweils gegensätzliche Adjektivpaarungen, z. B. gut-schlecht, stark-schwach, aktiv-passiv darstellen.[345] Somit kann die Stärke der vorgegebenen Assoziationen gemessen werden. In der Konsumentenforschung wurde das Semantische Differential im Rahmen der Imagemessung erfolgreich adaptiert.[346] Die Einstellungsmessung kann aber auch mit Hilfe von Likert-Skalen erfolgen, bei denen mit Hilfe einer mehrstufigen Ratingskala Zustimmung oder

---

[338] Vgl. Hammann/Erichson (2000), S. 334 f.
[339] Vgl. Kroeber-Riel/Weinberg (1999), S. 170.
[340] Vgl. Meffert (2000), S. 119 sowie Kapitel 1.1.
[341] Vgl. Nieschlag/Dichtl/Hörschgen (2002), S. 1114.
[342] Vgl. Bronner/Appel/Wiemann (1999), S. 82.
[343] Vgl. Hammann/Erichson (2000), S. 348.
[344] Vgl. Osgood/Suci/Tannenbaum (1975), S. 76 ff.
[345] Vgl. Trommsdorff (1975), S. 27.
[346] Einen Überblick dazu bietet Mindak (1969), S. 618.

Ablehnung zu verschiedenen Aussagen in Bezug auf das zu untersuchende Objekt ausgedrückt werden soll.[347] Eine darüber hinaus entwickelte Skala stellt *Gutman* vor, bei der nicht nur bestimmte Aussagen (Stimuli), sondern gleichzeitig auch Auskunftspersonen skaliert werden.[348]

Im Gegensatz zum Semantischen Differential, welches die Ausprägungen einzelner Eigenschaften auf bipolaren Ratingskalen abfragt, wird bei der so genannten Multiattributivskalierung zur Messung von Einstellungen zwischen den Dimensionen Wahrnehmung (bei *Rosenberg*[349] als Wichtigkeit verstanden) und Evaluation von Eigenschaften unterschieden.[350] Nach dem Modell von *Rosenberg* hängt die Richtung und Intensität der Einstellung zu einem Objekt von der kognitiven Struktur[351] eines Individuums ab, d. h. zum einen von der empfundenen Wichtigkeit der Ziele (Motive) für das Subjekt und zum anderen von der subjektiv empfundenen Eignung des Objektes zur Befriedigung der Motive. Wichtigkeit und Befriedigung der Motive werden dabei zur Berechnung der Einstellung multiplikativ für jedes Motiv verknüpft und dann addiert.[352] Das Modell von Rosenberg wurde später sowohl von *Fishbein*[353] als auch von *Trommsdorf*[354] weiterentwickelt.[355] Die von *Rosenberg* entwickelten Überlegungen lassen sich sinngemäß auch auf die im vorliegenden Modell dargestellten Zusammenhänge übertragen. Als Determinanten der Einstellung werde hier keine speziellen Eigenschaften des Profi- und Promi-Sport-Formates, sondern die Erfüllung möglicher Rezeptionsmotive definiert. Die Einstellung selbst wird dabei jedoch als eigenständiges Konstrukt, das durch erfüllte bzw.

---

[347] Vgl. Bronner/Appel/Wiemann (1999), S. 84 ff., Hammann/Erichson (2000), S. 343. Likert-Skalen werden auch in der vorliegenden Arbeit verwendet, vgl. Skalenkonstruktion in Kapitel 5.2.
[348] Vgl. Diekmann (2006), S. 237 ff.
[349] Vgl. Rosenberg (1956).
[350] Vgl. Nieschlag/Dichtl/Hörschgen (2002), S. 422.
[351] Vgl. Trommsdorff (1975), S. 48.
[352] Vgl. Rosenberg (1956).
[353] Vgl. Fishbein (1963).
[354] Vgl. Trommsdorf (1975).
[355] Vgl. hierzu ausführlich Kroeber-Riel/Weinberg (1999), S. 200 ff., Hammann/Erichson (2000), S. 350 ff., Meffert (2000), S. 121 ff.

nicht erfüllte Rezeptionsmotive beeinflusst wird, aufgefasst und mittels Likert-Skalen gemessen.[356]

## 4.3 Determinanten der Einstellung gegenüber Profi- und Promi-Sport-Format

Für den Vergleich der beiden Präsentationsformate im Fernsehen wurden folgende Rezeptionsmotive als Determinanten der Einstellung gegenüber diesen Formaten ausgewählt: Ästhetik, Spannung, Unterhaltung, Sensationslust (Spektakulär),[357] soziale Identifikation und Funktion des Moderators. Die Faktoren Spannung, Unterhaltung sowie soziale Identifikation mit dem Sportler/Team haben sich in den betrachteten Studien zur Sport-Rezeption durchgehend als die einflussreichsten Motive herausgestellt,[358] sodass diese auch im vorliegenden Modell nicht vernachlässigt werden dürfen, da davon auszugehen ist, dass sie einen wichtigen Beitrag zur Erklärung der postulierten Zusammenhänge liefern werden. Nach *Sloan* kann die Rezeption eines Sportereignisses einerseits auf entspannende Art und Weise unterhaltsam sein, andererseits bietet ein spannender Wettkampf auch eine Anregungsfunktion für Personen, die nach Stress und Stimulation suchen.[359] Fühlt sich ein Individuum zusätzlich noch emotional mit dem Sportler oder Team verbunden, so möchte es gemäß der Theorie der sozialen Identität[360] auch sehen, „how one's favorite does".[361] Ästhetik als einflussreiche Variable wurde hingegen vor allem bei Sportarten, bei denen die fehlerfreie Ausführung der Bewegungen sowie der künstlerische Ausdruck bewertet werden, verstärkt festgestellt.[362] Da solche Sportarten wie Tanzen, Turnen, Turmspringen oder Eiskunstlauf zur

---

[356] Vgl. hierzu auch Kapitel 5.2.
[357] Im Fragebogen wird der Begriff Sensationslust mit ‚Spektakulär' umschrieben, vgl. Kap. 5.2.5.
[358] Vgl. Kapitel 3.2.
[359] Vgl. Kapitel 3.4.2.
[360] Vgl. Kapitel 3.4.2.
[361] Wenner/Gantz (1989), S. 255.
[362] Vgl. Aimiller/Kretzschmar (1995).

Auswahl im Fragebogen[363] zur Verfügung stehen, erscheint es daher sinnvoll, diese Variable ebenfalls mit in die Untersuchung aufzunehmen.

Wie im Kapitel 3.3 bereits erwähnt, hat sich die Mediensportforschung in den letzten Jahren, wenn auch nur vereinzelt, der Funktion des Moderators/Kommentators gewidmet. Hierbei wurde deutlich, dass sich die unterschiedlichen Indikatoren zur Messung der Moderator-Funktion auf zwei Dimensionen beziehen: Information des Zuschauers, gespeist aus eigenen, sorgfältig erworbenen Kenntnissen, und unterhaltsame Moderation.[364] In Einklang damit kommt *Hackforth* in einer Befragung von Sport-Journalisten hinsichtlich deren eigenen Aufgabenverständnisses zu dem Ergebnis, dass informative und unterhaltsame Moderation neben der Funktion Missstände zu kritisieren, zu den drei wichtigsten Aufgaben gehören.[365] Eine Aufnahme des Konstrukts Moderator in den Determinanten-Katalog erscheint insbesondere deshalb interessant, weil der Einfluss der verschiedenen Faktoren auf die Einstellung gegenüber zwei Präsentationsarten einer Sportart miteinander verglichen werden soll.

Als sechstes und letztes Rezeptionsmotiv soll die Sensationslust (Spektakulär) im Modell Berücksichtigung finden.[366] Ein Einfluss der Sensationslust auf die Sehabsicht wurde zwar in der DSF-Studie nur für schnelle, harte Sportarten wie Wrestling, Football oder Eishockey nachgewiesen,[367] jedoch erscheint das Motiv auch für mehr von Ästhetik geprägte Sportarten als nicht unerheblich. Beispielhaft ist hier der amerikanische Fernsehsender CBS zu nennen, der bei dem Duell der Eiskunstläuferinnen Tonya Harding und Nancy Kerrigan im Jahr 1992 die bislang höchsten Einschaltquoten in der olympischen Sportübertra-

---

[363] Zur Wahl der Befragung als Erhebungsmethode vgl. Kapitel 5.3.
[364] Vgl. Weischenberg (1976), S. 193, Schaffrath (2003), S. 91, Geese/Zeughardt/Gerhard (2006), S. 462, Klimmt/Bepler/Scherer (2006), S. 185.
[365] Vgl. Hackforth (1994), S. 34.
[366] Das Motiv Sensationslust wird vor allem bei jüngeren Zuschauern vermutet, vgl. Kühnert (2004), S. 76.
[367] Vgl. Aimiller/Kretzschmar (1995).

gung verzeichnen konnte.[368] Qualitative Gespräche mit Rezipienten im Vorfeld der empirischen Studie bestätigten Sensationslust als Motiv der Rezeption von Promi-Sport-Formaten. Rezipienten möchten spektakuläre Situationen erleben und sehen, wie die prominenten Teilnehmer sich blamieren. Es erscheint daher interessant, dieses Konstrukt als Einflussfaktor auf die Einstellung gegenüber den beiden Präsentationsformaten aufzunehmen, um eine empirische Überprüfung der vermuteten Zusammenhänge zu ermöglichen.

Für das Untersuchungsmodell wurden also sechs unterschiedliche Variablen ausgewählt, bei denen davon ausgegangen wird, dass sie einen positiven Einfluss auf die Einstellung gegenüber dem Profi-Sport- und dem Promi-Sport-Format aufweisen. Die folgenden Hypothesen[369] drücken diese Zusammenhänge aus:

H1a: *Je stärker die Erfüllung des Rezeptionsmotivs Ästhetik, desto positiver ist die Einstellung gegenüber der Darstellung der ausgewählten Sportarten im Profi-Sport-Format.*

H1b: *Je stärker die Erfüllung des Rezeptionsmotivs Spannung, desto positiver ist die Einstellung gegenüber der Darstellung der ausgewählten Sportarten im Profi-Sport-Format.*

H1c: *Je stärker die Erfüllung des Rezeptionsmotivs Unterhaltung, desto positiver ist die Einstellung gegenüber der Darstellung der ausgewählten Sportarten im Profi-Sport-Format.*

H1d: *Je stärker die Erfüllung des Rezeptionsmotivs Sensationslust, desto positiver ist die Einstellung gegenüber der Darstellung der ausgewählten Sportarten im Profi-Sport-Format.*

---

[368] Vgl. Knobbe (2000), S. 64 f.
[369] Die einzelnen Hypothesen werden allgemein in Bezug auf alle in der Untersuchung zur Auswahl stehenden Sportarten formuliert, da in der späteren Auswertung nicht zwischen den einzelnen Sportarten unterschieden wird.

*H1e: Je stärker die Erfüllung des Rezeptionsmotivs soziale Identifikation, desto positiver ist die Einstellung gegenüber der Darstellung der ausgewählten Sportarten im Profi-Sport-Format.*

*H1f: Je stärker die Erfüllung des Rezeptionsmotivs Moderator, desto positiver ist die Einstellung gegenüber der Darstellung der ausgewählten Sportarten im Profi-Sport-Format.*

Für die Präsentation der Sportarten im Promi-Sport-Format gelten die Hypothesen entsprechend:

*H2a: Je stärker die Erfüllung des Rezeptionsmotivs Ästhetik, desto positiver ist die Einstellung gegenüber der Darstellung der ausgewählten Sportarten im Promi-Sport-Format.*

*H2b: Je stärker die Erfüllung des Rezeptionsmotivs Spannung, desto positiver ist die Einstellung gegenüber der Darstellung der ausgewählten Sportarten im Promi-Sport-Format.*

*H2c: Je stärker die Erfüllung des Rezeptionsmotivs Unterhaltung, desto positiver ist die Einstellung gegenüber der Darstellung der ausgewählten Sportarten im Promi-Sport-Format.*

*H2d: Je stärker die Erfüllung des Rezeptionsmotivs Sensationslust, desto positiver ist die Einstellung gegenüber der Darstellung der ausgewählten Sportarten im Promi-Sport-Format.*

*H2e: Je stärker die Erfüllung des Rezeptionsmotivs soziale Identifikation, desto positiver ist die Einstellung gegenüber der Darstellung der ausgewählten Sportarten im Promi-Sport-Format.*

> H2f:   Je stärker die Erfüllung des Rezeptionsmotivs Moderator, desto posi-
> tiver ist die Einstellung gegenüber der Darstellung der ausgewählten
> Sportarten im Promi-Sport-Format.

## 4.4    Einstellungstransfer von Profi- auf Promi-Sport-Format

Neben der Überprüfung, welche Faktoren Einfluss auf die Einstellung gegenüber den beiden Formaten nehmen, soll in einem weiteren Schritt ein möglicher Transfer der Einstellung gegenüber dem Profi-Sport-Format auf die Einstellung gegenüber dem Promi-Sport-Format untersucht werden. Bei einer genaueren Betrachtung der Promi-Sport-Veranstaltungen im Fernsehen erkennt
man den Versuch, den klassischen Ablauf, die Regeln und Bewertungsrichtli-
nien aus dem professionellen Wettkampf so weit wie möglich auf das Promi-
Sport-Format zu übertragen. Diese enge Orientierung am professionellen
Sport zeigt, dass die Unterscheidung nicht in der Sportart an sich, sondern im
Präsentationsformat zu finden ist. Versteht man das neue Promi-Sport-Format
als eine Weiterentwicklung des bisherigen Profi-Sport-Formates und definiert
man eine Sportart (in Verbindung mit ihrer Präsentation im Fernsehen) als
Marke,[370] so lassen sich Überlegungen aus der klassischen Markentransfertheorie auf das vorliegende Untersuchungsgebiet übertragen. Herrmann bezeichnet den Markentransfer allgemein als „den Transfer eines bekannten und
eingeführten Markennamens auf ein völlig artfremdes Produkt".[371] Speziell für
den Medienbereich sieht Baumgarth hingegen neben diesem medienfremden
Transfer (Brand-Extension) auch die Line-Extension, also die Erweiterung innerhalb der gleichen oder ähnlichen Leistungskategorie, als weitere Form eines Transfers an. Er bezeichnet diesen als intramedial und versteht darunter
beispielsweise die Erweiterung der Bild-Zeitung auf die Zeitschrift Auto-Bild.
Daneben existieren so genannte crossmediale Transfers, bei denen die Me-

---

[370] Eine Marke kann nach Meffert (2002), S. 847, als „ein in der Psyche des Konsumenten
verankertes, unverwechselbares Vorstellungsbild von einem Produkt oder einer Dienst-
leistung beschrieben werden".
[371] Herrmann (1998), S. 486.

dienmarke auf andere Medienkategorien – wie beim Internetauftritt der Zeitschrift Spiegel auf Spiegel.de – übertragen wird.[372]

Diesen unterschiedlichen Definitionen gemein ist das Verständnis, dass durch
einen Markentransfer das Markenwissen[373] – unterteilt in die Dimensionen
Image und Bekanntheit – einer etablierten Marke auf ein neues Produkt übertragen werden soll.[374] Insbesondere vor dem Hintergrund von Akzeptanzprob-
lemen[375] und hohen Einführungskosten[376] für neue Marken kommt dem Markentransfer eine besondere Bedeutung als Alternative zur Neumarkenstrategie
zu. Diese Erkenntnisse aus dem klassischen Konsumgüterbereich lassen sich
auch auf die Kostenproblematik im Medienbereich, insbesondere bei den
Fernsehanstalten, beziehen. Die Kosten für den Erwerb von Sportübertragungsrechten sind in den vergangenen Jahren so stark angestiegen, dass zunehmend nach finanziell günstigeren Alternativen zur Generierung von Einschaltquoten gesucht wird.[377] Die Produktion solcher Promi-Sport-Veranstaltungen könnte dabei eine dieser Alternativen darstellen.

Für einen solchen, oben benannten Transfer eignet sich jedoch nicht jede
Marke, sondern es bedarf bestimmter Erfolgsfaktoren, die zur Beurteilung der
Eignung eines Transfers herangezogen werden sollten. Als immer wieder bes-
tätigte Einflussfaktoren auf den Erfolg eines Transfers sind der so genannte
Fit, d. h. die wahrgenommene Ähnlichkeit zwischen Muttermarke und Trans-
ferprodukt, sowie die Qualitätseinschätzung der Muttermarke zu nennen.[378]
Wurden bei der Mehrzahl der Studien hypothetische Markentransfers unter-
sucht, konnten Sattler/Völckner in einer umfassenden Replikation der Studie

---

[372] Vgl. Baumgarth (2004), S. 2262 f.
[373] Vgl. Esch et al. (2005) S. 921 f.
[374] Vgl. Sattler (2001), S. 141, zum Imagetransfer vgl. auch Trommsdorff (2002), S. 166 ff.
[375] Vgl. Keller/Aaker (1992), S. 35, Caspar (2002a), S. 239.
[376] Vgl. Aaker/Keller (1990), S. 27, Binder (1996), S. 54, Baumgarth (2001), S. 134.
[377] Vgl. zur Problematik der Rechtekosten auch Kapitel 2.4.
[378] Vgl. Boush/Loken (1991), S. 24, Keller/Aaker (1992), S. 43, Sattler/Völckner (2002), S. 3.

von *Zatloukal*[379] auch mit am Markt real existierenden Transferprodukten sehr ähnliche Befunde nachweisen.[380]

Der Fit wird dabei unterschiedlich definiert. Die Ähnlichkeit kann sich zum einen auf die „physikalisch-chemisch-technische Beschaffenheit der Marke",[381] d. h. die objektiven Produkteigenschaften, zum anderen auf den gemeinsamen Nutzen[382] beziehen. *Esch et al.* postulieren, dass vor allem Marken mit „nutzengeprägten Images und Gedächtnisstrukturen"[383] ein höheres Transferpotenzial aufweisen. Wichtig hierbei ist also, dass es eine „inhaltliche Klammer"[384] gibt, die – auf das Image einer Marke bezogen – die Muttermarke und das Transferprodukt miteinander verbindet. Diese Verbindung wird in der Konsumentenforschung mit Hilfe der Schematheorie erklärt. Nach *Bräutigam* beschreibt ein Markenschema alles, „was ein Konsument über die Marke weiß, glaubt oder aus ihr ableitet".[385] Anders formuliert werden darunter alle mit der Marke verbundenen Assoziationen verstanden.[386] Neue Informationen, beispielsweise in Form eines Transferproduktes, werden dann mit den gespeicherten Erfahrungen abgeglichen. Hierbei nimmt man an, dass kongruente Informationen einfacher und schneller aufgenommen werden als solche, die Inkonsistenz zum Schema aufweisen.[387] Diese kongruenten Informationen werden in der Markentransfer-Literatur üblicherweise mit dem Fit gleichgesetzt.[388]

---

[379] Vgl. Zatloukal (2002)
[380] Vgl. Sattler/Völckner (2002), S. 11.
[381] Herrmann (1998), S. 488.
[382] Vgl. Hätty (1989), S. 391, Baumgarth (2001), S. 134, Esch et al. (2005), S. 922.
[383] Esch et al. (2005), S. 922. Unter Markenimage verstehen *Esch et al.* emotionale und kognitive Komponenten, welche sprachlich und bildlich verfügbar sind und unterschiedlich eng verknüpft mit der Marke, relevant und eigenständig sein können, vgl. Esch et al. (2005), S. 922.
[384] Hermann (1998), S.488, Hätty (1989), S. 39, spricht hier auch von einer Transferklammer.
[385] Bräutigam (2004), S. 73.
[386] Vgl. Keller (1993), S. 3 ff. Zu assoziativen Netzwerken im Zusammenhang mit der Schematheorie vgl. auch Engel/Blackwell/Miniard (1990), S. 292 ff.
[387] Vgl. Kroeber-Riel/Weinberg (1999), S. 289, Bräutigam (2004), S. 75.
[388] Vgl. Tauber (1988), S. 28, Keller/Aaker (1992), S. 36, Jap (1993), S. 608.

Übertragen auf die Zusammenhänge im entwickelten Modell, wird der Fit als Ähnlichkeit in der Bewertung der Einflussfaktoren der Einstellung gegenüber dem Profi-Sport-Format im Vergleich zum Promi-Sport-Format für eine Sportart definiert. Gemäß den bisherigen Forschungsergebnissen zum Fit ist zu vermuten, dass die Ähnlichkeit in der Bewertung der Einflussfaktoren der Einstellung (Ästhetik, Spannung, Unterhaltung, Sensationslust, soziale Identifikation mit dem Sportler und Moderator) zwischen den beiden Formaten einen positiven Einfluss auf den Transfer der Einstellung gegenüber dem Profi-Sport-Format auf die Einstellung gegenüber dem Promi-Sport-Format aufweist. Es wird also angenommen, dass Personen, die eine ausgewählte Sportart in der professionellen Präsentation beispielsweise als sehr spannend und unterhaltsam bewerten und dieselbe Sportart ausgeübt von prominenten Teilnehmern auch als spannend und unterhaltsam ansehen, ihre positive Einstellung gegenüber dem professionellen Sport auf die Promi-Version übertragen. Der Fit stellt somit eine Interaktionsvariable dar, die auf den postulierten Zusammenhang zwischen der Einstellung gegenüber dem Profi-Sport-Format und der Einstellung gegenüber dem Promi-Sport-Format wirkt.[389] Die Hypothesen 3 und 4 fassen die vorangegangenen Überlegungen zum Einstellungstransfer zusammen:

---

*H3:  Je positiver die Einstellung gegenüber der Darstellung der ausgewählten Sportarten im Profi-Sport-Format, desto positiver ist die Einstellung gegenüber der Darstellung dieser Sportarten im Promi-Sport-Format.*

---

*H4:  Je größer der Fit zwischen den Einflussfaktoren der Einstellung, desto stärker wirkt sich die Einstellung gegenüber dem Profi-Sport-Format auf die Einstellung gegenüber dem Promi-Sport-Format in den gewählten Sportarten aus.*

---

[389] Eine genaue Definition sowie Erläuterungen zur Berechnung einer Interaktionsvariablen erfolgt in Kapitel 5.2.10.

## 4.5 Die zukünftige Sehabsicht des Profi-Sport-Formates als Zielgröße

Wie schon im einleitenden Kapitel vorgestellt, soll in der vorliegenden Arbeit insbesondere die Bewertung von Promi-Sport-Veranstaltungen und deren mögliche Wirkung auf den Profi-Sport untersucht werden. Daher erscheint es wichtig und sinnvoll, im Kontext der Markentransfertheorie nicht nur die Einflussfaktoren für einen erfolgreichen Transfer von Muttermarke auf Transferprodukt zu betrachten, sondern vor allem die Rückwirkungen des Transfers auf die Muttermarke, d. h. im vorliegenden Fall auf die Profi-Sportart zu erforschen.

Das Ziel eines Markentransfers liegt neben der erfolgreichen Einführung eines neuen Produktes auch darin, das Image der Stammmarke zu stärken und zu revitalisieren, um folglich den Markenlebenszyklus ausdehnen zu können.[390] Ebenso erleichtern positive Rückwirkungen auf die Muttermarke eine neue Positionierung derselben in Abhängigkeit von veränderten Marktbedingungen[391] sowie eine Erweiterung des Konsumentenkreises.[392] Diesem reziproken Effekt – ausgehend von der Einstellung zur Markenerweiterung hin zur Einstellung gegenüber der etablierten Marke – widmen sich einige wenige Studien im Rahmen der Markentransferforschung. Die Ergebnisse lassen dabei keine eindeutigen Aussagen zu, vor allem in Bezug auf den Einfluss des Fits als Interaktionsvariable auf die Rückwirkung.[393] Konnten sowohl *Jap* als auch *Gürhan-Canli/Maheswaran* einen positiven Zusammenhang zwischen dem Fit und einer erhöhten Zugänglichkeit zur bzw. Stärkung der Stammmarke nachweisen,[394] war der Fit bei *Keller/Aaker* nicht als signifikante Einflussgröße zu beobachten.[395] In anderen Studien hingegen ließen sich bei inkongruenten

---

[390] Vgl. Tauber (1981), S. 36, Park/Jaworski/MacInnis (1986), S. 138 f., Hätty (1989), S. 392, Herrmann (1998), S. 486, Esch et al. (2005), S. 912 sowie 915.
[391] Vgl. Esch et al. (2005), S. 915.
[392] Vgl. Tauber (1988), S. 28, Aaker (1990), S. 49, Keller (1993), S. 15.
[393] Einen Überblick über die Inkonsistenz der Ergebnisse bieten Park/McCarthy/Milberg (1993), S. 28.
[394] Vgl. Jap (1993), S. 609, Gürhan-Canli/Maheswaran (1998), S. 470.
[395] Vgl. Keller/Aaker (1992), S. 46.

Markenerweiterungen ebenfalls keine[396] oder sogar negative Rückwirkungen[397] aufzeigen.

Im Rahmen der Medienmarkenforschung zeigt ein Forschungsüberblick von *Baumgarth,* dass es bisher nur vereinzelt Studien zur Transferbeurteilung im Medienkontext gibt.[398] *Ha/Chan-Olmsted* untersuchten beispielsweise die Rückwirkung von Internetauftritten auf die TV-Muttermarke, konnten aber keine positivere Bewertung der Muttermarke durch den Transfer nachweisen.[399]

Im vorliegenden Modell soll die Rückwirkung anhand der zukünftigen Sehabsicht des Profi-Sport-Formates gemessen werden. Damit werden zwei Überlegungen miteinander verbunden. Die Rückwirkung auf die Muttermarke, d. h. den Profi-Sport, wird nicht über eine erneute Image- bzw. Einstellungsmessung nach Einführung des Transferproduktes ermittelt,[400] sondern es wird die aus der Einstellung gegenüber dem Promi-Sport-Format heraus resultierende Verhaltensabsicht, in diesem Fall die zukünftige Sehabsicht für das Profi-Sport-Format, als Rückwirkung ausgewählt. Die Wahl der Sehabsicht als Zielgröße des Modells erscheint sinnvoll, da Verhaltensabsichten eine größere Verhaltensrelevanz aufweisen als Einstellungen.[401] Eine Erfassung des tatsächlichen Verhaltens als Zielgröße ist in der vorliegenden Untersuchung nicht möglich, da als Datenerhebungsmethode die Befragung gewählt wurde.[402] Verhaltensabsichten gelten jedoch als zuverlässige Prädiktoren des realen Verhaltens und stellen eine gängige Zielgröße in der Marketingforschung dar.[403]

---

[396] Vgl. Romeo (1991), S. 404.
[397] Vgl. Loken/John (1993), S. 79, Milberg/Park/McCarthy (1997), S. 132.
[398] Vgl. Baumgarth (2004), S. 2256.
[399] Vgl. Ha/Chan-Olmsted (2001).
[400] Diese Praktik findet in den meisten der hier zitierten Studien zu Rückwirkungseffekten Anwendung.
[401] Vgl. Bonfield (1974), S. 384, Nieschlag/Dichtl/Hörschgen (2002), S. 656.
[402] Vgl. Kapitel 5.3.
[403] Vgl. Kroeber-Riel/Weinberg (1999), S. 175; Hammann/Erichson (2000) 334 ff.

Der Zusammenhang von Einstellungen, Verhaltensabsichten und Verhalten wird in der von *Ajzen* entwickelten Theorie des geplanten Verhaltens spezifiziert.[404] Die Theorie des geplanten Verhaltens baut auf der Theorie des vernünftigen Handelns von *Fishbein* und *Ajzen* auf.[405] Beide Theorien werden im Folgenden kurz erläutert.

In der Theorie des vernünftigen Handelns lösen sich *Fishbein/Ajzen* von der zum damaligen Zeitpunkt gängigen Drei-Komponenten-Theorie der Einstellung und konzeptualisieren die Verhaltensintention als eigenständiges Konstrukt, welche als einzige Determinante des tatsächlichen Verhaltens dient.[406] Unter Verhaltensintention verstehen die Autoren die subjektive Wahrscheinlichkeit, mit der ein Individuum eine bestimmte Verhaltensweise ausführt.[407] Der Zusammenhang von Verhaltensintention und Verhalten wurde in verschiedenen empirischen Studien belegt.[408] Die Verhaltensintention wird wiederum von zwei Einflussfaktoren bestimmt: ein persönlicher Faktor (die Einstellung zum Verhalten) und ein sozialer Faktor (die Subjektive Norm). Die Einstellung zum Verhalten beschreibt ein generelles Gefühl der Zustimmung oder Ablehnung gegenüber einem spezifischen Verhalten. Eine positive Einstellung führt dementsprechend auch zu einer hohen Verhaltensintention. Die Subjektive Norm weist ebenfalls einen positiven Einfluss auf die Verhaltensintention auf und bezeichnet den von einer Person wahrgenommenen sozialen Druck relevanter Bezugsgruppen hinsichtlich der Ausführung bzw. Unterlassung eines bestimmten Verhaltens.[409] Abbildung 5 verdeutlicht die Theorie des vernünftigen Handelns.

---

[404] Vgl. Ajzen (1985), S. 11 ff.
[405] Vgl. Ajzen/Fishbein (1980).
[406] Vgl. Ajzen/Fishbein (1980), S. 5.
[407] Vgl. Fishbein/Ajzen (1975), S. 288.
[408] Vgl. Ajzen (1985), S. 17; Frey/Stahlberg/Gollwitzer (1993), S. 371 ff.
[409] Vgl. Ajzen/Fishbein (1980), S. 54 ff.

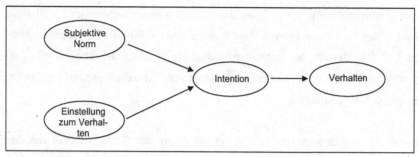

Abbildung 5: Theorie des vernünftigen Handelns[410]

Ein Kritikpunkt an der Theorie des vernünftigen Handelns ist, dass nur eine Voraussage von Verhalten möglich ist, dass unter totaler Kontrolle des Individuums steht.[411] Wenn das Verhalten jedoch auch von anderen Handelnden abhängt oder das Individuum zur Ausführung spezielle Fähigkeiten benötigt, ist die Gültigkeit der Theorie des vernünftigen Handelns stark eingeschränkt.[412] Aus diesem Grund erweitert *Ajzen* die Theorie des vernünftigen Handelns um die Komponente der Wahrgenommenen Verhaltenskontrolle.[413] Das erweiterte Modell ist als Theorie des geplanten Verhaltens bekannt.

Unter der Wahrgenommenen Verhaltenskontrolle wird die Einschätzung einer Person verstanden, wie leicht oder schwer ihr die Ausführung eines spezifischen Verhaltens fallen wird.[414] Durch die Integration der Wahrgenommenen Verhaltenskontrolle wird dem Umstand Rechnung getragen, dass nicht jede Verhaltensintention auch realisiert werden kann, sondern vielmehr von nicht-motivationalen aber antizipierbaren Einflüssen abhängen, die außerhalb des persönlichen Einflusses liegen.[415] Folgende Abbildung zeigt das Basismodell der Theorie des geplanten Verhaltens.

---

[410] In Anlehnung an Ajzen/Fishbein (1980), S. 84.
[411] Vgl. Fishbein/Ajzen (1975), S. 372, Eagly/Chaiken (1993), S. 182.
[412] Vgl. Fishbein/Ajzen (1975), S. 371.
[413] Vgl. Ajzen (1985), S. 15 ff.
[414] Vgl. Ajzen/Madden (1986), S. 457.
[415] Vgl. Ajzen/Madden (1986), S. 455 ff., Braunstein (2001), S. 126.

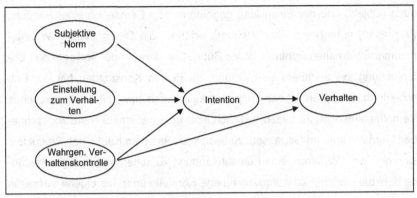

Abbildung 6: Theorie des geplanten Verhaltens[416]

Als weiteren Faktor, der eine verbesserte Verhaltensvorhersage ermöglicht, identifizierten Forscher die Einstellung gegenüber dem Objekt.[417] Während *Ajzen/Fishbein* die Einstellung zum Objekt als externe Variable ansehen, die die Verhaltensabsicht lediglich indirekt beeinflusst, und den Wirkungsprozess von Einstellung gegenüber Objekt auf Verhalten(sabsicht) nicht weiter spezifizieren,[418] geht *Fazio* von einer direkten Beeinflussung der Verhaltensintention aus.[419] *Eagly/Chaiken* hingegen prognostizieren eine sequenzielle Wirkungsweise von der Einstellung zum Objekt auf die Einstellung zum Verhalten und weiter auf die Verhaltensintention.[420]

Im Kontext des vorliegenden Untersuchungszusammenhangs wird der Ansicht *Fazios* gefolgt und von einem Einfluss der Einstellung gegenüber dem Objekt auf die Verhaltensabsicht ausgegangen.[421] Eine Begründung dieser Vorgehensweise liegt in der Ähnlichkeit der beiden Einstellungskonstrukte im Fall einer Fernsehsendung. Es ist anzunehmen, dass Individuen nur in seltenen Fällen eine Differenzierung zwischen der Einstellung gegenüber einer Sen-

[416] In Anlehnung an Ajzen (1988), S. 133 sowie Magin (2001), S. 39.
[417] Vgl. Morrison (1996), S. 1658, Jaccard/Davidson (1975), S. 497 ff.
[418] Vgl. Ajzen/Fisbein (1980), S. 82, Eagly/Chaiken (1993), S. 172 ff.
[419] Vgl. Fazio (1990), S. 75 ff.
[420] Vgl. Eagly/Chaiken (1993), S. 204 ff.
[421] Vgl. Fazio (1990), S: 75 ff.

dung (Objekt) und der Einstellung gegenüber dem Fernsehen einer Sendung (Verhalten) vornehmen. Des Weiteren erfahren die Determinanten Wahrgenommene Verhaltenskontrolle sowie Subjektive Norm in der vorliegenden Untersuchung keine nähere Betrachtung, da diesen Konstrukten bei der Entscheidung, eine Fernsehsendung zu konsumieren bzw. eine entsprechende Verhaltensintention zu bilden, lediglich eine untergeordnete Rolle zugeschrieben werden kann. Im Gegensatz zu beispielsweise dem Kauf eines Produktes, sind bei dem Vorhaben, eine Fernsehsendung zu sehen, nur wenige Umstände denkbar, welche die wahrgenommene Kontrolle über das eigene Verhalten einschränken können. Auch die soziale Determinante der Theorie des geplanten Verhaltens bzw. der Theorie des überlegten Handelns wird nur in geringem Maße die Absicht, eine Fernsehsendung anzuschauen, determinieren, da die Rezeption von Fernsehsendung meist im Privaten stattfindet und Bezugsgruppen häufig keine Informationen darüber vorliegen, welche Sendungen eine Person rezipiert hat.

In Anlehnung an die Theorie des geplanten Verhaltens wird also von einem Einfluss der Einstellung gegenüber dem Profi-Sport-Format auf die Verhaltensabsicht ausgegangen, wobei die Verhaltensabsicht, wie erinnerlich, als zukünftige Sehabsicht des Profi-Sport-Formates spezifiziert wird. Wie bereits erwähnt, geht auch die Einstellung gegenüber dem Promi-Sport-Format als Determinante der zukünftigen Sehabsicht in die Untersuchung ein, was einer Rückwirkung auf das Mutterprodukt im Sinne der Markentransfer-Theorie entspricht. Auch bei diesem Ursache-Wirkungs-Zusammenhang liegt eine Einstellungs-Verhaltensabsicht-Beziehung vor, die mit der Theorie des geplanten Verhaltens begründet werden kann. Es wird postuliert, dass eine positive Einstellung gegenüber dem Promi-Sport-Format eine Rückwirkung auf das Profi-Sport-Format hat und die Sehabsicht bezüglich des Profi-Sport-Formats beeinflusst.

Um eine genauere Betrachtung der Zielgröße Sehabsicht zu ermöglichen, erfährt das Konstrukt zukünftige Sehabsicht des Profi-Sport-Formates eine Untergliederung in die Dimensionen zielgerichtete Sehabsicht und Zapping-Absicht. Erstere impliziert eine bewusste Entscheidung für die zukünftige Rezeption einer Sportart im Profi-Sport-Format. Die zweite Dimension hingegen ist deutlich schwächer ausgelegt. Es soll überprüft werden, wie hoch die Bereitschaft zur zumindest kurzfristigen Rezeption einer Sportart im Profi-Sport-Format ist, wenn ein Rezipient beim Durchschalten durch die Programme zufällig darauf stößt. Zum einen gründet sich diese Unterteilung in der Tatsache, dass die bisherigen Forschungen zum Rückwirkungseffekt auf die Ursprungsmarke sehr unterschiedliche Ergebnisse aufweisen und daher nicht unbedingt von einer starken Wirkung auf die Sehabsicht ausgegangen werden kann. Zum anderen wurde in Kapitel 3.1.3 zwar der Uses- and Gratification-Ansatz als grundlegend für die Studien zu TV-Rezeptionsmotiven vorgestellt, zugleich aber darauf hingewiesen, dass damit nicht das ungerichtete Sehverhalten in Form des Zappings erklärt werden kann. Das zufällige Zappen bietet jedoch ebenfalls eine Möglichkeit, mit der Übertragung eines Sportereignisses in Berührung zu kommen und schließt ein ‚Hängen bleiben' nicht aus, sodass dadurch auch ein wachsendes Interesse am Profi-Sport generiert werden kann.

In Bezug auf die Rückwirkung der Einstellung gegenüber dem Promi-Sport-Format auf die zukünftige Sehabsicht des Profi-Sport-Formates kann zudem ein Einfluss des Fits zwischen Profi- und Promi-Sport-Format vermutet werden. Wenn die wahrgenommene Ähnlichkeit zwischen Muttermarke und Transferprodukt zu einer positiven Beurteilung der Einstellung bzw. des Images des Transferproduktes führen kann, wie empirisch ausreichend nachgewiesen, dann ist zumindest eine umgekehrte Wirkung in Form eines Rücktransfers nicht ausgeschlossen – denn auch hier werden die Schemastrukturen von Stammmarke und Erweiterungsprodukt miteinander verglichen.[422] Die Rückwirkung müsste nach *Caspar* daher umso positiver ausfallen, „je konsi-

---

[422] Vgl. Kapitel 4.4.

stenter sowie relevanter die mit dem neuen Angebot verbundenen Assoziationen in Bezug auf die Ursprungsmarke sind".[423] Die gesamten vorangegangen
Überlegungen dieses Kapitels werden in den Hypothesen 5 bis 7 zusammengefasst.

*H5a: Je positiver die Einstellung gegenüber der Darstellung der ausgewähl-
ten Sportarten im Promi-Sport-Format, desto höher ist die zielgerichtete Sehabsicht für das Profi-Sport-Format in diesen Sportarten.*

*H5b: Je positiver die Einstellung gegenüber der Darstellung der ausgewähl-
ten Sportarten im Promi-Sport-Format, desto höher ist die Bereitschaft
zur zumindest kurzfristigen Rezeption dieser Sportarten im Profi-Sport-
Format, wenn der Rezipient beim Durchschalten durch die Programme
darauf stößt.*

*H6a: Je größer der Fit zwischen den Einflussfaktoren der Einstellung, desto
stärker wirkt sich die Einstellung gegenüber dem Promi-Sport-Format
auf die zukünftige zielgerichtete Sehabsicht für das Profi-Sport-Format
in den gewählten Sportarten aus.*

*H6b: Je größer der Fit zwischen den Einflussfaktoren der Einstellung, desto
stärker wirkt sich die Einstellung gegenüber dem Promi-Sport-Format
auf die Bereitschaft zur zumindest kurzfristigen Rezeption der gewählten Sportarten im Profi-Sport-Format aus, wenn der Rezipient beim
Durchschalten durch die Programme darauf stößt.*

*H7a: Je positiver die Einstellung gegenüber der Darstellung der ausgewähl-
ten Sportarten im Profi-Sport-Format, desto höher ist die zielgerichtete
Sehabsicht für das Profi-Sport-Format in diesen Sportarten.*

---

[423] Caspar (2002b), S. 248.

H7b: *Je positiver die Einstellung gegenüber der Darstellung der ausgewählten Sportarten im Profi-Sport-Format, desto höher ist die Bereitschaft
zur zumindest kurzfristigen Rezeption dieser Sportarten im Profi-Sport-
Format, wenn der Rezipient beim Durchschalten durch die Programme
darauf stößt.*

## 4.6 Einfluss moderierender Variablen

In Kapitel 4.1 bis 4.5 wurden die postulierten Zusammenhänge zwischen einzelnen Konstrukten im Bereich der Sportrezeptionsforschung dargestellt und in
einem Modell zusammengeführt. Dabei ist jedoch zu vermuten, dass diese
nicht immer gleich stark ausgeprägt sind, sondern in Abhängigkeit von so genannten moderierenden Größen variieren. Als moderierende Variablen wurden
auf Basis der Literatursichtung das Geschlecht, die Anzahl der Ausstrahlungen
des Promi-Sport-Formates, die bisherige Rezeptionshäufigkeit des Profi-Sport-
Formates, die allgemeine Fernsehnutzung und die TV-Sport-Nutzung identifiziert.

Dass Männer und Frauen sich unterschiedlich stark für Sport im Allgemeinen,
aber auch für spezifische Sportarten interessieren und dies aus unterschiedlichen Beweggründen heraus tun, haben, wie in Kapitel 3.4.2 dargestellt, einige
Forscher nachweisen können. Gleichzeitig konnte aber auch festgestellt werden, dass der weibliche Anteil an Sportfans kontinuierlich ansteigt und Frauen
infolgedessen eine immer wichtigere Zielgruppe für Sport, TV und Wirtschaft
darstellen.[424] Es erscheint daher von Bedeutung, weitere Forschungen bezüglich der Geschlechterunterschiede durchzuführen, insbesondere im Hinblick
auf die bisher nicht untersuchten postulierten Zusammenhänge bezüglich
zweier Präsentationsformaten von Randsportarten, da auch hier Unterschiede
anzunehmen sind, was Hypothese 8 verdeutlicht:

---

[424] Vgl. Dietz-Uhler et al. (2000), S. 228.

> **H8:**    *Die Stärke der Konstruktzusammenhänge des aufgestellten Modells unterscheidet sich zwischen Männern und Frauen signifikant voneinander.*

Betrachtet man die verschiedenen Promi-Sport-Veranstaltungen,[425] die in letzter Zeit im deutschen Fernsehen gesendet wurden, so lassen sich diese nach ihrer Präsentationsform unterscheiden. Während typischerweise bei den diversen Sport-Sendungen von Stefan Raab (PRO7)[426] die Entscheidung über den Sieg an einem Abend getroffen wird, werden Veranstaltungen wie „Let's Dance" (RTL), „Dancing on Ice" (RTL) oder „Stars auf Eis" (PRO7) im mehrwöchigen Serienformat ausgestrahlt. Gemäß den Überlegungen von *Schellhaaß* und *Hafkemeyer* zum Reputationsaufbau von Randsportarten durch langfristige Investitionen in das Konsumkapital,[427] d. h. das Wissen über die Sportart, ist zu vermuten, dass die Beziehungen im Modell auch von der Ausstrahlungshäufigkeit der Promi-Sport-Veranstaltungen abhängen:

> **H9:**    *Die Stärke der Konstruktzusammenhänge des aufgestellten Modells unterscheidet sich bei Sportarten im Serienformat und bei Sportarten, die nur einmalig präsentiert werden, signifikant voneinander.*

Im Rahmen ihrer Ausführungen zur Markentransfertheorie nehmen sowohl *Gürhan-Canli/Maheswaran* als auch *Esch et al.* unterschiedliche Motivations-Level der Konsumenten gegenüber der Marke mit in ihre Modellüberlegungen auf.[428] Motivation (auch als Involvement bezeichnet) wird dabei als das Wissen über die Marke und ihre Produkte – „resultierend aus dem Engagement, mit dem man sich einer Sache widmet"[429] – verstanden. Diese Überlegung wird auch im gedächtnispsychologischen Ansatz zur Markenerweiterung von

---

[425] Ein kurzer Überblick und eine Zuordnung der Formate zu den jeweiligen Sendern ist in Kapitel 2.5 gegeben.
[426] Promi-Sport-Sendungen von Raab: Wok-WM, Reiten, Turmspringen, Parallel-Slalom, Tennis.
[427] Vgl. Kapitel 4.1.
[428] Vgl. Gürhan-Canli/Maheswaran (1998), S. 465, Esch et al. (2005), S. 935.
[429] Esch et al. (2005), S. 935.

*Esch et al.* aufgegriffen, der in einem weiteren Schritt davon ausgeht, dass beim Vergleich der Schemastrukturen von Stammmarke und Erweiterungs-produkt bei niedrigem Involvement periphere Verarbeitungsprozesse und bei hohem Involvement eine zentrale Informationsverarbeitung in Gang gesetzt werden und diese die Akzeptanz eines Markentransfers beeinflussen.[430] Im vorliegenden Untersuchungskontext wird dem Wissen über eine Sportart da-her eine moderierende unterstellt. In Anlehnung an die oben genannte Defini-tion, dass Wissen durch Engagement, also auch durch eine Beschäftigung mit dem Objekt, generiert wird, kann die bisherige Rezeptionshäufigkeit der Sportart im professionellen Fernsehformat als Messgröße für das Wissen bzw. das Involvement dienen. Daher lautet Hypothese 10 wie folgt:

> **H10:** *Die Stärke der Konstruktzusammenhänge des aufgestellten Modells unterscheidet sich bei Personen, die die Sportart bisher oft im Profi-Format rezipiert haben und Personen, die die Sportart im Profi-Format bisher wenig rezipiert haben, signifikant voneinander.*

Die allgemeine Fernsehnutzung, eine weitere moderierende Variable im Mo-dell, wird für den deutschen Fernsehmarkt von der Gesellschaft für Konsum-forschung (GfK) in regelmäßigen Abständen erfasst.[431] Nach den Überlegun-gen von *Schellhaaß*[432] sieht ein Zuschauer sich einen Profi-Wettkampf an, wenn er – gemäß dem Ansatz aus der Konsumkapitaltheorie – Wissen über die Sportart gesammelt hat bzw. sammeln möchte, damit er das mehr oder weniger komplizierte Regelwerk verstehen und damit einen Nutzen aus dem Konsum ziehen kann. Die Entscheidung für das Verfolgen eines Sportwett-kampfes am Bildschirm erscheint also zielgerichtet. Das Promi-Sport-Format hingegen kann eher der Unterhaltungssparte zugeordnet werden, denn andere Formate mit prominenten Teilnehmern, wie beispielsweise „Ich bin ein Star, holt mich hier raus" (RTL) oder „Die Alm" (PRO7) werden ebenfalls unter die-

---

[430] Vgl. Esch et al. (2005), S. 936 ff. Der Ansatz basiert auf dem Elaboration-Likelihood Mo-dell vgl. hierzu Petty/Cacioppo/Schuhmann (1983).
[431] Vgl. Kapitel 3.1.1.
[432] Vgl. Kapitel 4.1.

ser Sparte aufgeführt[433] und es bedarf zum Verständnis keines sportspezifischen Vorwissens seitens der Rezipienten. Das Motiv Unterhaltung hat sich
beim Literaturüberblick in Kapitel 3 als eine der wichtigsten Einflussgrößen auf
das Rezeptionsverhalten herausgestellt und wird oftmals im Zusammenhang
mit Entspannung genannt.

*Rubin* konnte in seiner Studie zu TV-Nutzungsmotiven zwei Seh-Typen voneinander unterscheiden: Typ 1 nutzt das Fernsehen zum Zeitvertreib, aus Ge-
wohnheit und zur Unterhaltung und weist einen hohes Level an TV-Konsum
auf, während Typ 2 eher der zielgerichtete Information-Seeker ist mit der Absicht, durch die Rezeption zu lernen.[434] Aus diesen Überlegungen heraus lässt
sich vermuten, dass Personen, die eine hohe Mediennutzung aufweisen und
deren vorrangiges Motiv Unterhaltung bzw. Entspannung ist, eine andere Einstellung und Verhaltensabsicht besitzen, als Personen, die zielgerichtet und
gleichzeitig weniger fernsehen. Der Einfluss der Häufigkeit der Fernsehnutzung auf die postulierten Zusammenhänge zwischen Profi- und Promi-Sport-
Format erscheint daher untersuchungsrelevant und soll mit Hilfe von Hypothese 11 überprüft werden:

> *H11: Die Stärke der Konstruktzusammenhänge des aufgestellten Modells*
> *unterscheidet sich bei Personen mit einer hohen Fernsehnutzung und*
> *Personen mit einer niedrigen Fernsehnutzung signifikant voneinander.*

Als letzte moderierende Variable wird das allgemeine Sportinteresse in Form
der Häufigkeit der Rezeption von Sportereignissen im Fernsehen in das Modell aufgenommen. Der Einfluss des allgemeinen Sportinteresses auf Sport-
Rezeptionsmotive wurde bisher kaum untersucht. *Armstrong* hat in seiner Skala zum Sportinteresse zwar auch die Rezeption von Sport im Fernsehen erfasst, die Ergebnisse aber nur zur deskriptiven Erläuterung der Stichprobe

---

[433] Vgl. Gerhards/Klingler (2005), S. 567.
[434] Vgl. Kapitel 3.1.3.

verwendet.[435] *Melnick/Wann* dagegen setzen das Sportinteresse mit dem Verhalten von Fans gleich, worunter sie den Besuch von Sportveranstaltungen vor Ort, die TV- und Radionutzung sowie die Diskussion mit Freunden verstehen. Die Ergebnisse zeigen, dass das Konstrukt TV-Sport-Rezeption positiv mit der Team-Identifikation und mit dem Fan-Tum korreliert.[436] Daher kann für die aufgestellten Zusammenhänge im Modell vermutet werden, dass die Häufigkeit der allgemeinen Rezeption von Sportereignissen im TV sich auch positiv auf die postulierten Modellzusammenhänge auswirkt. Hypothese 12 gibt diese Annahme wieder:

---

*H12: Die Stärke der Konstruktzusammenhänge des aufgestellten Modells unterscheidet sich bei Personen, die häufig Sportberichterstattungen im Fernsehen rezipieren und Personen, die eine geringe TV-Sport-Rezeption aufweisen, signifikant voneinander.*

---

## 4.7 Zusammenfassende Darstellung des entwickelten Modells

Als maßgebliche unabhängige Größen im aufgestellten Modell sind die Einflussfaktoren der Einstellung gegenüber dem Profi- und dem Promi-Sport-Format zu nennen. Ausgehend von der Bewertung dieser Faktoren soll der Einfluss auf die Einstellung gegenüber beiden Sport-Formaten sowie deren Wirkung auf die zukünftige Sehabsicht des Profi-Sport-Formates untersucht werden. Des Weiteren wird in Anlehnung an die Markentransfertheorie der Fit zwischen den Einflussfaktoren der Einstellung gegenüber dem Profi-Sport-Format und gegenüber dem Promi-Sport-Format analysiert. In einem abschließenden Schritt soll dann eine postulierte Wirkung des Fits als Interaktionseffekt auf zwei Zusammenhänge des Modells getestet werden: Zum einen auf den Zusammenhang zwischen der Einstellung gegenüber dem Profi-Sport-Format und der Einstellung gegenüber dem Promi-Sport-Format und zum anderen auf den Zusammenhang zwischen der Einstellung gegenüber dem Promi-Sport-Format und der zukünftigen Sehabsicht des Profi-Sport-Forma-

---

[435] Vgl. Armstrong (2002), S. 316.
[436] Vgl. Melnick/Wann (2004), S. 5.

tes. Zusätzlich wird die Stärke der postulierten Zusammenhänge durch die moderierenden Variablen Geschlecht, Anzahl der Ausstrahlungen des Promi-Sport-Formates, bisherige Rezeptionshäufigkeit des Profi-Sport-Formates, allgemeine Fernsehnutzung und TV-Sport-Nutzung getestet. Abbildung 7 bietet einen abschließenden Überblick über das Hypothesengefüge des Modells:

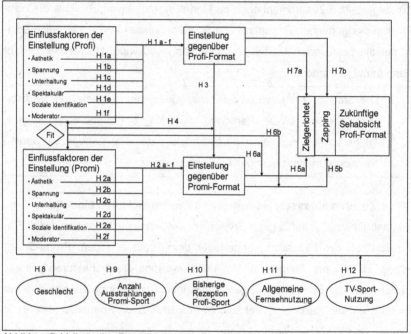

Abbildung 7: Vollständige Darstellung des aufgestellten Hypothesensystems

# 5    Empirische Überprüfung des Modells

## 5.1    Auswahl einer geeigneten Methode zur Modellschätzung

### 5.1.1    Das Strukturgleichungsmodell zur Überprüfung komplexer Zusammenhänge

Die im vorhergehenden Kapitel entwickelten Hypothesen des aufgestellten Modells basieren zum großen Teil auf einem theoretischen Hintergrund. Der Erklärungsgehalt dieser Theorien aus dem Marketing- und Medienwirkungsbereich ist maßgeblich davon abhängig, wie gut die theoretischen Konzepte eine Konfrontation mit der Realität bestehen.[437] Dabei ist die sorgfältige Auswahl eines geeigneten Verfahrens zur Modellüberprüfung von grundlegender Wichtigkeit für die Qualität der Messergebnisse.

Da das vorliegende Modell eine Vielzahl von Konstrukten innerhalb eines komplexen Beziehungsgeflechts sowie die Interaktionseffekte und moderierender Variablen aufweist, die gemeinsam überprüft werden sollen, ist ein Analyseverfahren zu wählen, welches diesen hohen Ansprüchen gerecht wird. Zudem handelt es sich bei den zentralen Größen im Modell um nicht direkt beobachtbare, so genannte latente Variablen,[438] die mit Hilfe von beobachtbaren Indikatoren messbar gemacht werden müssen. Zur Überprüfung des vorliegenden Modells eignen sich daher insbesondere Strukturgleichungsmodelle, die in der Marketingforschung zunehmend auf großes Interesse stoßen.[439]

Nach *Nieschlag/Dichtl/Hörschgen* sind diese Strukturgleichungs- oder Kausalanalysen[440] zunächst übergeordnet multivariaten Analysemodellen, die die Richtung und Stärke des Zusammenhangs zwischen mehreren Variablen un-

---

[437] Vgl. Hildebrandt (1984), S. 41.

[438] Eine latente Variable ist ein hypothetisches, nicht messbares Konstrukt, dem mehrere Indikatoren zugewiesen werden, vgl. Eggert/Fassott (2003), S. 2.

[439] Vgl. Fritz (1995), S. 115, Baumgartner/Homburg (1996), S. 140 f., Ringle (2004b), S. 5.

[440] Streng genommen können Ursache-Wirkungs-Zusammenhänge nur im Experiment aufgedeckt werden, Strukturgleichungsmodelle ermöglichen nur eine Beschreibung der Beziehungen zwischen den Variablen – im wissenschaftlichen Sprachgebrauch wird aber dennoch häufig in diesem Kontext von Kausalanalysen gesprochen, vgl. Ringle (2004a), S. 7.

tersuchen sollen, zuzuweisen. Strukturgleichungsmodelle gehen jedoch in ihrer Komplexität über herkömmliche multivariate Verfahren hinaus, da hier regressions- und faktoranalytische Ansätze miteinander verbunden werden.[441] Strukturgleichungsmodell bestehen aus drei Submodellen: Das Strukturmodell bildet die Beziehungen zwischen den latenten Variablen ab, während das exogenen und das endogenen Messmodell die Beziehungen zwischen den hypothetischen Konstrukten und ihren beobachtbaren (manifesten) Indikatoren spezifiziert.[442] Als exogen bezeichnet werden die unabhängigen Größen im Modell, die auf die abhängigen, endogenen latenten Variablen einwirken. Diese wiederum können aber selbst auch andere endogene latente Variablen beeinflussen.[443] Im vorliegenden Modell stellen die Einflussfaktoren der Einstellung unabhängige, exogene Größen dar, während die Einstellung endogen bestimmt ist und selbst auf die Sehabsicht als abhängige Zielgröße im Modell einwirkt. Abbildung 8 veranschaulicht die Beziehung der drei Submodelle.

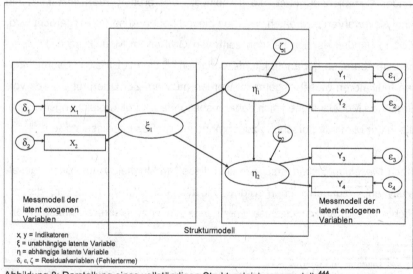

Abbildung 8: Darstellung eines vollständigen Strukturgleichungsmodells[444]

---

[441] Vgl. Nieschlag/Dichtl/Hörschgen (2002), S. 476 ff.
[442] Vgl. Rigdon et al. (1998), S. 253 f., Backhaus et al. (2006), S. 354.
[443] Vgl. Homburg (1992), S. 501.
[444] In Anlehnung an Backhaus et al. (2006), S. 350.

Sowohl für das exogene als auch für das endogene Messmodell ist die Beziehung zwischen den latenten Variablen und ihren Indikatoren näher zu definieren. Verursachen die beobachteten Indikatoren die latente Variable, so spricht man von formativen Indikatoren. Eine Änderung eines Indikatorwerts bewirkt somit eine Änderung des Konstruktwertes, die übrigen Indikatorwerte müssen davon jedoch nicht beeinflusst sein. Bedingt hingegen die latente Variable ihre Indikatoren, so bezeichnet man diese Indikatoren als reflektiv. Ändert sich der Wert der latenten Variablen, so zeigt sich dies in einer Veränderung aller ihr zugehörigen Indikatorwerte, d. h. die Indikatoren sind hochgradig miteinander korreliert und damit prinzipiell austauschbar.[445] Zur Messung einer latenten Variablen werden jedoch immer mehrere Indikatoren herangezogen, um mögliche Verzerrungen[446] in den einzelnen Indikatorvariablen aufzufangen.[447] Anzumerken bleibt, dass formative und reflektive Indikatoren innerhalb eines Konstruktes nicht gemischt werden dürfen, sondern eine Entscheidung für eine Form der Beziehung zu treffen ist.[448] Abbildung 9 veranschaulicht die unterschiedliche kausale Relation zwischen der latenten Variable und ihren Indikatoren im reflektiven sowie im formativen Messmodell:

---

[445] Zu formativen und reflektiven Indikatoren vgl. Fornell/Bookstein (1982), S. 441, Eggert/Fassott (2003), S. 3 f., Jarvis/MacKenzie/Podsakoff (2003), S. 200 f., Eberl (2004), S. 3 ff.

[446] Vgl. Homburg (1992), S. 501.

[447] Im nachfolgenden Kapitel 5.2 wird bei der Operationalisierung der Konstrukte eine Unterscheidung in formativ und reflektiv vorgenommen, sodass an dieser Stelle keine ausführlichen Beispielkonstrukte genannt werden.

[448] Vgl. Fornell/Bookstein (1982), S. 292 ff.

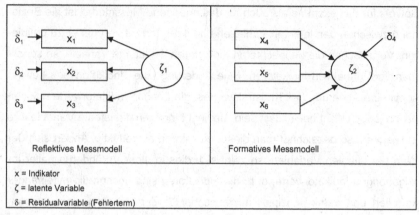

Abbildung 9: Reflektives und formatives Messmodell[449]

## 5.1.2 Differenzierung zwischen kovarianzbasierten und varianz-basierten Modellen

Die Unterscheidung zwischen formativen und reflektiven Indikatoren eines la-tenten Konstruktes wird oftmals nicht berücksichtigt, obwohl sie auch Einfluss auf die zur Wahl stehenden Analysemethoden von Strukturgleichungssyste-men hat. Bei Kovarianzstrukturanalysen wie dem LISREL (Linear Structural Relations)-Ansatz, ist eine Einbindung von formativen Messmodellen zwar möglich, eine problemlosere Integration formativer Indikatoren bieten jedoch varianzbasierte Verfahren wie das von *Wold*[450] entwickelte PLS (Partial Least Squares)-Verfahren.[451] In der Praxis zählt der LISREL-Ansatz zwar zu den be-kanntesten Analysemethoden,[452] jedoch konnten *Cohen et al.* aufzeigen, dass bei der Anwendung oftmals formative Messmodelle als reflektiv behandelt wurden, was zu Interpretationsfehlern der Messergebnisse geführt hat.[453] Der Einsatz formativer Indikatoren, die die unterschiedlichen Dimensionen einer latenten Variablen zum Ausdruck bringen, ermöglicht aber bei richtiger Hand-

---

[449] In Anlehung an Eberl (2004), S. 3 und 5.
[450] Vgl. Wold (1980).
[451] Vgl. Götz/Liehr-Gobbers (2004), S. 1, Herrmann/Huber/Kressmann. (2006), S. 43.
[452] Vgl. Ringle (2004b), S. 5.
[453] Vgl. Cohen et al. (1990), S. 185 f. Zu den Folgen einer falschen Spezifikation vgl. auch Albers/Hildebrandt (2004), S. 18, Eberl (2004), S. 12 ff.

habung direkt erfassbare Stellgrößen des Konstruktes für etwaige Managementimplikationen zu erkennen.[454]

Ein weiterer Vorteil des PLS-Verfahren besteht darin, dass auch bei relativ kleinen Stichproben eine Anwendung möglich ist, da es sich hier um ein nichtparametrisches Verfahren handelt und daher eine Normalverteilung[455] der Daten nicht notwendig ist[456] – nach *Chin* soll die Stichprobe in etwa mindestens zehnmal so groß sein wie die maximale Anzahl in einem Konstrukt zusammenlaufender Pfade.[457] Dies erfordert selten Datensätze über 100 Stück, während kovarianzbasierte Verfahren wie LISREL einen Stichprobenumfang von mindestens 150-200 aufweisen sollten.[458]

Die relativ geringe Anforderung an die Stichprobengröße für den PLS-Ansatz rührt auch daher, dass hier der Schätzprozess in Teilmodellen erfolgt.[459] Dies führt zu vergleichsweise weniger genauen Schätzern, wohingegen der LISREL-Ansatz das Ziel verfolgt, durch bestmögliche Replikation der Kovaranzmatrix möglichst genaue Schätzwerte zu liefern.[460] Die Ungenauigkeit sowie die durch systematische Messfehler bedingte Inkonsistenz der Parameterschätzung bei PLS ist allerdings von Nachteil, wenn ein Modell, das schon auf einem theoretisch fundierten Hypothesensystem beruht, auf seine Prognosegenauigkeit hin überprüft werden soll – dafür eignen sich insbesondere Kovarianzstrukturmodelle.[461] Liegt jedoch ein Untersuchungsmodell vor, in dem die postulierten Zusammenhänge zwischen den latenten Variablen sowohl auf theoretischen Erkenntnissen als auch auf Plausibilitätsüberlegungen basieren, so ist zunächst der Fokus auf die maximale Erklärungskraft des Strukturmo-

---

[454] Vgl. Huber et al. (2007), S. 21.
[455] Zu den genauen Anforderungen an eine Normalverteilung von Zufallsvariablen (Gauß-Verteilung) vgl. auch Fahrmeir et al. (2003), S. 291 ff.
[456] Vgl. Fornell/Bookstein (1982), S. 443.
[457] Vgl. Chin (1998), S. 311.
[458] Vgl. Bollen (1989), Götz/Liehr-Gobbers (2004), S. 3.
[459] Vgl. Chin (1998), S. 316, Chin/Newsted (1999), S. 314 und S. 336.
[460] Vgl. Herrmann/Huber/Kressmann (2006), S. 37 ff.
[461] Vgl. Gefen/Straub/Boudreau (2000), S. 26 f., Ringle (2004a), S. 17.

dells zu setzen. Es geht dabei vor allem darum, die Varianz der Zielvariablen so gut wie möglich zu erklären, um daraus Vorhersagen bezüglich Veränderungsmöglichkeiten dieser Größen abzuleiten, die letztlich auch Managemententscheidungen unterstützen können.[462] Informationen dieser Art lassen sich durch den Einsatz von PLS ermitteln. Bei der Wahl des Analyseverfahrens ist also dementsprechend auch das Forschungsanliegen als Entscheidungskriterium einzubeziehen.

Der Schwerpunkt der vorliegenden Arbeit liegt darin, mögliche Beziehungen zwischen der Zuschauer-Bewertung des Profi-Sport-Formates und des Promi-Sport-Formates aufzudecken, um daraus Implikationen für einen Reputationsaufbau von medial unterrepräsentierten Sportarten abzuleiten. Die zugrunde liegenden Hypothesen wurden aufgrund der Neuartigkeit der Thematik teilweise auf Basis von plausiblen Überlegungen aufgestellt. Zudem wurden Theorien aus anderen Forschungsbereichen – wie die Markentransfertheorie – auf den Mediensport übertragen.[463] Daher wird die Überprüfung des Modells anhand von PLS vorgenommen, weil hier im Besonderen die Erklärungskraft des Strukturmodells im Vordergrund steht. Auch die geringen Anforderungen von PLS an die Mindeststichprobengröße kommen dem Untersuchungsumfang entgegen. Im Folgenden soll nun kurz die Vorgehensweise von PLS dargestellt werden.

### 5.1.3 Vorgehensweise bei der Modellüberprüfung mittels Partial Least Squares

Nach *Ringle* ist der dem PLS-Ansatz zugrunde liegende Algorithmus eine Methode, „mit der Schätzungen für die latenten Variablen (‚case values' oder ‚scores') generiert werden, sodass diese Variablen so gut wie möglich sowohl an ihr Messmodell als auch an die Beziehungen zu anderen latenten Variablen

---

[462] Vgl. Herrmann/Huber/Kressmann (2006), S. 43 ff.
[463] Vgl. Kapitel 4.

im Strukturmodell angepasst werden".[464] Dazu ist es erforderlich, dass die latenten Variablen als Linearkombination der gewichteten Mittelwerte ihrer zugehörigen Indikatoren geschätzt werden.[465] Die Schätzwerte werden dabei für jede latente Variable getrennt ermittelt,[466] zur Bestimmung der Schätzparameter werden so genannte Gewichte als Hilfsvariablen eingesetzt.[467] Bei der Bestimmung der Gewichte ist die Art des Messmodells zu berücksichtigen.[468] Im Falle eines reflektiven Konstruktes handelt es sich bei den Gewichten um die Kovarianzen zwischen der latenten Variablen und ihren Indikatoren, bei einer formativen Beziehung hingegen werden die multiplen Regressionskoeffizienten zwischen latenter Variable und den Indikatoren als Gewichte verwendet.[469]

In einem iterativen Prozess werden dann die Schätzwerte in Bezug auf das Mess- und das Strukturmodell verbessert mit dem Ziel, die Residualvarianzen (Fehlerterme) der abhängigen Variablen zu minimieren bzw. damit die erklärte Varianz zu maximieren.[470] Bei diesem Prozess werden die Konstruktwerte als Erwartungswerte der Indikatorvariablen berechnet (äußere Schätzung), wobei anfangs zufällige Gewichte den Ausgangspunkt der Analyse bilden. Basierend auf diesen Ergebnissen bestimmt PLS dann verbesserte Werte für die endogenen Variablen im Modell (innere Schätzung), welche im Anschluss wieder als Einganswerte für die äußere Schätzung dienen. Dieser Prozess ist beendet, wenn sich keine bedeutenden Veränderungen in den Werten mehr ergeben, d. h. Konvergenz erreicht ist.[471] Darauf aufbauend können dann mit Hilfe einer Regressionsanalyse die Pfadkoeffizienten zwischen den latenten Variablen sowie die Ladungen zwischen latenter Variable und Indikatoren ermittelt

---

[464] Ringle (2004a), S. 7 f.
[465] Vgl. Lohmöller (1989), S. 28 f.
[466] Die blockweise Schätzung für jedes Konstrukt hat den Vorteil, dass im Zweifelsfalle nicht das gesamte Modell abgelehnt, sondern nur einzelne Hypothesen verworfen werden, vgl. Albers/Hildebrandt (2004), S. 17.
[467] Vgl. Goetz/Liehr-Gobbers (2004), S. 5, Herrmann/Huber/Kressmann (2006), S. 37.
[468] Vgl. Fornell/Bookstein (1982), S. 901.
[469] Vgl. Ringle (2004), S. 23 f., Herrmann/Huber/Kressmann (2006), S. 37.
[470] Vgl. Götz/Liehr-Gobbers (2004), S. 6, Ringle (2004a), S. 25.
[471] Vgl. Chin/Newsted (1999), S. 316.

werden,[472] die für die Beurteilung der Güte des Modells sowie für die Hypothesenüberprüfung vonnöten sind.[473]

## 5.2    Operationalisierung der Konstrukte

### 5.2.1   Vorgehen bei der Operationalisierung hypothetischer Konstrukte

Bevor jedoch die im vorangegangenen Kapitel beschriebene Vorgehensweise zur Datenauswertung mittels PLS angewendet werden kann, ist zunächst eine geeignete Operationalisierung der latenten Variablen im Modell als „im wahrsten Sinne des Wortes maßgebliche Voraussetzung der späteren Datenerhebung"[474] durchzuführen. Unter Operationalisierung versteht man dabei eine Art Übersetzung der definitorisch abgegrenzten latenten Variablen in Indikatoren, wobei mit Hilfe der letzteren empirisch gemessen werden soll, ob es in der Realität Hinweise darauf gibt, dass die nicht unmittelbar beobachtbare, latente Variable existiert und wie stark diese ausgeprägt ist.[475] Die Indikatoren hingegen müssen beobachtbare und direkt messbare Größen sein und werden als ein „mit einem vorgegebenen Spektrum möglicher Reaktionen (mindestens zwei)[476] versehene Item[s]"[477] bezeichnet. Items können beispielsweise Fragen oder Aussagen sein, die von den Personen zu bewerten sind.[478]

Hierbei wird deutlich, dass die Bildung von Indikatoren nicht unabhängig vom zu wählenden Messinstrument zu sehen ist, sondern nach *Heinemann* simultan erfolgt, der deshalb vorschlägt, sich vor der Entscheidung über die Technik der Datenerhebung darüber Klarheit zu verschaffen, wie man welche Indikatoren erfassen will.[479] Dabei ist neben der Wahl geeigneter Indikatoren auch die

---

[472] Vgl. Lohmöller (1989), S. 30 f., Ringle (2004a), S. 25.

[473] Eine ausführlichere Beschreibung von PLS ist bei Huber et al. (2007) zu finden.

[474] Bronner/Appel/Wiemann (1999), S. 43.

[475] Vgl. Heinemann (1998), S. 64.

[476] Die Reaktion kann beispielsweise Zustimmung oder Ablehnung einer Aussage beschreiben.

[477] Nieschlag/Dichtl/Hörschgen (2002), S. 396.

[478] Vgl. Nieschlag/Dichtl/Hörschgen (2002), S. 396.

[479] Vgl. Heinemann (1998), S. 69. Daher wird auch in der vorliegenden Arbeit die Operationalisierung der Konstrukte vor der Auswahl der Befragung als Methode der Datenerhebung erklärt.

Entscheidung für eine reflektive oder formative Beziehung in Abhängigkeit des kausalen Zusammenhangs zwischen Konstrukt und Indikatoren zu treffen.[480] Vor allem für formative Indikatoren, die unterschiedliche Dimensionen eines Konstruktes darstellen, ist die definitorische Eingrenzung des Konstruktes bedeutend, wobei auf eine inhaltliche Übereinstimmung zwischen Definition und Operationalisierung zu achten ist.[481] Bei reflektiven Konstrukten gestaltet sich die Auswahl von Indikatoren etwas einfacher, da Indikatoren hier grundsätzlich austauschbar sind und somit aus der Gesamtheit aller in Frage kommender Indikatoren eine Auswahl unter modellspezifischen Gesichtspunkten – beispielsweise die unter Berücksichtigung einer bestimmten Probandengruppe bestverständlichen Indikatoren – vorgenommen werden kann.[482] Um eine möglichst große Auswahl an potentiellen Indikatoren zu generieren, ist ein sorgfältiges Literaturstudium – wie in Kapitel 3 vorgenommen – unerlässlich, aus dem bewährte Indikatoren bzw. Skalen abgeleitet werden können.[483] Ist ein Konstrukt bisher wenig erforscht, so ist es auch möglich, Expertengespräche oder Diskussionen mit Personen, die zum späteren Untersuchungskreis gehören, durchzuführen[484] – auf beide Möglichkeiten wurde im vorliegenden Fall ebenfalls zurückgegriffen, was in der spezifischen Betrachtung der einzelnen Konstrukte im Folgenden verdeutlicht wird.[485]

### 5.2.2 Ästhetik

Bei der Sichtung der bisher entwickelten Skalen zur Sport-Rezeption[486] fällt auf, dass das Konstrukt Ästhetik sehr unterschiedlich operationalisiert wurde. Ästhetik kann auf die Sportart selbst bzw. das spezifische Spiel bezogen sein, aber auch das gute Aussehen der Sportler oder das Outfit bzw. die Kleidung

---

[480] Zu möglichen Fehlinterpretationen der Messergebnisse aufgrund einer falsch gewählten Beziehung vgl. Kapitel 5.1.2.
[481] Vgl. Diamantopoulos/Winklhofer (2001), S. 271 ff., Eggert/Fassott (2003), S. 7, Eberl (2004), S. 9.
[482] Vgl. Eggert/Fassott (2003), S. 7.
[483] Vgl. Heinemann (1998), S. 68, Eggert/Fassott (2003), S. 6.
[484] Vgl. Heinemann (1998), S. 68.
[485] Die Operationalisierung erfolgt dabei am Beispiel des Profi-Sport-Formates, für das Promi-Sport-Format wurden die Items entsprechend angepasst.
[486] Vgl. Kapitel 3.2.

der Sportler beschreiben. Aufgrund dieser unterschiedlichen Darstellung erscheint es interessant, die Verschiedenartigkeit der Größe Ästhetik im vorliegenden Untersuchungsmodell zu berücksichtigen und daher formative Indikatoren zu wählen, welche die unterschiedlichen Dimensionen zum Ausdruck bringen. Die MSSC-Skala von *Trail/James* wählt reflektive Indikatoren und bezieht Ästhetik auf die Sportart selbst bzw. das ausgetragene Spiel:[487]

| Skala von *Trail/James* zur Messung von Ästhetik |
| --- |
| Likert-Skala mit den Eckpunkten 1=strongly disagree und 7=strongly agree |
| I appreciate the beauty inherent in the game. |
| There is a certain natural beauty to the game. |
| I enjoy the gracefulness associated with the game. |

Tabelle 2: Skala von *Trail/James* zur Messung von Ästhetik[488]

Diese Items wurden zu einem Indikator zusammengefasst und adäquat übersetzt mit „Die Sportart im Profi-Format zeichnet sich durch eine natürliche Schönheit und Anmut aus". Die anderen beiden Indikatoren für das Konstrukt Ästhetik lassen sich aus der Skala von *Aimiller/Kretzschmar* in der viel zitierten DSF-Studie ableiten, die in Tabelle 3 dargestellt wird:

| Skala von *Aimiller/Kretzschmar* zur Messung von Show/Ästhetik/ Exklusivität |
| --- |
| Ich schaue Sportart X, weil.... |
| .... diese Sportart für mich allein schon durch das Outfit/die Kleidung der Sportler sehenswert ist. |
| .... einige Sportler oder Sportlerinnen sehr gut aussehen. |
| .... die Show bei dieser Sportart genauso wichtig ist wie der Sport selbst. |
| .... es eine sehr exklusive Sportart ist. |

Tabelle 3: Skala von *Aimiller/Kretzschmar* zur Messung von Show/Ästhetik/Exklusivität[489]

Über die verwendete Skalenform enthält die Studie leider keine Information, jedoch ist aufgrund der Fragestellung zu vermuten, dass eine Likert-Skala verwendet wurde. Ästhetik wird hier in Verbindung mit Show und Exklusivität betrachtet, was die letzten beiden Items der Skala erklärt. Für die Konstruktion der Skala für die vorliegende Studie wurden aber nur die Dimensionen Out-

---

[487] Vgl. Trail/James (2001), S. 119.
[488] Vgl. Trail/James (2001), S. 119.
[489] Vgl. Aimiller/Kretzschmar (1995), S. 54.

fit/Kleidung sowie Aussehen der Sportler verwendet. Da der Kausalzusammenhang, der im vorliegenden Modell erst überprüft werden soll, hier durch die Formulierung ‚weil' schon vorgegeben wird, war eine Umformulierung der Items notwendig. Für die Fragestellung in Bezug auf das Promi-Sport-Format wurde der Begriff ‚Sportler' durch ‚Promi' ersetzt. Zusammenfassend lässt sich nun folgende Skala zur Messung des Konstruktes Ästhetik generieren:

| Items der Likert-Skala zur Messung von Ästhetik |
|---|
| Die Sportart im Profi-Format zeichnet sich durch eine natürliche Schönheit und Anmut aus. |
| Ich bin der Meinung, dass einige Sportler in dieser Sportart im Profi-Format sehr gut aussehen. |
| Die Outfits/Kleidung der Sportler in dieser Sportart im Profi-Format gefallen mir gut. |

Tabelle 4: Items der Likert-Skala zur Messung von Ästhetik

## 5.2.3 Spannung

Das Motiv Spannung wird in den verschiedenen Skalen zwar fast immer aufgenommen, jedoch unterschiedlich beschrieben und als Eustress, emotionales Erleben/Involvement, parainteraktive Emotionssuche in Verbindung mit sozialer Identifikation oder auch Drama bezeichnet.[490] Die Verbindung der Konstrukte Spannung und Identifikation mit favorisierten Teams oder Sportlern, wie „I get pumped when watching my favourite team"[491] ist weniger geeignet für das vorliegende Modell, in dem diese beiden Größen getrennt voneinander untersucht werden. Allgemeinere Formulierungen im Hinblick auf die Spannung des sportlichen Wettkampfs verwenden hingegen *Hagenah* und *Aimiller/Kretzschmar* in ihren Skalen. Diese lassen sich unabhängig von der Wahl der Sportart bewerten, weshalb letztlich die Auswahl der Items aus diesen beiden Skalen getroffen wurde. Aus Skala von *Hagenah* zur Messung der parainteraktiven Emotionssuche wurden die beiden folgenden Items aus einer Auswahl von 16 Indikatoren identifiziert:

---

[490] Vgl. Aimiller/Kretzschmar (1995), S. 53, Armstrong (2002), S. 317, Trail/Fink/Anderson (2003), S. 11, Hagenah (2004), S. 89.
[491] Armstrong (2002), S. 317.

| Skala von *Hagenah* zur Messung der parainteraktiven Emotionssuche |
| --- |
| Eckpunkte der Skala: 1= nie und 5= immer |
| Ich schaue Sportsendungen, weil... |
| ...man bei spannenden Wettkämpfen so schön mitfiebern kann. |
| ...es manchmal so aufregend ist, dass ich mich nicht davon losreißen kann. |

Tabelle 5: Skala von *Hagenah* zur Messung der parainteraktiven Emotionssuche[492]

Da auch hier der zu untersuchende Kausalzusammenhang zwischen den Motiven und der Einstellung bzw. Sehabsicht durch die Formulierung „Ich schaue Sportsendungen, weil..." bereits vorgegeben wird, erfolgte ebenfalls eine sprachliche Anpassung sowie eine Modifikation der Skalenart, da keine Likert-Skala verwendet wurde. Darüber hinaus wurde als weiterer Indikator das Item „Manche Sportereignisse sind oft spannender als ein guter Krimi" aus der Skala zur Messung des Emotionalen Erlebens/Involvements von *Aimiller/ Kretzschmar* gewählt.[493] Die drei Indikatoren zur Messung der empfundenen Spannung des sportlichen Wettkampfes sind reflektiv, da sie die Wirkung des Konstrukts Spannung widerspiegeln und nicht einzelne Bestandteile der Spannung darstellen. In Tabelle 6 sind die endgültigen Indikatoren für die Abfrage im Fragebogen dargestellt. Dabei wurde in der Anordnung zwischen den beiden Skalen abgewechselt, um mögliche Verzerrungen zu vermeiden.

| Items der Likert-Skala zur Messung von Spannung |
| --- |
| Bei spannenden Wettkämpfen in dieser Sportart im Profi-Format kann man so schön mitfiebern. |
| Manche Wettkämpfe in dieser Sportart im Profi-Format sind oft spannender als ein guter Krimi. |
| Manchmal ist diese Sportart im Profi-Format so aufregend, dass ich mich nicht davon losreißen kann. |

Tabelle 6: Items der Likert-Skala zur Messung von Spannung

### 5.2.4 Unterhaltung

Wie bereits im Forschungsüberblick in Kapitel 3 vorgestellt, wird das Konstrukt Unterhaltung oftmals als Spaß und Amüsement verstanden, aber auch mit Entspannung gleichgesetzt. *Pan/Baker* untersuchten in ihrer Studie Motive für den Kartenkauf von Basketball-Spielen und nahmen hierbei in ihre Motiv-Skala

---

[492] Vgl. Hagenah (2004), S. 89.
[493] Vgl. Aimiller/Kretzschmar (1995), S. 53.

das Konstrukt Athletic Event auf.[494] Dieses Konstrukt wird durch die Dimensionen Excitement, Overall Atmosphere und Pageantry beschrieben. Unter letzterer fassen sie Elemente wie Band, Cheerleading und Spirit zusammen.[495] In den Ergebnissen der Studie wird die Bedeutung des Konstruktes hervorgehoben,[496] bei Sichtung der Forschungsliteratur wird aber deutlich, dass hierzu bisher kaum Untersuchungen bekannt sind. Vor allem der Indikator Pageantry erscheint in Bezug auf das Promi-Sport-Format jedoch interessant, da hier z. B. durch den Einbau von Music-Acts und aufwendigen Studio-Dekorationen Elemente aus klassischen Unterhaltungsshows übernommen werden. In der vorliegenden Arbeit erscheint es sinnvoll, der Vielschichtigkeit des Motivs Unterhaltung Rechnung zu tragen und daher formative Indikatoren zu wählen, welche die unterschiedlichen Konstrukt-Dimensionen zum Ausdruck bringen. Für die erste Dimension Spaß/Unterhaltsamkeit wurde die TV-Motiv-Skala von *Rubin* herangezogen, die in Tabelle 7 vorgestellt wird:

| **Skala von *Rubin* zur Messung von Entertainment** |
| --- |
| Eckpunkte der Skala: 1= not at all und 5= exactly |
| I watch TV because... |
| ...it entertains me. |
| ...it's enjoyable. |
| ...it amuses me. |

Tabelle 7: Skala von *Rubin* zur Messung von Entertainment[497]

Da es sich hier um reflektive Indikatoren handelt, wurden diese zu einem formativen Indikator zusammengefasst und adäquat übersetzt.[498] Zudem erforderte es eine Anpassung der Ratingstufen für den endgültigen Fragebogen, sowie eine Umformulierung aufgrund des Kausalzusammenhangs. Das übersetzte und angepasste Item lautet wie folgt: „Diese Sportart im Profi-Format macht besonderen Spaß und ist unterhaltsam".

---

[494] Vgl. Pan/Baker (2005), S. 363.
[495] Vgl. Pan et al. (1997), S. 454.
[496] Auch in einer zweiten Studie konnten hohe Werte für dieses Konstrukt nachgewiesen werden, vgl. Pan/Baker (2005), S. 363.
[497] Vgl. Rubin (1983), S. 41.
[498] Die Begriffe „enjoyable" und „amuse" werden in deutschen Studien oftmals mit „Spaß machen" übersetzt, daher wird auch hier diese Bezeichnung gewählt.

Die zweite Dimension Entspannung wird in der deutschen TV-Rezeptions-Forschung oftmals mit dem Wortlaut „..., weil ich mich dabei entspannen kann." umschrieben.[499] Auch in der englischsprachigen Literatur werden wörtliche Übersetzungen des Begriffs Entspannung wie „to relax" und „to unwind" oder „recreation" verwendet.[500] Entspannung kann daher folglich relativ einfach, aber klar verständlich beschrieben werden: „Bei dieser Sportart im Profi-Format kann ich mich gut entspannen". Von *Pan et al.* als Pageantry bezeichnet, stellen Showelemente die dritte Dimension des Konstruktes Unterhaltung. Tabelle 8 zeigt die gesamte Skala von *Pan et al.*

| Skala von *Pan et al.* zur Messung von Athletic Event |
|---|
| Eckpunkte der Skala: 1= least important und 7= most important |
| Excitement |
| Overall Atmosphere |
| Pageantry (band, cheerleaders, spirit) |

Tabelle 8: Skala von *Pan et al.* zur Messung von Athletic Event[501]

Da die Studie sich auf Basketball bezog, mussten Begriffe wie Cheerleaders entsprechend auf die im vorliegenden Fragebogen wählbaren Promi-Sport-arten angepasst werden. Auch verwendeten die Autoren keine Likert-Skala, sodass hier eine Modifikation der Skalenform zu erfolgen hatte, was zu folgender Formulierung führte: „Besondere Elemente wie Musik-Einlagen, aufwendige Studio-Dekoration etc. gefallen mir gut bei dieser Sportart im Profi-Format". Zusammenfassend wird das Konstrukt Unterhaltung durch folgende drei Dimensionen beschrieben:

| Items der Likert-Skala zur Messung von Unterhaltung |
|---|
| Diese Sportart im Profi-Format macht besonderen Spaß und ist unterhaltsam. |
| Bei dieser Sportart im Profi-Format kann ich mich gut entspannen. |
| Besondere Elemente wie Musik-Einlagen, aufwendige Studio-Dekoration etc. gefallen mir gut bei dieser Sportart im Profi-Format. |

Tabelle 9: Items der Likert-Skala zur Messung von Unterhaltung

---

[499] Vgl. Bente/Fromm (1997), S. 415, Ridder/Engel (2001), S. 108, Hagenah (2002), S. 1.
[500] Vgl. Rubin (1983), S. 41, Armstrong (2002), S. 317.
[501] Vgl. Pan et al. (1997), S. 454.

## 5.2.5 Sensationslust

In Kapitel 4.3 wurde bei der Auswahl der zu untersuchenden Einflussfaktoren auf die Einstellung das Konstrukt Sensationslust bereits vorgestellt. Diesem ist jedoch in der TV-Rezeptionsforschung bisher wenig Bedeutung beigemessen worden. *Aimiller/Kretzschmar* beschreiben es im Kontext von Sportrezeption und *Bente/Fromm* verwenden in ihrer Befragung zur Bewertung von Talkshows ähnliche Items. In Tabelle 10 und 11 werden daher diese beiden Skalen vorgestellt:

| Skala von *Aimiller/Kretzschmar* zur Messung von Sensationslust |
| --- |
| Keine Angabe zu den Eckpunkten der Skala, vermutlich Likert-Skala |
| Ich schaue Sportart X, weil... |
| .... es bei dieser Sportart bestimmte Reizfiguren gibt und ich darauf warte, dass etwas passiert. |
| Am liebsten sind mir Sportarten, bei denen immer etwas Unvorhergesehenes und Spektakuläres passieren kann. |
| ....bei dieser Sportart häufig spektakuläre Aktionen zu sehen sind. |

Tabelle 10: Skala von *Aimiller/Kretzschmar* zur Messung von Sensationslust[502]

| Skala von *Bente/Fromm* zur Messung von Affekt-Talk[503] |
| --- |
| Eckpunkte der Skala: 1= trifft gar nicht zu und 5= trifft genau zu |
| Ich schaue diese Sendung, weil... |
| ...auch mal etwas Unerwartetes passieren kann. |
| ...ich gerne sehe, wie andere Leute sich blamieren. |

Tabelle 11: Skala von *Bente/Fromm* zur Messung von Affekt-Talk[504]

Da Sensationslust in beiden Skalen unterschiedlich beschrieben wird, erscheint es sinnvoll, für die Beschreibung formative Indikatoren zu wählen. Aus den Items lassen sich die Themen „unerwartet", „spektakulär" und „Blamage bestimmter Personen" identifizieren. Im Fragebogen wird allerdings dieses Konstrukt mit ‚Spektakulär' umschrieben, da die Formulierung Sensationslust sozial erwünschte Antworten hervorrufen könnte – Probanden möchten unter Umständen nicht zugeben, dass sie eine gewisse Schaulust in sich tragen.[505]

---

[502] Vgl. Aimiller/Kretzschmar (1995), S. 54.
[503] Die Eckpunkte der Skala sind 1.
[504] Vgl. Bente/Fromm (1997), S. 416.
[505] Zum Konzept der sozialen Erwünschtheit vgl. Bronner/Appel/Wiemann (1999), S. 147, Diekmann (2006), S. 382 ff.

Gemäß den Anforderungen in der vorliegenden Arbeit wurden die Items entsprechend modifiziert und in eine Likert-Skala übertragen:

| Items der Likert-Skala zur Messung von Sensationslust |
| --- |
| In dieser Sportart im Profi-Format passiert auch mal etwas Unerwartetes. |
| Bei dieser Sportart im Profi-Format gibt es bestimmte Personen, die sich öfter mal blamieren. |
| Bei dieser Sportart im Profi-Format kann man häufiger spektakuläre Aktionen sehen. |

Tabelle 12: Items der Likert-Skala zur Messung von Sensationslust

## 5.2.6  Soziale Identifikation

Das Motiv soziale Identifikation wird unterschiedlich stark in seiner Ausprägung überprüft, abhängig auch davon, ob spezielle Fans einer Sportart, z. B. Dauerkarteninhaber, oder eine heterogenere Stichprobe befragt werden. Man unterscheidet zwischen parasozialer Identifikation, bei der Sportler mit Freunden oder Familienangehörigen verglichen werden und den Motiven Vicarious Achievement, Player Attachment und Self Esteem, die eine Übertragung der Leistung bzw. des Erfolgs des Sportlers auf das eigene Selbstwertgefühl implizieren.[506] Letzteres wird mit Items wie „To me, my favorite team's successes are my successes and their losses are my losses"[507] ausgedrückt. In der durchzuführenden empirischen Erhebung wird zum einen ein breiter, heterogener Probandenkreis und keine Fans einer speziellen Sportart befragt, zum anderen zeichnen sich die in der Befragung wählbaren Sportarten zumindest im medialen Sinne als Randsportarten aus, sodass in der Stichprobe keine hohe Anzahl von Fans zu erwarten ist. Die Wahl fiel daher auf eher schwach formulierte Indikatoren, die eine reflektive Beziehung zur latenten Variablen aufweisen. Dafür wurden aus der umfangreichen Skala von *Hagenah* zwei schwächere Items ausgesucht:

---

[506] Vgl. Aimiller/Kretzschmar (1995), S. 54, Armstrong (2002), S. 318, James/Ridinger(2002), S. 270, Mahony et al. (2002), S. 12.
[507] Wann/Schrader/Wilson (1999), S. 135.

| Skala von *Hagenah* zur Messung der parasozialen Emotionssuche |
| --- |
| Eckpunkte der Skala: 1= nie und 5= immer |
| Ich schaue Sportsendungen, weil... |
| ...ich gewisse Sympathien für einige Sportler habe. |
| ...ich mich über sportliche Erfolge mitfreuen kann. |

Tabelle 13: Skala von *Hagenah* zur Messung der parasozialen Emotionssuche[508]

*Gantz* nahm in seiner Studie zu TV-Rezeptionsmotiven auch das Rooting für einen Spieler oder ein Team auf.[509] Dieses Anfeuern impliziert eine emotionale Verbindung des Zuschauers zum Sportler/Team, wodurch der Zuschauer seine Anteilnahme ausdrücken kann. In Bezug auf eine Identifikation mit dem Sportler/Team ist es jedoch vergleichsweise schwach formuliert und kann daher als drittes Item nach einer adäquaten Übersetzung aufgenommen werden. Die Formulierung lautet: „Ich feuere gerne bestimmte Sportler in dieser Sportart im Profi-Format an". Für die endgültige Abfrage im Fragebogen waren die ausgewählten Indikatoren der sozialen Identifikation mit dem Sportler wieder entsprechend der Likert-Skalenform anzupassen und umzuformulieren. Tabelle 14 zeigt die endgültige Skala:

| Items der Likert-Skala zur Messung der sozialen Identifikation mit dem Sportler |
| --- |
| Bei dieser Sportart im Profi-Format habe ich gewisse Sympathien für einige Sportler. |
| Bei sportlichen Höchstleistungen einiger Sportler in dieser Sportart im Profi-Format kann ich mich mitfreuen. |
| Ich feuere gerne bestimmte Sportler in dieser Sportart im Profi-Format an. |

Tabelle 14: Items der Likert-Skala zur Messung der sozialen Identifikation mit Sportler

Für den einleitenden Fragebogentext wurde die neutralere Formulierung ‚Verhältnis zu Sportler' verwendet, um wiederum mögliche Verzerrungen durch sozial erwünschte Antworten bei der Verwendung des Begriffs ‚Identifikation mit dem Sportler' zu vermeiden. Zudem wurde beim Promi-Sport-Format der Begriff ‚Sportler' durch ‚Promi' ersetzt.

---

[508] Vgl. Hagenah (2004), S. 89.
[509] Vgl. Gantz (1981), S. 269.

## 5.2.7  Moderator

In Kapitel 4.3 wurde das Konstrukt Moderator bereits im Rahmen der ausgewählten Einflussfaktoren der Einstellung für die Untersuchung vorgestellt. Die
bisherigen Forschungen in diesem Bereich haben gezeigt, dass zwei zentrale
Dimensionen wichtig für die Bewertung der Moderatorfunktion bei Sportübertragungen sind: Information und unterhaltsame Moderation. Die Auswahl der
Indikatoren zur Messung des Einflusses des Moderators bezieht sich demzufolge auf diese beiden Aspekte. Information wird oftmals durch Hintergrund-
wissen zur Sportart und den Sportlern sowie zu den Regeln und Taktiken charakterisiert. Unter dem Aspekt Unterhaltsamkeit werden beispielsweise sympa-
thische Moderation, lockere Atmosphäre oder Stimmung verstanden. Beide
Dimensionen werden in den Skalen von *Geese/Zeughardt/Gerhard* zur Fußball-WM 2006[510] sowie von *Klimmt/Bepler/Scherer* zur allgemeinen Rezeption
von Fußballübertragungen[511] verwendet, die in den Tabellen 15 und 16 dargestellt sind:

| **Skala von *Geese/Zeughardt/Gerhard* zur Messung der WM-Berichterstattung der Fernsehsender** |
|---|
| Eckpunkte der Skala: 1= stimme ganz und gar nicht zu und 4= stimme voll und ganz zu |
| Die Übertragungen sind gut und professionell gemacht. |
| Hier werde ich unfassend über die WM informiert. |
| Die Aufmachung der Sender gefällt mir gut. |
| Die Sendungen werden sympathisch moderiert. |
| Die Spielanalysen sind aufschlussreich. |
| Die Reporter im Stadion verstehen was von der Sache. |
| Die Atmosphäre im Studio und bei den Analysen ist locker und unterhaltsam. |
| Hier kann man die WM-Stimmung hautnah miterleben. |
| Es wird mir zuviel geredet. |
| Hier gibt es zeitweise mehr Show als Fußball. |

Tabelle 15: Skala von *Geese/Zeughardt/Gerhard* zur Messung der WM-Berichterstattung[512]

*Klimmt/Bepler/Scherer* überprüften die Wichtigkeit der Informationen, die der
Kommentator während eines Fußballspiels liefert:

---

[510] Vgl. Geese/Zeughardt/Gerhard (2006), S. 462.
[511] Vgl. Klimmt/Bepler/Scherer (2006), S. 176.
[512] Vgl. Geese/Zeughardt/Gerhard (2006), S. 462. Die Befragung wurde in Bezug auf die
Sender Das Erste, ZDF und RTL durchgeführt.

| Skala von *Klimmt/Bepler/Scherer* zur Messung der Informationsübermittlung |
| --- |
| Eckpunkte der Skala: 1= überhaupt nicht wichtig und 5= sehr wichtig |
| Mir ist wichtig, dass der Kommentator,... |
| ...mir Informationen über Ereignisse außerhalb des Bildausschnitts liefert, die für mich nicht zu sehen sind. |
| ...mich über Geschehnisse auf dem Spielfeld informiert, die für mich schwer zu erkennen sind. |
| ...mir die Stimmung im Stadion vermittelt. |
| ...mich über Hintergründe der Mannschaften und Vereine informiert. |
| ...mir etwas über die Taktik der spielenden Mannschaften sagt. |
| ...mir persönliche Informationen über Spieler und Trainer berichtet. |
| ...mir Statistiken zu dem Spiel näher bringt. |

Tabelle 16: Skala von *Klimmt/Bepler/Scherer* zur Messung der Informationsübermittlung[513]

Aus diesen beiden Skalen lassen sich folgende geeignete Items zur Messung von Information und unterhaltsame Moderation identifizieren, die sprachlich im Hinblick auf die zur Auswahl stehenden Sportarten und ihre Präsentationsformen angepasst und in eine Likert-Skala übertragen wurden:

| Items der Likert-Skala zur Messung der Moderator-Funktion |
| --- |
| Die Sendungen im Profi-Format werden sympathisch moderiert. |
| Die Atmosphäre im Studio und bei den Analysen im Profi-Format ist locker und unterhaltsam. |
| Der Moderator im Profi-Format berichtet mir persönliche Informationen zu den Spielern und Trainern. |
| Der Moderator im Profi-Format informiert mich über die Hintergründe zur Sportart und erklärt die Regeln gut. |

Tabelle 17: Items der Likert-Skala zur Messung der Moderator-Funktion

Da die Moderator-Funktion durch die Dimensionen Unterhaltsamkeit und Information operationalisiert wird, bei denen jeweils zwei unterschiedliche Aspekte abgefragt werden (z. B. Informationen zu den Spielern bzw. zur Sportart), handelt es sich hier um eine formative Operationalisierung. Beim Profi-Sport-Format wurde außerdem die Antwortmöglichkeit ‚Weiß ich nicht' eingefügt, da zu erwarten ist, dass eine Mehrzahl der Probanden bisher noch nie oder selten professionelle Sportereignisse der zur Wahl stehenden Sportarten gesehen hat und somit die entsprechenden Moderatoren möglicherweise nicht bekannt sind.

---

[513] Vgl. Klimmt/Bepler/Scherer (2006), S. 176. Der Fragebogen wurde auf Anfrage zugeschickt.

## 5.2.8  Einstellung

In Kapitel 4.2 wurde bereits die Wahl des Konstruktes Einstellung als eine der abhängigen Größen im Modell begründet. Speziell für das Promi-Sport-Format erscheint es nämlich schwierig, Motive für die zukünftige Rezeptionsbereitschaft abzufragen – wie in der bisherigen Sport-Rezeptionsforschung üblich – denn es handelt sich dabei in der Regel um einmalige Sendungen oder Serien, sodass nicht davon auszugehen ist, dass dieselbe Sportart wiederholt im Promi-Sport-Format präsentiert wird.

In der Marketingforschung wird hauptsächlich die Einstellung gegenüber einer Marke bzw. einem Produkt oder gegenüber einer Werbemaßnahme gemessen. Für das entwickelte Modell wurde das Profi-Sport-Format als eine Art Muttermarke und das Promi-Sport-Format als ihr Transferprodukt definiert,[514] sodass eine Übertragung der Skalen zur Einstellung gegenüber einer Marke gerechtfertigt werden kann. Meistens wird zur Messung der Einstellung gegenüber einer Marke mit Hilfe eines Semantischen Differentials die Bewertung gegensätzlicher Adjektivpaarungen abgefragt, am häufigsten werden dabei die Paarungen „good/bad" und „favorable/unfavorable" verwendet, oder direkt eine positive bzw. negative Einstellung überprüft.[515] Da in einer Likert-Skala pro Item nur jeweils eine Ausprägung beurteilt werden kann, fiel die Wahl auf das jeweils positiv formulierte Adjektiv, sodass sich nach entsprechender Übersetzung ins Deutsche folgende Skala zur Einstellungsmessung mit reflektiven Indikatoren ergibt:

| Items der Likert-Skala zur Messung der Einstellung gegenüber dem Profi-Sport-Format |
|---|
| Ich finde die Präsentation dieser Sportart im Profi-Format sehr gut. |
| Meine Meinung von der Präsentation dieser Sportart im Profi-Format ist sehr vorteilhaft. |
| Ich habe eine positive Einstellung gegenüber der Präsentation dieser Sportart im Profi-Format. |

Tabelle 18: Items der Likert-Skala zur Messung der Einstellung gegenüber dem Profi-Sport-Format

---

[514] Vgl. Kapitel 4.4.
[515] Vgl. Muehling/Laczniak (1988), S. 27, MacKenzie/Lutz (1989), S. 58, Madrigal (2001), S. 161, Ruth/Simonin (2003), S. 24, Rodgers (2004), S. 71.

## 5.2.9 Zukünftige Sehabsicht

Im Gegensatz zum Promi-Sport-Format kann die zukünftige Sehabsicht einer Sportart im Profi-Sport-Format in der Untersuchung erfasst werden, da alle zur Auswahl stehenden Sportarten[516] mehr oder weniger regelmäßig im Fernsehen gezeigt werden. Aus den Studien zur Sport-Rezeption kann jedoch keine geeignete Skala zur Sehabsicht abgeleitet werden, da dort durch die Fragestellung „Ich schaue Sport, weil..." ein direkter Kausalzusammenhang impliziert wird, der jedoch durch die empirische Untersuchung erst überprüft werden soll. Des Weiteren eignen sich auch vorhandene Skalen aus der Markentransfertheorie zur Messung der Rückwirkung auf die Muttermarke, d. h. hier auf die Sportart im Profi-Sport-Format, nicht für den vorliegenden Untersuchungskontext, da in der Markentransfertheorie in der Regel nicht die Kaufabsicht erfasst wird, sondern eine wiederholte Abfrage der Einstellung bzw. Image zur Muttermarke erfolgt.[517]

Daher wurde zur Messung eine aus der allgemeinen Marketingforschung stammende Skala von *MacKenzie/Lutz/Belch* herangezogen,[518] die die Kaufabsicht durch drei Indikatoren-Paare darstellt: „likely/unlikely", „possible/ impossible" sowie „probable/improbable".[519] Die Items wurden in eine Likert-Skala übertragen und entsprechend übersetzt, sodass sich folgende Skala zur Messung der zukünftigen Sehabsicht einer Sportart im Profi-Sport-Format ergibt:[520]

---

[516] Für die zur Auswahl stehenden Sportarten vgl. Kapitel 5.4.1.
[517] Vgl. Kapitel 4.5.
[518] Items dieser Skala wurden bspw. auch bei Madrigal (2001), S. 162 und Rodgers (2004), S. 71 verwendet.
[519] Vgl. MacKenzie/Lutz/Belch (1986), S. 134 f.
[520] Bei der Übersetzung wurde für „likely" „wahrscheinlich", für „possible" „schließe nicht aus" und für „probable" „voraussichtlich" gewählt, um eine Unterscheidung der Items zu gewährleisten.

| Items der Likert-Skala zur Messung der Sehabsicht des Profi-Sport-Formates (zielgerichtet) |
|---|
| Dass ich mir in Zukunft einen internationalen Wettbewerb in dieser Sportart im Fernsehen anschaue, halte ich für wahrscheinlich. |
| Dass ich mir in Zukunft einen internationalen Wettbewerb in dieser Sportart im Fernsehen anschaue, schließe ich nicht aus. |
| Voraussichtlich werde ich mir in Zukunft einen internationalen Wettbewerb in dieser Sportart im Fernsehen anschauen. |

Tabelle 19: Items der Likert-Skala zur Messung der Sehabsicht des Profi-Sport-Formates (zielgerichtet)

Die Sehabsicht wird aber nicht nur zielgerichtet abgefragt, sondern für den postulierten Zusammenhang zwischen der Einstellung gegenüber den beiden Formaten und der zukünftigen Sehabsicht des Profi-Sport-Formates in einer gewählten Sportart interessiert auch die Bereitschaft, beim Zappen durch die Programme beim Profi-Sport ‚hängen zu bleiben'. Die Items aus Tabelle 19 wurden daher für die beschriebene Situation entsprechend sprachlich angepasst:

| Items der Likert-Skala zur Messung der Sehabsicht des Profi-Sport-Formates (Zapping) |
|---|
| Dass ich in Zukunft beim Zappen auf einen Wettbewerb in dieser Sportart stoße und dann zumindest für ein paar Minuten hängen bleibe, halte ich für wahrscheinlich. |
| Ich schließe nicht aus, dass ich in Zukunft beim Zappen auf einen Wettbewerb in die Sportart stoße und dann zumindest für ein paar Minuten hängen bleiben.. n. |
| Voraussichtlich werde ich in Zukunft zumindest für ein paar Minuten hängen bleiben bei einem Wettbewerb in dieser Sportart, wenn ich beim Zappen darauf stoße. |

Tabelle 20: Items der Likert-Skala zur Messung der Sehabsicht des Profi-Sport-Formates (Zapping)

## 5.2.10 Der Fit als Interaktionsvariable

Wie schon in Kapitel 4.4 und 4.5 bei der Hypothesenherleitung kurz erläutert, handelt es sich beim Fit um eine Interaktionsvariable. Diese wirkt auf den postulierten Zusammenhang zwischen der Einstellung gegenüber dem Profi-Sport-Format und der Einstellung gegenüber dem Promi-Sport-Format (Interaktionseffekt 1) sowie auf den Zusammenhang zwischen der Einstellung gegenüber dem Promi-Sport-Format und der zukünftigen Sehabsicht des Profi-Sport-Formates (Interaktionseffekt 2). Abbildung 10 soll die Beziehungen im Modell noch einmal verdeutlichen, um das Verständnis für die weiteren Ausführungen zu erleichtern:

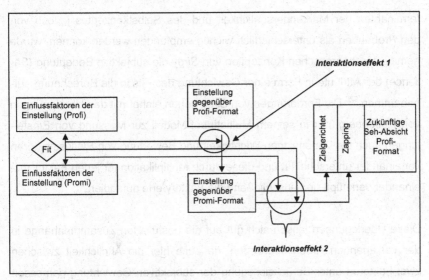

Abbildung 10: Darstellung der beiden Interaktionseffekte im Modell

Der Fit erfährt keine direkte Erfassung im Fragebogen, sondern wird für die Einflussfaktoren jeweils durch den Vergleich der beiden Formaten berechnet, d. h. beispielsweise wird die Ähnlichkeit der Ausprägung des Faktors Ästhetik für Profi- und Promi-Sport-Format miteinander verglichen. Für die Berechnung des Fits zwischen den sechs Einflussfaktoren der Einstellung wurde auf eine Studie von *Bauer/Mäder/Huber* zur Markenpersönlichkeit zurückgegriffen.[521] Hier wurde, basierend auf der so genannten Kongruenzhypothese,[522] die Übereinstimmung zwischen der Markenpersönlichkeit und der Persönlichkeit des Konsumenten – seinem Selbstkonzept – untersucht.[523] Die beiden Konstrukte wurden dabei jeweils durch mehrere Determinanten charakterisiert. Nach Meinung der Autoren eignen sich zur Messung der Ähnlichkeit zwischen zwei Konstrukten absolute Distanzmaße am besten, sodass die Wahl auf die City-Block-Metrik[524] als Maß zur Bestimmung der Kongruenz fiel.[525] Da die De-

---

[521] Vgl. Bauer/Mäder/Huber (2002).
[522] Zur Kongruenzhypothese vgl. Kotler/Bliemel (1995), S. 927.
[523] Vgl. Bauer/Mäder/Huber (2002), S. 690.
[524] Zur Berechnung der City-Block-Metrik vgl. auch Handl (2002), S. 87 f.
[525] Vgl. Bauer/Mäder/Huber (2002), S. 698.

terminanten der Markenpersönlichkeit und des Selbstkonzeptes jedoch von den Probanden als unterschiedlich wichtig empfunden werden können, wurde gemäß der theoretischen Konzeption von *Sirgy* die subjektive Bedeutung (Salience) der Attribute in Form einer Gewichtung des Fits in die Berechnung aufgenommen.[526] Die Forderungen von *Sirgy* gehen einher mit den Überlegungen von *Rosenberg*, der in seinem Multiattribut-Modell zur Messung von Einstellungen auch die Dimensionen Wichtigkeit und Bewertung von Einflussfaktoren voneinander unterscheidet und diese durch Multiplikation für jeden Faktor miteinander verknüpft und anschließend die Faktorwerte aufaddiert.[527]

Diese Überlegungen lassen sich gut auf die postulierten Zusammenhänge in der vorliegenden Arbeit übertragen, da auch hier die Ähnlichkeit zwischen zwei Faktoren unter Berücksichtigung der subjektiven Gewichtung gemessen werden soll. Für jeden Probanden wird zunächst zwischen jedem der sechs Faktoren der Fit durch simple Subtraktion der Werte voneinander berechnet, wobei für die weitere Berechnung der Betrag dieses Wertes von Interesse ist. Je kleiner der Betrag (Fit dieses Faktors), desto größer ist die Ähnlichkeit zwischen den Ausprägungen eines Faktors in beiden Formaten. Die subjektive Gewichtung der einzelnen Einflussfaktoren wird im Fragebogen anhand der generellen Wichtigkeit der Faktoren in Bezug auf Sportberichterstattungen im Fernsehen ermittelt. Dazu wurden die Items zur Messung der Ausprägung der Einflussfaktoren der Einstellung so umformuliert, dass nach der Wichtigkeit der einzelnen Indikatoren gefragt wird. Die subjektive Gewichtung wird dann mit dem berechneten Fit für jeden Faktor multipliziert und anschließend mit der Summe der Gewichtungen pro Proband ins Verhältnis gesetzt. Dieser Wert wird als Overall-Fit pro Proband definiert.[528] Diese Zusammenhänge lassen sich in folgender Formel veranschaulichen:[529]

---

[526] Vgl. Sirgy (1986), S. 15 in Bauer/Mäder/Huber (2002), S. 698.
[527] Zum Modell von *Rosenberg* vgl. Kapitel 4.2.
[528] Der Fitwert wird zur besseren Interpretation der Ergebnisse auf einem siebenstufigen Skalenniveau normiert.
[529] In Anlehnung an Bauer/Mäder/Huber (2002), S. 699.

$$OAF_k = \frac{\sum_{i=1}^{n} w_{ik} \left| APF_{ik} - APM_{ik} \right|}{\sum_{i=1}^{n} w_{ik}}$$

mit:

$w_{ik}$    Bedeutung des Einflussfaktors der Einstellung $i$ für den Probanden $k$

$APF_{ik}$    gemessene Ausprägung des Einflussfaktors der Einstellung $i$ beim Probanden $k$ der gewählten Sportart im Profi-Sport-Format

$APM_{ik}$    gemessene Ausprägung des Einflussfaktors der Einstellung $i$ beim Probanden $k$ der gewählten Sportart im Promi-Sport-Format

$OAF_k$    gewichteter durchschnittlicher Fit zwischen den Einflussfaktoren der Einstellung gegenüber Profi- und Promi-Sport-Format für den Probanden $k$ (Overall-Fit)

Die Berechnung des Overall-Fits ist maßgeblich für die im Weiteren erläuterte Bestimmung des Interaktionseffektes. Nach *Huber et al.* ist eine Schätzung von Interaktionstermen dann besser geeignet als ein multipler Gruppenvergleich, wenn der Einfluss einer moderierenden Variablen nur auf bestimmte Beziehungen innerhalb des Modells und nicht auf die gesamten Kausalzusammenhänge des Modells hin überprüft werden soll.[530] Ein signifikanter Interaktionseffekt liegt nach *Baron/Kenny* dann vor, wenn unabhängig von den Ausprägungen der Pfadkoeffizienten der unabhängigen Variablen (a) und der Moderatorvariablen (b) auf die abhängige Variable, die Ausprägung des Interaktionseffektes (c) einen signifikanten Wert aufweist.[531] Abbildung 11 stellt den Zusammenhang beispielhaft für das Interaktionskonstrukt 1 graphisch dar:

---

[530] Vgl. Huber et al. (2007), S. 51.
[531] Vgl. Baron/Kenny (1986), S. 1174.

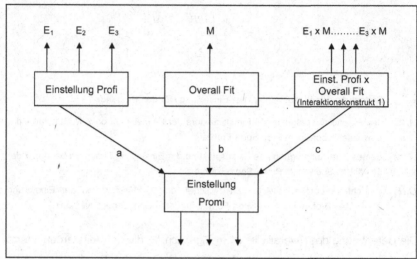

Abbildung 11: Darstellung der Analyse des Interaktionskonstruktes 1[532]

*Chin/Marcolin/Newsted* berechnen das Interaktionskonstrukt, indem sie die Indikatoren der exogenen Variablen mit denen der Moderatorvariablen paarweise multiplizieren.[533] Für die Überprüfung eines Einflusses auf den Zusammenhang zwischen den beiden Einstellungen gegenüber Profi- und Promi-Sport-Format wird im entwickelten Modell für jeden Probanden der gewichtete durchschnittliche Fit – der so genannte Overall-Fit (F) als Ergebnis aus der oben hergeleiteten Formel – mit der jeweiligen Ausprägung der drei Einstellungsindikatoren ($E_1$ bis $E_3$) für das Profi-Sport-Format multipliziert. Aus dieser Berechnung resultierten die drei Indikatoren des Interaktionskonstruktes 1. In gleicher Weise wird für die Berechnung des zweiten Interaktionskonstruktes verfahren, indem der gewichtete durchschnittliche Fit pro Proband (Overall-Fit) mit der Ausprägung der Indikatoren gegenüber der Einstellung zum Promi-Sport-Format multipliziert wird. Die beiden Interaktionskonstrukte werden dann als zusätzliche unabhängige Variable in die Berechnung des Strukturmodells mit Hilfe von PLS aufgenommen.

---

[532] In Anlehnung an Huber et al. (2007), S. 56.
[533] Vgl. Cin/Marcolin/Newsted (2003), S. 199.

## 5.2.11 Bisherige Rezeption Profi-Sport

Die bisherige Rezeption einer gewählten Sportart im Profi-Sport-Format stellt eine der moderierenden Variablen im Modell dar. Wichtig ist hierbei, die Häufigkeit der bisherigen Rezeption zu messen, da dadurch auf das Wissen über die Sportart geschlossen werden kann.[534] Für die Häufigkeitsmessung wurde eine fünfstufige Skala mit den Eckpunkten 1= nie bis 5= immer gewählt.

## 5.2.12 Allgemeine Fernsehnutzung

Wie in Kapitel 3.1.1 beschrieben, wird die Fernsehnutzung in Deutschland regelmäßig von der GfK erfasst. Bei einem Überblick über die letzten Jahre ist festzustellen, dass die tägliche Sehdauer in Minuten bei der Zuschauergruppe ab drei Jahren trotz neuer Medien wie dem Internet kontinuierlich ansteigt; waren es 1999 185 Min./Tag, lag die Zahl im Jahr 2004 bereits bei 210 Min./Tag.[535] Unterteilt man die Zuschauer dabei nach ihrem formalen Bildungsstand, so wird ersichtlich, dass die Sehdauer mit dem Bildungsstand bedeutend abnimmt, beispielsweise in der Gruppe Volks-/Hauptschule: 224 Min./Tag im Vergleich zu Gruppe Abitur/Hochschule/Studium: 162 Min./Tag.[536] In Bezug auf die vorliegende empirische Studie wird angenommen, dass eine Mehrzahl der Probanden der Gruppe Abitur/Hochschule/Studium zuzuordnen ist, sodass daher für die endgültige Abfrage im Fragebogen die durchschnittliche Sehdauer entsprechend daran angepasst wurde. In einer ebenfalls fünfstufigen Skala wurde die Sehdauer in Abstufungen von 'weniger als eine Stunde' bis 'mehr als 4 Stunden' unterteilt.

## 5.2.13 TV-Sport-Nutzung

Zur Messung des Sportinteresses von Personen, speziell der Häufigkeit von Sport-Rezeption im Fernsehen, kann auf die Studie von *Melnick/Wann* zurückgegriffen werden, die eine achtfach abgestufte Skala von 1= nie bis

---

[534] Vgl. Kapitel 4.5.
[535] Vgl. Gerhards/Klingler (2005), S. 558, Sehdauer gemessen von Mo-So, 3.00 - 3.00 Uhr.
[536] Vgl. Gerhards/Klingler (2005), S. 558.

8=täglich verwenden.[537] Für den vorliegenden Fragebogen wurden die Abstufungen jedoch auf fünf reduziert, um die Differenzierungsfähigkeit der Probanden nicht zu überfordern.

## 5.3    Datenerhebung

### 5.3.1    Die Befragung als gewählte Erhebungsmethode

Um das entwickelte Hypothesensystem des aufgestellten Strukturgleichungsmodells empirisch überprüfen zu können, bedarf es einer persönlichen Einschätzung der durch die vorangegangene Operationalisierung messbar gemachten Konstrukte durch eine ausreichend große Anzahl an Personen.[538] Da Tatbestände wie Motive, Einstellungen oder auch die Absicht zukünftigen Verhaltens ermittelt werden sollen, die nicht direkt beobachtbar sind,[539] wurde der Befragung als zugleich am häufigsten angewandte Methode der empirischen Sozialforschung[540] – auch im Bereich der Sportpsychologie und -soziologie[541] – der Vorzug gegeben.

Als besondere Form der schriftlichen Befragung wird die elektronische Online-Befragung angesehen, bei der Personen ihre Daten im Internet auf einer extra bereitgestellten Homepage eingeben, sodass diese dann direkt weiterverarbeitet werden können – ein Verfahren, welches auch in der vorliegenden Studie vor allem aufgrund geringer Kosten, schneller und organisatorisch wenig aufwendiger Durchführung, Sicherung der Anonymität, hoher Vergleichbarkeit der Daten und der leichten Erhebung einer großen Datenmenge durch einfaches Weiterleiten des Fragebogen-Links an weitere Personen Einsatz gefunden hat.[542] Zudem bestehen durch die Bereitstellung des Fragebogens im Internet keine regionalen Beschränkungen für die Stichprobe und der Beantwortungs-

---

[537] Vgl. Melnick/Wann (2004), S. 3.
[538] Vgl. Kapitel 5.1.2 zur Anforderung an die Stichprobengröße bei PLS.
[539] Vgl. Heinemann (1998), S. 91.
[540] Vgl. Bronner/Appel/Wiemann (1999), S. 143, Diekmann (2006), S. 371.
[541] Vgl. Heinemann (1998), S. 91.
[542] Vgl. Heinemann (1998), S. 106, Bronner/Appel/Wiemann (1999), S. 144, Hammann/ Erichson (2000), S. 101.

zeitpunkt bleibt den Befragten innerhalb eines großzügig bemessenen Zeitraumes selbst überlassen.[543] Allerdings birgt diese Form der Befragung auch die Gefahr des Falsch- oder Nicht-Verstehens von Fragen, die bei einer mündlichen Befragung durch Hilfestellungen seitens des Interviewers überwunden werden kann. Außerdem sind durch eine fehlende Kontrollierbarkeit der Messsituation der mögliche Einfluss Dritter oder falsche Angaben von Personen, insbesondere zu demographischen Daten, nicht auszuschließen.[544]

Um dennoch eine hohe Qualität der Daten zu erreichen, sollten die Fragen für den Probanden daher einfach, verständlich und dem sachlichen Zweck der Frage angemessen formuliert sein.[545] Des Weiteren wurde ein standardisierter Fragebogen mit geschlossenen Fragen erstellt, bei dem die Antwortkategorien vorgegeben und die Reihenfolge der Fragen festgelegt sind, um sowohl den Befragten die Antworten zu erleichtern als auch die anschließende Auswertung der Daten zu vereinfachen.[546] Bei den geschlossenen Fragen ist zwischen Auswahlfragen und Skalafragen zu unterscheiden, die beide im Fragebogen Anwendung fanden. Auswahlfragen können dichotome Entscheidungsfragen, z. B. bezüglich des Geschlechts, aber auch Alternativfragen mit mehreren Antwortkategorien, von denen eine zu wählen ist (z. B. Berufsangabe), sein.[547] Skalafragen – wie der Likert-Skalen-Typ – hingegen haben vor allem zur Einstellungsmessung breite Verwendung gefunden,[548] sodass auch im vorliegenden Fragebogen Likert-Skalen für diesen Zweck eingesetzt wurden. Die Antwortkategorien dieser Skalen sollten nach *Diekmann* „präzise, disjunkt (nicht überlappend) und erschöpfend"[549] sein, was mittels einer siebenstufigen Skala mit den Endpunkten 1= stimme überhaupt nicht zu und 7= stimme voll und ganz zu im Fragebogen sicher gestellt wurde. Für die Fragen zur Fern-

---

[543] Vgl. Heinemann (1998), S. 106.
[544] Vgl. Heinemann (1998),S. 107, Bronner/Appel/Wiemann (1999), S. 145, Hammann/ Erichson (2000), S. 98.
[545] Vgl. Heinemann (1998), S. 95, Diekmann (2006), S. 410 ff.
[546] Vgl. Diekmann (2006), S. 374.
[547] Vgl. Hammann/Erichson (2000), S. 107.
[548] Vgl. Kapitel 4.2 und Kapitel 5.2.
[549] Diekmann (2006), S. 409.

seh-Nutzung wurden fünffach abgestufte Häufigkeitsskalen verwendet, bei denen die Skalenwerte 1 die geringste und 5 die häufigste Nutzung beschreiben.

### 5.3.2 Aufbau des Fragebogens

Aufgrund der Unterscheidung zwischen der Bewertung von Sportarten im Profi- und im Promi-Sport-Format wurden zu Beginn des Fragebogens zunächst diese beiden Begrifflichkeiten erklärt und für die interessierten Personen die Teilnahme-Bedingung aufgestellt, mindestens schon einmal eine der verschiedenen Promi-Veranstaltungen im Fernsehen gesehen zu haben. Darauf folgend wurde in einem ersten Schritt die allgemein empfundene Wichtigkeit der Konstrukte Ästhetik, Spannung, Unterhaltung, Sensationslust (Spektakulär), Identifikation (Verhältnis zu Sportler) und Moderator für die Rezeption von Sportberichterstattungen im Fernsehen abgefragt. Erst anschließend wurden die Probanden gebeten, sich eine der zwölf verschiedenen Sportarten mit der dazugehörigen Promi-Veranstaltung auszusuchen und sich für alle nachfolgenden Fragen auf diese Sportart zu beziehen. Darauf erfolgte eine Erhebung der bisherigen Rezeptionshäufigkeit der gewählten Sportart. Im nächsten Schritt sollten dann Bewertungen der oben genannten sechs verschiedenen Konstrukte hinsichtlich dieser Sportart im Profi-Sport-Format abgegeben werden, denen eine Frage zur Einstellung gegenüber dem Profi-Sport-Format folgte. Entsprechend wurde für das Promi-Sport-Format vorgegangen. Im Anschluss daran war eine Frage nach der zukünftigen Sehabsicht der gewählten Sportart im Profi-Sport-Format im Fragebogen enthalten, die nach zielgerichtetem und Zapping-Verhalten unterschied. Die Befragung endete mit der Abfrage demographischer Daten und mit Angaben zum täglichen Fernsehkonsum sowie zum TV-Sport-Konsum.

### 5.3.3 Vorgehen bei der Befragung

Der elektronisch erstellte Fragebogen wurde den Probanden auf einer eigens eingerichteten Homepage zur Verfügung gestellt, die mittels Email einen Link zur Homepage erhielten. Die Stichprobe wurde dabei aufs Geratewohl erhoben, d. h. hierbei wurden besonders leicht zu erreichende Personen ausgewählt.[550] Dieses Auswahlverfahren ist hinsichtlich der Repräsentativität der Stichprobe für die Grundgesamtheit zwar weniger gut geeignet, wird aber dennoch aufgrund der schnellen Durchführbarkeit und Kostengünstigkeit – auch in der Sport-Rezeptionsforschung – gerne verwendet.[551] Da anzunehmen war, dass es sich bei einem Großteil der Probanden um jüngere Personen handelt und die Zielgruppe der Fernsehsender in der Regel zwischen 14 und 49 Jahren liegt,[552] ist dieses Auswahlverfahren auch in Kombination mit einer Online-Befragung, die nur den elektronisch erreichbaren und demzufolge höchstwahrscheinlich mehrheitlich jüngeren Teil der Bevölkerung erfasst, zu vertreten. Anschließend erfolgt nun zunächst eine deskriptive Auswertung der erhobenen Daten bevor eine Überprüfung der Gütekriterien auf Mess- und Strukturmodellebene sowie die Analyse der Gruppenvergleiche durchgeführt wird.

## 5.4 Empirische Überprüfung des aufgestellten Modells

### 5.4.1 Deskriptive Datenauswertung

Die Erhebung wurde im Januar und Februar 2007 durchgeführt. Es konnten 266 vollständig ausgefüllte Fragebogen in die Analyse aufgenommen werden. Die Stichprobe setzte sich aus 54% Frauen und 46% Männern zusammen, das Durchschnittsalter der Probanden betrug 26 Jahre. Dieses relativ geringe Alter lässt sich damit begründen, dass es sich bei der großen Mehrheit der Befragten um Studenten (62,4%) handelte. In Bezug auf die Berufsausübung konnte nach den Studenten die Gruppe der Angestellten als zweithöchste Ausprägung (24,8%) festgestellt werden. Andere Berufsgruppen waren mit jeweils unter 5% in der Stichprobe nur sehr gering vertreten.

---

[550] Vgl. Hammann/Erichson (2000), S. 134.
[551] Vor allem College-Studenten wurden aufgrund der leichten Zugänglichkeit häufig ausgewählt, vgl. Melnick/Wann (1995), Dietz-Uhler/Murrell (1999), Dietz-Uhler et al. (2000), Wann/Waddill/Dunham (2004).
[552] Vgl. Kapitel 3.1.1.

Für die Bewertung der Profi- und Promi-Sport-Formate standen den Proban-
den zwölf verschiedene Sportarten zur Auswahl, wobei sich die Sportarten
Rodeln („Wok-WM") und Turmspringen (beide mit Stefan Raab, PRO7), sowie
Tanzen („Let's Dance", RTL) und Eiskunstlaufen („Stars auf Eis" mit Katharina
Witt, PRO7) als die meist gewählten herausstellten. Eine vollständige Darstel-
lung der Verteilungen liefert Abbildung 12:

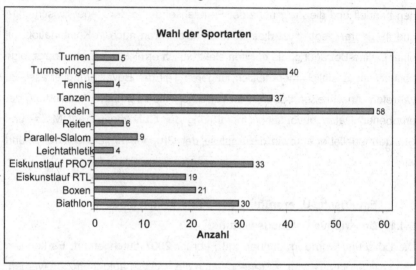

Abbildung 12: Verteilung der gewählten Sportarten

Betrachtet man die bisherige Sehhäufigkeit dieser Sportarten im Profi-Sport-
Format, so lässt sich feststellen, dass Randsportarten, wenn sie denn von den
Sendern in das Programm aufgenommen werden, bei den Zuschauern auf ein
relativ reges Interesse stoßen. 64,7% aller Probanden haben die von ihnen
ausgewählte Sportart bisher einige Male bis häufig gesehen.

Im Hinblick auf die Untersuchung von Mediensport-Formaten erschien auch
eine Unterteilung der Stichprobe nach der Dauer des allgemeinen Fernseh-
konsums sowie der speziellen Nutzung von Sportberichterstattungen im Fernsehen interessant. Die folgende Tabelle gibt einen Überblick über die erhobenen Daten:

| Merkmal und Merkmalsausprägung | Häufigkeit | |
| --- | --- | --- |
| | Absolut | Relativ |
| **Täglicher Fernsehkonsum** | | |
| • weniger als 1 Stunde | 65 | 24,4 % |
| • zwischen 1 – 2 Stunden | 92 | 34,6 % |
| • zwischen 2 – 3 Stunden | 80 | 30,1 % |
| • zwischen 3 – 4 Stunden | 25 | 9,4 % |
| • mehr als 4 Stunden | 4 | 1,5 % |
| **Nutzung Sportberichterstattungen im Fernsehen** | | |
| • nie | 15 | 5,6 % |
| • einmal im Monat | 81 | 30,5 % |
| • einmal pro Woche | 77 | 28,9 % |
| • mehrmals wöchentlich | 74 | 27,8 % |
| • täglich | 19 | 7,1 % |

Tabelle 21: Täglicher Fernsehkonsum und Nutzung von Sportberichterstattungen im Fernsehen

Die Antworten zum täglichen Fernsehkonsum zeigten ihre höchste Ausprägung in den Kategorien ‚zwischen 1 – 2 Stunden' und ‚zwischen 2 – 3 Stunden'. Diese Ergebnisse stehen unter Berücksichtigung der Berufsgruppenwahl[553] im Einklang mit den regelmäßigen Erhebungen der GfK, wonach Mitglieder höherer Bildungsschichten wie etwa Studenten täglich ca. 2,7 Stunden fernsehen.[554]

Die Nutzung von Sportberichterstattungen war unter den Probanden sehr unterschiedlich ausgeprägt. Es gab in etwa gleich viele Personen, die monatlich (30,5%), wöchentlich (28,9%) und mehrmals in der Woche (27,8%) Fernsehsport ansehen. Es erschien daher interessant, diese Gruppen spezifizierter zu betrachten. Als Unterscheidungsmerkmal eignete sich das Geschlecht, welches in der Stichprobe mit 54% Frauen und 46% Männern in etwa gleich verteilt war. Die Ergebnisse zeigten deutlich, dass Männer ein höheres Interesse an Sportberichterstattungen haben als Frauen, was aus Tabelle 22 hervorgeht.

---

[553] Bei den Erhebungen der GfK wird nach Bildungsniveau segmentiert, das aber in der Regel im Zusammenhang mit der späteren Berufsauswahl steht und somit als Vergleich herangezogen werden kann, vgl. Kapitel 5.2.12.
[554] Vgl. Gerhards/Klingler (2005), S. 558.

| Merkmal und Merkmalsausprägung | Geschlecht | |
|---|---|---|
| | weiblich | männlich |
| **Nutzung Sportberichterstattungen im Fernsehen** | | |
| • einmal im Monat | 77,70% | 22,20% |
| • einmal pro Woche | 55,84% | 44,15% |
| • mehrmals wöchentlich | 33,78% | 66,22% |

Tabelle 22: Nutzung von Sportberichterstattungen im Fernsehen in Abhängigkeit vom Geschlecht

In Bezug auf die Einstellung konnten durchschnittliche Werte[555] auf der siebenstufigen Skala von 4,42 beim Profi-Sport-Format und 4,23 beim Promi-Sport-Format (Wert bei neutraler Einstellung 4,0) festgestellt werden, die damit im positiven Bereich liegen. Auch die Sehabsicht ist mit durchschnittlich 4,72 (zielgerichtetes, beabsichtigtes Einschalten) und 5,27 (Zapping-Absicht) als positiv zu bewerten. Die Ähnlichkeit in der Bewertung der Einflussfaktoren auf die Einstellung gegenüber Profi- und Promi-Sport-Format, d. h. der Fit zwischen den Faktoren, wurde über alle sechs Einflussfaktoren hinweg berechnet und ist mit einem durchschnittlichen Wert von 5,35 ebenfalls als positiv zu bewerten.

### 5.4.2  Gütekriterien auf Messmodellebene

Nachdem durch die deskriptive Auswertung ein erster Überblick über die erhobenen Daten vorliegt, soll im Folgenden die Güte des Messmodells überprüft werden. Zunächst ist dabei die Höhe und Signifikanz der Ladungen bzw. Gewichte der einzelnen Indikatoren zu prüfen. Sowohl für das formative als auch für das reflektive Messmodell stellt die Diskriminanzvalidität ein Gütekriterium dar, während speziell für reflektive Beziehungen zudem die Konvergenz- und die Vorhersagevalidität sowie die Unidimensionalität zu untersuchen sind. Allein für das formative Messmodell ist eine Überprüfung der Multikollinearität notwendig. Einen Überblick über die im Folgenden dargestellten Gütekriterien bietet Tabelle 23:

---

[555] Es handelt sich hierbei um Konstruktwerte, die auf Basis der in PLS ermittelten Gewichte berechnet wurden, vgl. hierzu auch Kapitel 5.4.3.

**Gütekriterien auf Messmodellebene**

| | Reflektiv | Formativ |
|---|---|---|
| Ladung | > 0,8 | Irrelevant |
| t-Wert | Einseitig > 1,66 (für Ladungen) | Zweiseitig > 1,98 (für Gewichte) |
| Konvergenzvalidität - DEV - Faktorreliabilität | > 0,6 > 0,7 | Nicht möglich |
| Diskriminanzvalidität | *Fornell-Larcker*-Kriterium | Konstruktkorrelation < 0,9 |
| Vorhersagevalidität | *Stone-Geissers* Q² | Nicht möglich |
| Unidimensionalität | - hohe Ladungen der Indikatoren auf das dazugehörige Konstrukt - geringe Kreuzladungen | Nicht möglich |
| Multikollinearität | Nicht möglich | Variance Inflation Factor < 10 |

Tabelle 23: Gütekriterien auf Messmodellebene[556]

Vor allem für reflektive Konstrukte ist die Höhe der Ladungen der einzelnen Indikatoren auf das Konstrukt interessant, denn sie beschreibt den Anteil der Varianz eines Indikators, der durch die ihm zugehörige latente Variable erklärt werden kann. Eine Höhe der Ladung von mindestens 0,7 impliziert, dass mehr als 50% der Varianz des Indikators auf die latente Variable zurückzuführen ist.[557] Für formative Indikatoren ist die Höhe der Ladung irrelevant, da formative Indikatoren nach *Chin* nicht kovariieren müssen.[558] Stattdessen sind die Gewichte der Indikatoren zu betrachten, um zu sehen, welcher Indikator den größten Anteil an der Bildung des Konstruktes trägt. Bezüglich der Werte der Gewichte existieren jedoch keine bestimmten Mindestvorgaben.[559]

Ein weiteres Gütekriterium neben der Höhe ist die Signifikanz der Ladungen bzw. Gewichte, welche anhand des jeweiligen t-Wertes ermittelt wird. Für reflektive Indikatoren sollte der t-Wert einer Ladung bei einem einseitigen Test auf dem 5%-Niveau einen minimalen Wert von 1,66 aufweisen, bei formativen ist ein zweiseitiger Test durchzuführen, sodass der Mindestwert 1,98 be-

---

[556] In Anlehnung an Herrmann/Huber/Kressmann (2006), S. 61.
[557] Vgl. Hulland (1999), S. 198, Götz/Liehr-Gobbers (2004), S. 13.
[558] Vgl. Chin (1998), S. 306.
[559] Vgl. Chin (1998), S. 307.

trägt.[560] Erfüllen reflektive Indikatoren die beiden genannten Gütekriterien nicht, so sind sie aus dem Modell zu eliminieren. Bei formativen Indikatoren hingegen würde das Beseitigen eines Indikators zu einer Veränderung der Bedeutung des Konstruktes führen, denn der Indikator spiegelt eine der unterschiedlichen Dimensionen des Konstruktes wider – von einer Eliminierung ist daher abzusehen, auch wenn sich ein Indikator als nicht signifikant erweist.[561] Da der PLS-Ansatz ein nicht-parametrisches Verfahren ist, wird zur Berechnung der t-Werte auf so genannten Resampling-Methoden wie Bootstrapping oder Jackknifing zurückgegriffen.[562] Das Hilfsverfahren Bootstrapping weist einen geringeren Standardfehler auf und ist daher dem Jackknifing vorzuziehen.[563] Im Folgenden werden jeweils die Ergebnisse für reflektive und formative Konstrukte getrennt dargestellt, zudem ist bei den Einflussfaktoren der Einstellung zwischen dem Profi- und dem Promi-Sport-Format zu unterscheiden.

| Indikator (reflektiv) | Ladung (> 0,8) | t-Wert (> 1,66) |
|---|---|---|
| **Spannung 1(Profi)** | | |
| Spannung 1a | 0,9456 | 148,6106 |
| Spannung 1b | 0,9588 | 146,1881 |
| Spannung 1c | 0,9423 | 117,9975 |
| **Identifikation 1 (Profi)** | | |
| Identifikation 1a | 0,9056 | 65,7530 |
| Identifikation 1b | 0,9030 | 78,2971 |
| Identifikation 1c | 0,8833 | 52,0118 |
| **Einstellung 1 (Profi)** | | |
| Einstellung 1a | 0,9477 | 128,1685 |
| Einstellung 1b | 0,9565 | 119,3291 |
| Einstellung 1c | 0,9577 | 156,7548 |
| **Spannung 2 (Promi)** | | |
| Spannung 2a | 0,9194 | 99,7423 |
| Spannung 2b | 0,9325 | 104,1018 |
| Spannung 2c | 0,9177 | 85,4120 |
| **Identifikation 2 (Promi)** | | |
| Identifikation 2a | 0,9345 | 90,7176 |
| Identifikation 2b | 0,9255 | 69,4824 |

---

[560] Vgl. Herrmann/Huber/Kressmann (2006), S. 61. Zur Bestimmung der t-Werte vgl. auch Backhaus et al. (2006), S. 73 f.
[561] Vgl. Diamantopoulos/Winklhofer (2001), S. 271, Jarvis/MacKenzie/Podsakoff (2003), S. 202.
[562] Vgl. Götz-Liehr-Gobbers (2004), S. 13, Herrmann/Huber/Kressmann (2006), S. 56.
[563] Vgl. Efron/Gong (1983), S. 39 f.

| Identifikation 2c[564] | 0,8260 | 36,4824 |
|---|---|---|
| **Einstellung 2 (Promi)** | | |
| Einstellung 2a | 0,9505 | 142,3089 |
| Einstellung 2b | 0,9658 | 192,5062 |
| Einstellung 2c | 0,9575 | 140,5474 |
| **Sehabsicht 1 (Zielgerichtet)** | | |
| Sehabsicht 1a | 0,9586 | 173,0117 |
| Sehabsicht 1b | 0,8983 | 48,0585 |
| Sehabsicht 1c | 0,9602 | 138,7834 |
| **Sehabsicht 2 (Zapping)** | | |
| Sehabsicht 2a | 0,9466 | 85,6763 |
| Sehabsicht 2b | 0,9342 | 80,3398 |
| Sehabsicht 2c | 0,9528 | 98,1110 |

Tabelle 24: Ladungen und t-Werte der reflektiven Indikatoren auf Messmodellebene

| Indikator (formativ) | Gewichte | t-Wert (> 1,98) |
|---|---|---|
| **Ästhetik 1 (Profi)** | | |
| Ästhetik 1a | -0,3019 | 0,9779 |
| Ästhetik 1b | 0,3874 | 0,9521 |
| Ästhetik 1c | 0,8754 | 2,8310 |
| **Unterhaltung 1 (Profi)** | | |
| Unterhaltung 1a | 0,9096 | 13,7632 |
| Unterhaltung 1b | 0,1139 | 1,2143 |
| Unterhaltung 1c | 0,0461 | 0,5771 |
| **Spektakulär 1 (Profi)** | | |
| Spektakulär 1a | 0,9713 | 13,1060 |
| Spektakulär 1b | -0,2033 | 1,5094 |
| Spektakulär 1c | 0,1552 | 1,0649 |
| **Moderator 1 (Profi)[565]** | | |
| Moderator 1a | 0,4608 | 3,1440 |
| Moderator 1b | 0,3229 | 2,3439 |
| Moderator 1c | 0,1527 | 1,3519 |
| Moderator 1d | 0,3231 | 2,6034 |
| **Ästhetik 2 (Promi)** | | |
| Ästhetik 2a | 0,1273 | 0,7756 |
| Ästhetik 2b | 0,3741 | 2,1414 |

---

[564] Indikator 2c (Promi) wurde trotz ausreichender Werte für Ladung und t-Wert entfernt, da keine Unidimensionalität dieses Indikators gegeben war.

[565] Bei Moderator (Profi) stand im Fragebogen eine Weiß ich nicht-Kategorie für alle vier Indikatoren zur Verfügung. 26 Personen (9,77%) haben bei mehr als einem Indikator diese Kategorie gewählt, daher wurden diese aus der Untersuchung für die Güte des Konstruktes Moderator (Profi) entfernt. Personen, die nur bei einem Indikator ‚Weiß ich nicht' gewählt haben, wurden trotzdem berücksichtigt, da das Konstrukt Moderator als einziges aus vier Indikatoren besteht und daher drei für eine weitere Beurteilung im Vergleich ausreichen.

| Ästhetik 2c | 0,6157 | 3,9973 |
|---|---|---|
| **Unterhaltung 2 (Promi)** | | |
| Unterhaltung 2a | 0,5560 | 6,9060 |
| Unterhaltung 2b | 0,2264 | 2,4882 |
| Unterhaltung 2c | 0,4220 | 5,3411 |
| **Spektakulär 2 (Promi)** | | |
| Spektakulär 2a | 0,5622 | 4,1585 |
| Spektakulär 2b | -0,3845 | 3,8462 |
| Spektakulär 2c | 0,6429 | 4,7424 |
| **Moderator 2 (Promi)** | | |
| Moderator 2a | 0,5341 | 3,9120 |
| Moderator 2b | 0,2933 | 2,3885 |
| Moderator 2c | 0,1442 | 1,2772 |
| Moderator 2d | 0,2070 | 1,9714 |

Tabelle 25: Gewichte und t-Werte der formativen Indikatoren auf Messmodellebene

Die Konvergenzvalidität als ein weiteres Gütemaß ist nur für reflektive Konstrukte zu prüfen. Zum einen wird hierzu festgestellt, wie gut ein Konstrukt durch die ihm zugehörigen Indikatoren beschrieben wird.[566] Dazu ist die Faktorreliabilität zu bestimmen, die Werte größer 0,7 annehmen sollte.[567] Zum anderen wird zur Beurteilung der Konvergenzvalidität die durchschnittlich erfasste Varianz (DEV) berechnet, indem der durch die latente Variable erklärte Varianzanteil der zugehörigen Indikatoren in Relation zum nicht erklärten Varianzanteil gesetzt wird. Hier ist ein Mindestwert von 0,6 als ausreichend anzusehen.[568] Sowohl die Mindestanforderungen an die Faktorreliabilität als auch an die DEV zur Beurteilung der Konvergenzvalidität ist bei allen reflektiven Konstrukten gegeben, wie Tabelle 26 zeigt:

---

[566] Vgl. Chin (1998), S. 320, Ringle (2004b), S. 19. Zur Berechung der Faktorreliabilität vgl. auch Fornell/Larcker (1981), S. 45.

[567] Vgl. Herrmann/Huber/Kressmann (2006), S. 61.

[568] Vgl. Götz/Liehr-Gobbers (2004), S. 15, Herrmann/Huber/Kressmann (2006), S. 61. Zur Berechung der DEV vgl. auch Fornell/Larcker (1981), S. 45 f.

| Konstrukt (reflektiv) | Faktorreliabilität (> 0,7) | DEV (> 0,6) | $Q^2$ (> 0) |
|---|---|---|---|
| Spannung 1 (Profi) | 0,964 | 0,900 | 0,7301 |
| Identifikation 1(Profi) | 0,925 | 0,805 | 0,5685 |
| Einstellung 1 (Profi) | 0,968 | 0,910 | 0,7463 |
| Spannung 2 (Promi) | 0,945 | 0,852 | 0,6473 |
| Identifikation 2 (Promi) | 0,928 | 0,865 | 0,5001 |
| Einstellung 2 (Promi) | 0,971 | 0,918 | 0,7589 |
| Sehabsicht 1 (Zielgerichtet) | 0,958 | 0,883 | 0,7013 |
| Sehabsicht 2 (Zapping) | 0,961 | 0,892 | 0,7152 |

Tabelle 26: Werte zur Bestimmung der Konvergenz- und Vorhersagevalidität für reflektive Konstrukte im Messmodell

Zur Beurteilung der Diskriminanzvalidität wird erneut die DEV einer latenten Variablen herangezogen, die zur Gewährleistung von Diskriminanzvalidität größer als jede quadrierte Korrelation dieser latenten Variablen mit einer anderen latenten Variablen im Modell sein sollte.[569] Diese Bedingung wird auch als *Fornell-Larcker*-Kriterium bezeichnet, welches für alle reflektiven Konstrukte im Modell erfüllt ist, sodass von einer guten Diskriminanzvalidität gesprochen werden kann. Dies bedeutet, dass die gemeinsame Varianz zwischen einem Konstrukt und seinen Indikatoren größer ist als die gemeinsame Varianz mit anderen Konstrukten – die Indikatorvariablen spiegeln demnach tatsächlich das dazugehörige Konstrukt wider. Für formative Konstrukte ist ebenfalls die Diskriminanzvalidität zu prüfen, jedoch nicht anhand des *Fornell-Larcker*-Kriteriums, da die Indikatoren nicht hoch korreliert sein müssen. Vielmehr lautet das Kriterium hier, dass die Konstruktkorrelation einer Variablen mit den anderen Konstrukten des Modells geringer als 0,9 sein sollte, was bei allen formativen Indikatoren des Modells der Fall ist.[570] Die Korrelationen der latenten Konstrukte untereinander sind in Tabelle 27 dargestellt.

---

[569] Vgl. Fornell/Larcker (1981), S. 46.
[570] Vgl. Herrmann/Huber/Kressmann (2006), S. 61. In der Forschungspraxis wird oft schon ein Wert kleiner eins als akzeptabel betrachtet, vgl. Fritz (1995), S. 137.

|        | EProf | Ästh2 | Span2 | Unt2  | Spek2 | Ident2 | Mod2  | EProm |
|--------|-------|-------|-------|-------|-------|--------|-------|-------|
| EProf  | 1,000 |       |       |       |       |        |       |       |
| Ästh2  | 0,307 | 1,000 |       |       |       |        |       |       |
| Span2  | 0,176 | 0,423 | 1,000 |       |       |        |       |       |
| Unt2   | 0,428 | 0,542 | 0,570 | 1,000 |       |        |       |       |
| Spek2  | 0,310 | 0,335 | 0,510 | 0,692 | 1,000 |        |       |       |
| Ident2 | 0,342 | 0,558 | 0,706 | 0,727 | 0,650 | 1,000  |       |       |
| Mod2   | 0,281 | 0,409 | 0,515 | 0,753 | 0,592 | 0,630  | 1,000 |       |
| EProm  | 0,419 | 0,525 | 0,629 | 0,852 | 0,609 | 0,690  | 0,748 | 1,000 |
| Seh1   | 0,550 | 0,132 | 0,110 | 0,186 | 0,200 | 0,192  | 0,117 | 0,182 |
| Seh2   | 0,594 | 0,332 | 0,147 | 0,298 | 0,269 | 0,283  | 0,176 | 0,295 |
| Ästh1  | 0,422 | 0,618 | 0,206 | 0,330 | 0,294 | 0,372  | 0,153 | 0,342 |
| Unt1   | 0,667 | 0,428 | 0,163 | 0,356 | 0,266 | 0,307  | 0,176 | 0,277 |
| Span1  | 0,515 | 0,037 | 0,220 | 0,204 | 0,341 | 0,227  | 0,090 | 0,144 |
| Spek1  | 0,427 | 0,337 | 0,273 | 0,393 | 0,524 | 0,366  | 0,402 | 0,351 |
| Ident1 | 0,577 | 0,100 | 0,210 | 0,237 | 0,215 | 0,270  | 0,139 | 0,229 |
| Mod1   | 0,700 | 0,333 | 0,250 | 0,501 | 0,380 | 0,420  | 0,377 | 0,402 |
|        | Seh1  | Seh2  | Ästh1 | Unt1  | Span1 | Spek1  | Ident1| Mod1  |
| Seh1   | 1,000 |       |       |       |       |        |       |       |
| Seh2   | 0,780 | 1,000 |       |       |       |        |       |       |
| Ästh1  | 0,163 | 0,386 | 1,000 |       |       |        |       |       |
| Unt1   | 0,432 | 0,576 | 0,522 | 1,000 |       |        |       |       |
| Span1  | 0,581 | 0,575 | 0,215 | 0,618 | 1,000 |        |       |       |
| Spek1  | 0,387 | 0,394 | 0,225 | 0,390 | 0,375 | 1,000  |       |       |
| Ident1 | 0,657 | 0,578 | 0,261 | 0,499 | 0,617 | 0,477  | 1,000 |       |
| Mod1   | 0,461 | 0,588 | 0,320 | 0,580 | 0,567 | 0,384  | 0,500 | 1,000 |

Tabelle 27: Korrelationen der latenten Variablen

Als ein weiteres Gütekriterium für reflektive Konstrukte gilt es, die Vorhersagevalidität zu überprüfen. Die Vorhersagevalidität lässt sich mit Hilfe des *Stone-
Geissers* Q² bestimmen, das beschreibt wie gut eine Nachbildung eines Konstruktes durch seine reflektiven Indikatoren möglich ist.[571] Im Rahmen der Be-
rechnungen mit der Software PLS-Graph kommt dabei eine so genannte
Blindfolding-Prozedur zum Einsatz, nach der bestimmte Rohdaten als fehlend
in der Rohdatenmatrix angenommen werden. Diese fehlenden Daten versucht
das Verfahren dann durch Parameterschätzungen wieder zu rekonstruieren
und führt diese Prozedur nach *Ringle* solange durch, „bis eine Auslassung und
Schätzung aller Fälle vorliegt, wobei vor einer erneuten Auslassung der ur-

---

[571] Vgl. Fornell/Bookstein (1982), S. 450. Zur Berechnung vgl. auch Chin (1998), S. 317.

sprüngliche Datensatz wieder einbezogen wird".[572] $Q^2$ wird hierbei für jedes reflektive Konstrukt ermittelt und sollte einen Wert größer Null aufweisen, was bei allen Konstrukten im Modell der Fall ist (vgl. Tabelle 26).

Abschließend sind mit der Unidimensionalität und der Multikollinearität zwei Gütemaße zu prüfen, die nicht mittels PLS-Graph, sondern mit Hilfe des Programms SPSS bestimmt werden. Die Unidimensionalität erfordert eine klare Zuordnung der reflektiven Indikatoren zu ihrem Konstrukt. Die Indikatoren eines Konstruktes sollten demnach hoch korreliert sein, aber zu Indikatoren anderer Konstrukte keine Beziehung aufweisen. Dazu muss eine Faktorenanalyse[573] durchgeführt werden, um die Ladungen der einzelnen Indikatorvariablen auf die Konstrukte (Faktoren) überprüfen zu können. Das Ergebnis der Faktoranalyse mit Hilfe des Programms SPSS kann der Tabelle 28 entnommen werden.

---

[572] Ringle (2004b), S. 16.
[573] Eine detaillierte Beschreibung der Faktorenanalyse findet sich in Backhaus et al. (2006).

| | Komponente | | | | | | | |
|---|---|---|---|---|---|---|---|---|
| | 1 | 2 | 3 | 4 | 5 | 6 | 7 | 8 |
| Span1a | 0,302 | 0,789 | 0,088 | 0,003 | 0,285 | 0,247 | 0,050 | -0,091 |
| Span1b | 0,252 | 0,823 | 0,075 | -0,045 | 0,269 | 0,266 | -0,037 | -0,028 |
| Span1c | 0,255 | 0,797 | 0,121 | -0,033 | 0,280 | 0,272 | -0,083 | 0,042 |
| Ident1a | 0,204 | 0,432 | -0,009 | 0,024 | 0,216 | 0,758 | 0,100 | -0,054 |
| Ident1b | 0,394 | 0,364 | 0,000 | 0,017 | 0,295 | 0,651 | 0,089 | -0,088 |
| Ident1c | 0.201 | 0,341 | 0,108 | -0,051 | 0,255 | 0,743 | -0,066 | 0,308 |
| EProf1 | 0,253 | 0,294 | -0,003 | 0,005 | 0,831 | 0,215 | 0,066 | 0,008 |
| EProf2 | 0,198 | 0,246 | 0,042 | 0,032 | 0,894 | 0,164 | -0,004 | 0,020 |
| EProf3 | 0,279 | 0,244 | 0,004 | 0,069 | 0,871 | 0,145 | 0,011 | 0,034 |
| Span2a | 0,089 | 0,003 | 0,797 | 0,314 | 0,055 | -0,039 | 0,309 | -0,121 |
| Span2b | 0,022 | 0,141 | 0,869 | 0,270 | -0,015 | 0,051 | 0,126 | 0,025 |
| Span2c | -0,004 | 0,069 | 0,871 | 0,293 | 0,008 | 0,015 | 0,082 | 0,095 |
| Ident2a | 0,022 | -0,050 | 0,325 | 0,410 | 0,004 | 0,011 | 0,773 | 0,068 |
| Ident2b | 0,080 | 0,026 | 0,439 | 0,333 | 0,070 | 0,074 | 0,719 | 0,021 |
| Ident2c | 0,052 | -0,071 | 0,552 | 0,302 | 0,012 | 0,151 | 0,364 | 0,515 |
| EProm1 | 0,041 | -0,027 | 0,310 | 0,872 | -0,002 | -0,012 | 0,202 | -0,039 |
| EProm2 | 0,009 | -0,024 | 0,310 | 0,904 | 0,048 | 0,018 | 0,135 | 0,016 |
| EProm3 | 0,024 | -0,025 | 0,273 | 0,900 | 0,041 | -0,024 | 0,179 | -0,084 |
| Zuk1a | 0,598 | 0,539 | -0,011 | -0,039 | 0,266 | 0,237 | 0,004 | 0,346 |
| Zuk1b | 0,690 | 0,404 | -0,080 | -0,020 | 0,258 | 0,076 | 0,114 | 0,199 |
| Zuk1c | 0,636 | 0,546 | -0,051 | -0,046 | 0,208 | 0,210 | 0,023 | 0,284 |
| Zuk2a | 0,884 | 0,131 | 0,098 | 0,059 | 0,171 | 0,147 | 0,002 | -0,030 |
| Zuk2b | 0,916 | 0,105 | 0,042 | 0,048 | 0,127 | 0,087 | 0,033 | -0,054 |
| Zuk2c | 0,879 | 0,216 | 0,058 | 0,025 | 0,177 | 0,152 | -0,001 | -0,051 |
| Extraktionsmethode: Hauptkomponentenanalyse | | | | | | | | |
| Rotationsmethode: Varimax mit Kaiser-Normalisierung | | | | | | | | |
| Die Rotation ist mit 9 Iterationen konvergiert | | | | | | | | |

Tabelle 28: Rotierte Komponentenmatrix

Die einem Konstrukt zugehörigen Indikatoren sollten dabei einen Wert größer 0,6 aufweisen – gleichzeitig sollte die Ladung auf andere Konstrukte kleiner 0,1 oder zumindest signifikant geringer als die dem Konstrukt zugehörigen Indikatoren sein.[574] Hier ist anzumerken, dass die dritte Indikatorvariable des reflektiven Konstruktes Identifikation mit dem Promi (Ident2c) einen Wert von nur 0,36 auf ihr eigenes Konstrukt aufwies und damit eindeutig zugeordnet werden konnte, was zu einer nachträglichen Elimination dieses Indikators führte. Da das Modell dadurch eine Modifikation erfahren hat, wurden alle bisher analysierten Gütekriterien erneut geprüft werden – zur besseren Übersicht ba-

---

[574] Gerbing/Anderson (1988), S. 188, beschreiben Werte von 0,61, bzw. 0,19 als akzeptabel, Gefen/Straub/Boudreau (2000), S. 43, sprechen ab Werten > 0,7 von Unidimensionalität.

sieren die oben beschriebenen Ergebnisse der anderen Gütekriterien für reflektive Konstrukte jedoch bereits auf dem modifizierten Modell.

Des Weiteren wurde im Rahmen der Faktorenanalyse festgestellt, dass die Indikatorvariablen des Konstruktes Sehabsicht 1 (zielgerichtet) relativ stark auf das Konstrukt Sehabsicht 2 (Zapping) laden. Dies ist mit der sehr ähnlichen Formulierung der Indikatoren für beide Konstrukte zu erklären. Da jedoch eine Unterscheidung in zielgerichtete Sehabsicht und Zapping-Absicht vor allem in Bezug auf die Hypothesenüberprüfung erhalten bleiben sollte, wurden die entsprechenden Indikatoren nicht eliminiert, bei der sich anschließenden Interpretation der Ergebnisse in Kapitel 5.5 findet dieser Mangel jedoch Berücksichtigung.

Als letztes Gütekriterium ist die Multikollinearität für formative Konstrukte zu überprüfen. Während die Indikatoren reflektiver Konstrukte hoch korreliert sein müssen, würde dies bei formativen Indikatoren zu Verzerrungen der Schätzergebnisse führen. Die Indikatoren sollen demnach, da sie unterschiedliche Dimensionen des Konstruktes darstellen, möglichst unabhängig voneinander sein.[575] Die mit Multikollinearität bezeichnete Abhängigkeit von Indikatoren ist daher zu vermeiden. Multikollinearität zwischen mehreren Indikatoren kann mit Hilfe des Variance Inflation Factor (VIF) bestimmt werden.[576] Dazu sind in SPSS lineare Regressionen für alle Indikatoren eines formativen Konstruktes durchzuführen. Jeder Indikator stellt dabei jeweils einmal die abhängige Variable dar, um zu prüfen, ob diese durch die übrigen Indikatoren des Konstrukts erklärt wird. Bei der Regression wird das Bestimmtheitsmaß $R^2$ berechnet,[577] das für die Ermittlung des VIF nötig ist, wie folgende Formel verdeutlicht:[578]

---

[575] Vgl. Götz/Liehr-Gobbers (2004), S. 19.

[576] Vgl. Götz/Liehr-Gobbers (2004), S. 19, Herrmann/Huber/Kressmann (2006), S. 57.

[577] $R^2$ kann Werte zwischen 0 und 1 annehmen und ist umso größer, je höher der Anteil der erklärten Varianz an der Gesamtvarianz der Variablen ist, vgl. Backhaus et al. (2003), S. 66.

[578] Vgl. Huber et al. (2007), S. 39.

$$VIF = \frac{1}{1 - R^2}$$

Werte größer 10 deuten nach *Gujarati* auf eine hohe Multikollinearität hin,[579] was im vorliegenden Modell nicht der Fall war, sodass alle formativen Indikatoren beibehalten werden konnten. Der folgenden Tabelle können die genauen Ergebnisse der Multikollinearitätsberechnung entnommen werden:

| Indikator (formativ) | Abhängige Variable | R²-Wert | VIF |
|---|---|---|---|
| Ästhetik 1 (Profi) | Ästhetik 1a | 0,408 | 1,6892 |
| | Ästhetik 1b | 0,488 | 1,9531 |
| | Ästhetik 1c | 0,381 | 1,6155 |
| Unterhaltung 1 (Profi) | Unterhaltung 1a | 0,381 | 0,381 |
| | Unterhaltung 1b | 0,397 | 1,6583 |
| | Unterhaltung 1c | 0,140 | 1,1627 |
| Spektakulär 1 (Profi) | Spektakulär 1a | 0,210 | 1,2658 |
| | Spektakulär 1b | 0,175 | 1,2121 |
| | Spektakulär 1c | 0,275 | 1,3793 |
| Moderator 1 (Profi) | Moderator 1a | 0,598 | 2,4876 |
| | Moderator 1b | 0,589 | 2,4331 |
| | Moderator 1c | 0,386 | 1,6286 |
| | Moderator 1d | 0,330 | 1,4925 |
| Ästhetik 2 (Promi) | Ästhetik 2a | 0,463 | 1,8621 |
| | Ästhetik 2b | 0,526 | 2,1097 |
| | Ästhetik 2c | 0,503 | 2,0120 |
| Unterhaltung 2 (Promi) | Unterhaltung 2a | 0,366 | 1,5773 |
| | Unterhaltung 2b | 0,394 | 1,6501 |
| | Unterhaltung 2c | 0,299 | 1,4265 |
| Spektakulär 2 (Promi) | Spektakulär 2a | 0,528 | 2,1186 |
| | Spektakulär 2b | 0,207 | 1,2610 |
| | Spektakulär 2c | 0,532 | 2,1367 |
| Moderator 2 (Promi) | Moderator 2a | 0,606 | 2,5381 |
| | Moderator 2b | 0,610 | 2,5641 |
| | Moderator 2c | 0,492 | 1,9685 |
| | Moderator 2d | 0,372 | 1,5923 |

Tabelle 29: Werte der Regressionsanalysen zur Bestimmung der Multikollinearität im Messmodell

---

[579] Vgl. Gujarati (2003), S. 362.

### 5.4.3   Überprüfung des Strukturmodells

Während auf Messmodellebene die reflektiven bzw. formativen Beziehungen zwischen den latenten Variablen und ihren Indikatoren anhand verschiedener Gütekriterien überprüft wurden, gilt es nun auf Strukturmodellebene, die postulierten Modellverbindungen zwischen den latenten Variablen, d. h. die aufgestellten Hypothesen, zu testen. Einen ersten Aufschluss über die Einflussstärke einer exogenen, unabhängigen Variable auf eine endogene, abhängige Variable gibt der Pfadkoeffizient, der dem Regressionskoeffizienten einer multiplen Regression entspricht und einen Wert von 0,1 überschreiten sollte.[580] Neben der Höhe ist wie auch im Messmodell die Signifikanz der Parameter mittels eines t-Tests zu überprüfen.[581] Die t-Statistiken zu Schätzung der Genauigkeit der Pfadkoeffizienten werden dabei wiederum aus der Resampling-Methode Bootstrapping[582] gewonnen.[583] Einen ersten Überblick über die errechneten Pfadkoeffizienten gibt Abbildung 13:

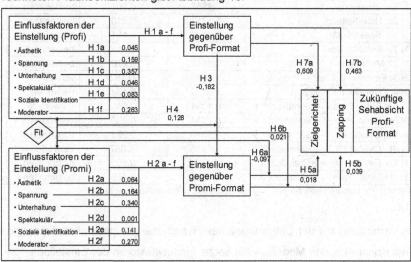

Abbildung 13: Überblick über Pfadkoeffizienten im Strukturmodell

---

[580] Vgl. Lohmöller (1989), S. 60 f. *Chin* gibt als Mindestanforderung dagegen Werte von 0,2 an, vgl. Chin (1998), S. 324 f.

[581] Vgl. Chin (1998), S. 316, Herrmann/Huber/Kressmann (2006), S. 58. Hierbei wird ein zweiseitiger t-Test durchgeführt, der bei einem Signifikanzniveau von 5% einen kritischen Wert von 1,98 aufweist.

[582] Vgl. Kapitel 5.4.2.

[583] Vgl. Götz/Liehr-Gobbers (2004), S. 24.

Aus Tabelle 30 wird ersichtlich, dass in etwa die Hälfte der formulierten Hypothesen verworfen werden musste. Insbesondere die Pfadkoeffizienten des postulierten Einstellungstransfers von Profi-Sport-Format auf Promi-Sport-Format (H 3) und die umgekehrte Rückwirkung (H 5a und 5b) auf die Sehabsicht des Profi-Sport-Formates sowie die vermutete Einflussnahme des Fits (H 4, H 6a und 6b) haben sich als nicht signifikant erwiesen.

| Hypothese | t-Wert | Pfadkoeffizient | Ergebnis |
|---|---|---|---|
| H 1: Einflussfaktoren auf die Einstellung gegenüber dem Profi-Format | | | |
| H 1a: Ästhetik | 1,0914 | 0,045 | verworfen |
| H 1b: Spannung | 1,8918 | 0,159 | beibehalten[584] |
| H 1c: Unterhaltung | 5,6820 | 0,357 | beibehalten |
| H 1d: Spektakulär | 0,8102 | 0,046 | verworfen |
| H 1e: Identifikation | 0,9769 | 0,083 | verworfen |
| H 1f: Moderator | 5,4793 | 0,263 | beibehalten |
| H 2: Einflussfaktoren auf die Einstellung gegenüber dem Promi-Format | | | |
| H 2a: Ästhetik | 1,3066 | 0,064 | verworfen |
| H 2b: Spannung | 2,5557 | 0,164 | beibehalten |
| H 2c: Unterhaltung | 5,1713 | 0,340 | beibehalten |
| H 2d: Spektakulär | 0,0178 | 0,001 | verworfen |
| H 2e: Identifikation | 2,5488 | 0,141 | beibehalten |
| H 2f: Moderator | 5,2513 | 0,270 | beibehalten |
| H 3: Einstellung Profi → Promi | 1,2999 | -0,182 | verworfen |
| H 4: Overall Fit 1 → H 3 | 1,0220 | 0,128 | verworfen |
| H 5a: Einst. Promi → Sehabsicht 1 | 0,1034 | 0,018 | verworfen |
| H 5b: Einst. Promi → Sehabsicht 2 | 0,2094 | 0,039 | verworfen |
| H 6a: Overall Fit 2 → Sehabsicht 1 | 0,5340 | 0,021 | verworfen |
| H 6b: Overall Fit 2 → Sehabsicht 2 | 0,1115 | -0,097 | verworfen |
| H 7a: Einst. Profi → Sehabsicht 1 | 12,0752 | 0,609 | beibehalten |
| H 7b: Einst. Profi → Sehabsicht 2 | 6,8552 | 0,463 | beibehalten |

Tabelle 30: Hypothesenüberprüfung mittels t-Wert und Pfadkoeffizient

In Verbindung mit der Überprüfung des Hypothesengefüges sollen die exogenen Konstrukte des Modells – die sechs Einflussfaktoren der Einstellung – eine nähere Betrachtung erfahren. Für die Ableitung späterer Implikationen erscheint es nicht nur interessant, den signifikanten Einfluss dieser Faktoren auf die Einstellung gegenüber dem Profi- und dem Promi-Sport-Format zu untersuchen, sondern auch die Bewertung dieser Faktoren bezüglich der gewählten

---

[584] Auf dem 10%-Signifikanzniveau mit t-Wert > 1,66 bestätigt.

Sportart im jeweiligen Format mit ihrer generell empfundenen Wichtigkeit für Sportberichterstattungen zu vergleichen. Für einen Vergleich der Konstrukte wurde für jedes Rezeptionsmotiv ein Konstruktwert auf Basis der in PLS berechneten Gewichte ermittelt.[585] Dieser wurde anschließend auf Werte von 1 bis 7 normiert,[586] um eine einfachere Interpretation zu ermöglichen. Tabelle 31 zeigt diese durchschnittlich erfassten Werte für die Wichtigkeit sowie für die nachfolgende Bewertung im Profi- und im Promi-Sport-Format:

| | Ästhetik | Spannung | Unter-haltung | Spekta-kulär | Identifi-kation | Modera-tor |
|---|---|---|---|---|---|---|
| Wichtigkeit allgemein | 3,21 | 5,67 | 3,87 | 4,32 | 5,23 | 5,42 |
| Bewertung Profi | 3,86 | 4,21 | 4,35 | 5,07 | 4,21 | 4,56 |
| Bewertung Promi | 3,79 | 3,63 | 4,64 | 4,74 | 4,75 | 4,76 |

Tabelle 31: Darstellung der Mittelwerte für Wichtigkeit und Bewertung der sechs Einflussfaktoren

Die Ergebnisse zeigen, dass die Probanden bei einer direkten Abfrage der Wichtigkeiten den Faktoren Spannung, Identifikation und Moderator mit Werten über 5 eine überdurchschnittliche Bedeutung zuordnen (4,0 = durchschnittliche Wichtigkeit), während ästhetische und unterhaltsame Elemente eine weniger bedeutende Rolle für die Sport-Rezeption einnehmen. Die Sensationslust (Spektakulär) liegt mit 4,32 in mittleren Bereich. Bezüglich der Profi- und Promi-Sport-Formate sind die drei als wichtig erachteten Faktoren Spannung, Identifikation und Moderator eher durchschnittlich bewertet worden, sodass hier Verbesserungspotential besteht, woraus sich Handlungsempfehlungen für die Praxis ergeben – auf diese wird in Kapitel 6 näher eingegangen. In Kapitel 6 werden zudem die durch die Pfadkoeffizienten angezeigten Bedeutungen der Rezeptionsmotive für die Einstellungsbildung einem Vergleich mit den direkt abgefragten Wichtigkeiten unterzogen.

---

[585] Vgl. Huber et al. (2007), S. 109. Auch für die reflektiven Indikatoren werden von PLS Gewichte berechnet, die für die Ermittlung der Konstruktwerte genutzt werden können.
[586] Dies ist notwendig, da die Summe der Gewichte eines Konstrukts häufig nicht genau den Wert 1 annimmt.

Zur Überprüfung des Strukturmodells wird des Weiteren das Bestimmtheitsmaß $R^2$ herangezogen, das den Anteil der erklärten Varianz einer latenten,
endogenen Variablen durch die exogenen, vorgelagerten Konstrukte angibt.[587]
Die Mindestanforderung von 0,3[588] als akzeptablen Wert für $R^2$ wird dabei von
allen endogenen Konstrukten außer der Sehabsicht beim Zapping erfüllt, wie
Tabelle 32 zeigt:

| Endogenes Konstrukt | $R^2$ (> 0,3) | $Q^2$ (> 0) |
|---|---|---|
| Einstellung 1 (Profi) | 0,5798 | 0,4643 |
| Einstellung 2 (Promi) | 0,6439 | 0,5457 |
| Sehabsicht 1 (Zielgerichtet) | 0,3572 | 0,1762 |
| Sehabsicht 2 (Zapping) | 0,2232 | -0,0474 |

Tabelle 32: Werte für $R^2$ und $Q^2$ im Strukturmodell

Ähnlich der Bestimmung der Vorhersagevalidität auf Messmodellebene, kann
auch auf Strukturebene das von *Stone/Geisser* vorgeschlagene Gütemaß $Q^2$
als Indikator für die Vorhersagevalidität von Struktur- und Messmodell gleichzeitig dienen. Es gibt dabei an, wie gut die empirisch erhobenen Werte für die
endogenen, latenten Variablen durch das Modell und seine Parameterschätzungen nachgebildet werden können und sollte auch hier einen Wert größer
Null erreichen.[589] Wie aus Tabelle 32 ersichtlich, ist die Vorhersagerelevanz
für das Konstrukt Sehabsicht 2 (Zapping) nicht gegeben.

Als letztes Gütekriterium ist die Multikollinearität auf Strukturmodellebene zu
prüfen. Gleichsam zum Vorgehen auf Messmodellebene wird auch hier eine
Regressionsanalyse mittels SPSS durchgeführt, jedoch werden nicht die Beziehungen auf Indikatorebene eines formativen Konstruktes[590] untersucht,
sondern auf Konstruktebene. Dabei stehen jeweils die Einflussfaktoren eines
endogenen Konstruktes im Vordergrund. Im vorliegenden Modell werden zum
Beispiel die sechs Einflussfaktoren der Einstellung gegenüber dem Profi-

---

[587] Vgl. Götz/Liehr-Gobbers (2004), S. 23 f.
[588] Vgl. Herrmann/Huber/Kressmann (2006), S. 61. *Chin* spricht bei Werten von 0,33 von
    einem durchschnittlichen Wert, der akzeptabel ist, vgl. Chin (1998), S. 323.
[589] Vgl. Ringle (2004b), S. 17.
[590] Vgl. Kapitel 5.4.2.

Sport-Format auf Multikollinearität überprüft. Multikollinearität bedeutet in diesem Fall, dass sich die Werte eines Einflussfaktors (z. B. Ästhetik) durch die anderen fünf Einflussfaktoren vorhersagen lassen, was zu vermeiden ist. Diese Abhängigkeit wird ebenfalls über den VIF gemessen, der einen Wert von 10 nicht überschreiten sollte.[591] Aufgrund der in Tabelle 33 dargestellten Ergebnisse der VIF-Berechnung kann konstatiert werden, dass im untersuchten Modell keine Multikollinearität vorlag.

| Abhängige Variable | Unabhängige Variablen | $R^2$-Wert | VIF |
|---|---|---|---|
| Ästhetik (Profi) | Spannung, Unterhaltung, Spektakulär, Identifikation, Moderator (Profi) | 0,127 | 1,1455 |
| Spannung (Profi) | Ästhetik, Unterhaltung, Spektakulär, Identifikation, Moderator (Profi) | 0,603 | 2,5189 |
| Unterhaltung (Profi) | Ästhetik, Spannung, Spektakulär, Identifikation, Moderator (Profi) | 0,556 | 2,2523 |
| Spektakulär (Profi) | Ästhetik, Spannung, Unterhaltung, Identifikation, Moderator (Profi) | 0,297 | 1,4225 |
| Identifikation (Profi) | Ästhetik, Spannung, Unterhaltung, Spektakulär, Moderator (Profi) | 0,562 | 2,2831 |
| Moderator (Profi) | Ästhetik, Spannung, Unterhaltung, Spektakulär, Identifikation (Promi), Einstellung gegenüber Profi-Format | 0,373 | 1,5949 |
| Ästhetik (Promi) | Spannung, Unterhaltung, Spektakulär, Identifikation, Moderator (Promi), Einstellung gegenüber Profi-Format | 0,281 | 1,3908 |
| Spannung (Promi) | Ästhetik, Unterhaltung, Spektakulär, Identifikation, Moderator (Promi), Einstellung gegenüber Profi-Format | 0,483 | 1,9342 |
| Unterhaltung (Promi) | Ästhetik, Spannung, Spektakulär, Identifikation, Moderator (Promi), Einstellung gegenüber Profi-Format | 0,61 | 2,5641 |
| Spektakulär (Promi) | Ästhetik, Spannung, Unterhaltung, Identifikation, Moderator (Promi), Einstellung gegenüber Profi-Format | 0,445 | 1,8018 |
| Identifikation (Promi) | Ästhetik, Spannung, Unterhaltung, Spektakulär, Moderator (Promi), Einstellung gegenüber Profi-Format | 0,555 | 2,2472 |
| Moderator (Promi) | Ästhetik, Spannung, Unterhaltung, Spektakulär, Identifikation (Promi), Einstellung gegenüber Profi-Format | 0,377 | 1,6051 |
| Einstellung (Profi) | Ästhetik, Spannung, Unterhaltung, Spektakulär, Identifikation, Moderator (Promi) | 0,055 | 1,0582 |
| Einstellung (Profi) | Einstellung (Promi) | 0,01 | 1,0101 |

Tabelle 33: Werte der Regressionsanalysen zur Bestimmung der Multikollinearität im Strukturmodell

---

[591] Vgl. Herrmann/Huber/Kressmann (2006), S. 61.

## 5.4.4 Gruppenvergleiche

Wie schon in Kapitel 5.1 erwähnt, besteht einer der großen Vorteile von Strukturgleichungsmodellen in der Möglichkeit, den Einfluss moderierender Variablen auf die Modellzusammenhänge zu untersuchen. Dabei wird ein Modellvergleich vorgenommen, bei dem die zugrunde liegende Stichprobe anhand der moderierenden Größe geteilt wird. Nach *Chin* ist hierbei zunächst sicherzustellen, dass sich die Messmodelle der verschiedenen Gruppen nicht signifikant unterscheiden.[592] Diese Forderung nach Messmodellinvarianz ist jedoch zu hinterfragen, da sie bei geringem Abweichen von diesem strengen Kriterium einen deutlichen Erkenntnisgewinn verhindert.[593] Mittels eines t-Tests ist anschließend zu überprüfen, ob sich die verschiedenen Gruppen bezüglich der postulierten Zusammenhänge im Modell signifikant voneinander unterscheiden. Anhand nachstehender Formel lässt sich der t-Wert für die Differenz zwischen zwei Schätzern unterschiedlicher Stichproben berechnen:[594]

$$t = \frac{p_x^1 - p_x^2}{S \bullet \sqrt{\dfrac{1}{m} + \dfrac{1}{n}}}$$

mit

$$S = \sqrt{\frac{(m-1)^2}{(m+n-2)} \bullet (\sigma(p_x^1))^2 + \frac{(n-1)^2}{(m+n-2)} \bullet (\sigma(p_x^2))^2}$$

mit

| | |
|---|---|
| $m$ | Umfang der ersten Stichprobe |
| $n$ | Umfang der zweiten Stichprobe |
| $p_x^1$ | Schätzer der interessierenden Modellassoziation x in der ersten Stichprobe |
| $p_x^2$ | Schätzer der interessierenden Modellassoziation x in der zweiten Stichprobe |
| $\sigma(p_x^1)$ | Standardfehler der Modellassoziation x in der ersten Stichprobe |
| $\sigma(p_x^2)$ | Standardfehler der Modellassoziation x in der zweiten Stichprobe |

---

[592] Vgl. Chin (2000).
[593] Vgl. Huber et al. (2007), S. 51.
[594] Vgl. Chin (2000).

Die Modellassoziation x kann dabei Repräsentant einer Ladung, eines Gewicht oder wie im vorliegenden Fall eines Strukturgleichungskoeffizient sein. Die Standardfehler werden mittels der Bootstrapping-Prozedur bestimmt. Der berechnete t-Wert folgt einer t-Verteilung mit $m+n$-2 Freiheitsgraden.[595] Im Folgenden werden die Ergebnisse der Gruppenvergleiche zur Überprüfung des Einflusses der fünf postulierten moderierenden Variablen (H 8 bis H 12) dargestellt. Im Rahmen der Gruppenvergleiche wurde dabei auf eine Betrachtung der Interaktionseffekte verzichtet, da die Aufnahme der Interaktionsterme in die Modellberechnung bei einigen Gruppenvergleichen zu nicht interpretierbaren Ergebnissen führte.

Der Einfluss des Geschlechts der Probanden auf die Konstruktzusammenhänge im Modell stellt eine der moderierenden Größen dar (Hypothese 8). Mit 143 weiblichen und 123 männlichen Befragten sind die beiden Gruppen relativ ausgeglichen. Übereinstimmend mit dem Gesamtmodell haben sich auch beim Vergleich zwischen Männern und Frauen die Zusammenhänge gemäß den Hypothesen H 1c, H 1f, H 2c, H 2f, H 7a und H7b als signifikant herausgestellt; allein für die Frauen konnten hingegen H 1a und H 2b und lediglich für männliche Befragte H 1b und H 2e bestätigt werden. Die folgenden beiden Tabellen zeigen die Werte der Pfadkoeffizienten der beiden Geschlechter:

---

[595] Vgl. Chin (2000).

| Frauen (n= 143) | | | |
|---|---|---|---|
| Hypothese | t-Wert | Pfadkoeffizient | Ergebnis |
| H 1a | 2,0065 | 0,120 | beibehalten |
| H 1b | 0,5972 | 0,061 | verworfen |
| H 1c | 4,2078 | 0,316 | beibehalten |
| H 1d | 0,8651 | 0,059 | verworfen |
| H 1e | 1,5303 | 0,124 | verworfen |
| H 1f | 4,0589 | 0,298 | beibehalten |
| H 2a | 1,4355 | 0,107 | verworfen |
| H 2b | 3,8749 | 0,280 | beibehalten |
| H 2c | 3,6508 | 0,336 | beibehalten |
| H 2d | 0,000 | 0,000 | verworfen |
| H 2e | 0,8399 | 0,077 | verworfen |
| H 2f | 2,7195 | 0,210 | beibehalten |
| H 3 | 0,8322 | -0,049 | verworfen |
| H 5a | 0,8350 | -0,057 | verworfen |
| H 5b | 0,2849 | 0,020 | verworfen |
| H 7a | 10,2200 | 0,574 | beibehalten |
| H 7b | 7,9887 | 0,506 | beibehalten |

Tabelle 34: Pfadkoeffizienten und t-Werte der Gruppe der Frauen

| Männer (n= 123) | | | |
|---|---|---|---|
| Hypothese | t-Wert | Pfadkoeffizient | Ergebnis |
| H 1a | 0,2513 | -0,017 | verworfen |
| H 1b | 2,8392 | 0,257 | beibehalten |
| H 1c | 3,4931 | 0,317 | beibehalten |
| H 1d | 0,2566 | 0,021 | verworfen |
| H 1e | 0,8377 | 0,091 | verworfen |
| H 1f | 3,9298 | 0,277 | beibehalten |
| H 2a | 0,6875 | 0,051 | verworfen |
| H 2b | 1,1571 | 0,092 | verworfen |
| H 2c | 2,8039 | 0,289 | beibehalten |
| H 2d | 0,2866 | 0,020 | verworfen |
| H 2e | 2,1587 | 0,215 | beibehalten |
| H 2f | 4,2549 | 0,349 | beibehalten |
| H 3 | 1,6457 | -0,099 | verworfen |
| H 5a | 0,9759 | -0,067 | verworfen |
| H 5b | 0,8671 | 0,079 | verworfen |
| H 7a | 9,0776 | 0,624 | beibehalten |
| H 7b | 4,3180 | 0,427 | beibehalten |

Tabelle 35: Pfadkoeffizienten und t-Werte der Gruppe der Männer

Im Gruppenvergleich mittels eines t-Tests haben sich einzig für den Einfluss der Spannung auf die Einstellung gegenüber dem Promi-Sport-Format signifikante Unterschiede zwischen den Geschlechtern ergeben. Bei Frauen wirkt sich die Spannung stark auf die Einstellung aus, während bei Männern kein signifikanter Einfluss nachzuweisen ist. Hypothese 8 kann daher nur für einen Konstruktzusammenhang im Modell bestätigt werden.

| | Frauen (n=143) | | | Männer (m=123) | | | Gruppen-vergleich |
|---|---|---|---|---|---|---|---|
| Hypothese | Pfad-koeff. | t-Wert | Standard-fehler | Pfad-koeff. | t-Wert | Standard-fehler | t-Wert |
| H 2b | 0,280 | 3,8749 | 0,0723 | 0,092 | 1,1571 | 0,0795 | 1,7587[596] |

Tabelle 36: Werte des Gruppenvergleichs für die moderierende Variable Geschlecht

Hypothese 9 postuliert den Einfluss der Anzahl der Ausstrahlungen der Promi-Sport-Formate auf die Konstruktzusammenhänge im Modell, wobei zwischen Einzel-Sendungen und Serien-Formaten unterschieden wurde. Wie bereits in Kapitel 5.4.1 beschrieben, haben sich die Sportarten Rodeln und Turmspringen als einzelne Sendungen sowie Tanzen und Eiskunstlauf (PRO7) im Serien-Format als die am häufigsten gewählten Sportarten erwiesen. Im Einklang mit den Ergebnissen aus dem Gesamtmodell zeigte sich auch hier eine Bestätigung der Hypothesen H 1f, H 2c, H 2f, H 7a und H 7b in beiden Gruppen. Für die Einzelformate konnte zudem H 1b sowie für die Serienformate H 1a, H 1c, H 1d und H 2b beibehalten werden. Auch hier zunächst ein Überblick über die Pfadkoeffizienten der beiden Gruppen:

| Einzel-Format: Rodeln und Turmspringen (n=98) | | | |
|---|---|---|---|
| Hypothese | t-Wert | Pfadkoeffizient | Ergebnis |
| H 1a | 0,3638 | 0,040 | verworfen |
| H 1b | 3,2826 | 0,340 | beibehalten |
| H 1c | 1,3532 | 0,128 | verworfen |
| H 1d | 1,5041 | 0,107 | verworfen |
| H 1e | 0,3718 | 0,039 | verworfen |
| H 1f | 3,1655 | 0,336 | beibehalten |
| H 2a | 0,0122 | -0,001 | verworfen |

[596] T-Wert des Gruppenvergleichs auf dem 10%-Niveau signifikant.

| | Einzel-Format: Rodeln und Turmspringen (n=98) | | |
|---|---|---|---|
| Hypothese | t-Wert | Pfadkoeffizient | Ergebnis |
| H 2b | 0,9093 | 0,104 | verworfen |
| H 2c | 3,0819 | 0,358 | beibehalten |
| H 2d | 0,1823 | -0,017 | verworfen |
| H 2e | 0,4962 | 0,051 | verworfen |
| H 2f | 4,3298 | 0,410 | beibehalten |
| H 3 | 0,2766 | -0,019 | verworfen |
| H 5a | 0,2462 | -0,024 | verworfen |
| H 5b | 0,6332 | 0,073 | verworfen |
| H 7a | 5,4497 | 0,497 | beibehalten |
| H 7b | 3,6105 | 0,380 | beibehalten |

Tabelle 37: Pfadkoeffizienten und t-Werte der Gruppe der Zuschauer der Einzel-Formaten Rodeln und Turmspringen

| | Serien-Format: Tanzen und Eiskunstlauf (m= 70) | | |
|---|---|---|---|
| Hypothese | t-Wert | Pfadkoeffizient | Ergebnis |
| H 1a | 3,2682 | 0,313 | beibehalten |
| H 1b | 0,5009 | 0,056 | verworfen |
| H 1c | 4,3726 | 0,444 | beibehalten |
| H 1d | 1,7842 | -0,151 | beibehalten[597] |
| H 1e | 0,3812 | 0,044 | verworfen |
| H 1f | 3,4552 | 0,323 | beibehalten |
| H 2a | 1,1606 | 0,082 | verworfen |
| H 2b | 2,5681 | 0,249 | beibehalten |
| H 2c | 2,3252 | 0,31 | beibehalten |
| H 2d | 0,3032 | 0,03 | verworfen |
| H 2e | 1,5975 | 0,155 | verworfen |
| H 2f | 2,8822 | 0,217 | beibehalten |
| H 3 | 0,3353 | -0,022 | verworfen |
| H 5a | 0,1306 | -0,017 | verworfen |
| H 5b | 0,0938 | -0,011 | verworfen |
| H 7a | 7,7778 | 0,673 | beibehalten |
| H 7b | 6,0136 | 0,597 | beibehalten |

Tabelle 38: Pfadkoeffizienten und t-Werte der Gruppe der Zuschauer der Serien-Formaten Tanzen und Eiskunstlauf

Im Gruppenvergleich werden aus Tabelle 39 signifikante Unterschiede für die Konstruktzusammenhänge gemäß H 1a bis H 1d ersichtlich, was eine partielle Bestätigung von Hypothese 9 bedeutet. Die Faktoren Ästhetik (H 1a) und Un-

---

[597] Auf dem 10%-Niveau signifikant.

terhaltung (H 1c) weisen einen deutlich stärkeren Einfluss auf die Einstellung gegenüber den Sportarten Tanzen und Eiskunstlauf im Profi-Sport-Format auf. Wirkt sich die Sensationslust als Einflussfaktor bei diesen beiden Sportarten im Promi-Sport-Format deutlich positiv aus, so ist beim Profi-Sport-Format hingegen ein signifikant negativer Zusammenhang erkennbar. Auf mögliche Ursachen dieser Unterschiede wird bei der Interpretation im nachfolgenden Kapitel näher eingegangen.

| Hypothese | Einzel-Format: Rodeln und Turmspringen (n=98) | | | Serien-Format: Tanzen und Eiskunstlauf (m=70) | | | Gruppen-vergleich |
| --- | --- | --- | --- | --- | --- | --- | --- |
| | Pfad-koeff. | t-Wert | Standard-fehler | Pfad-koeff. | t-Wert | Standard-fehler | t-Wert |
| H 1a | 0,04 | 0,3638 | 0,11 | 0,313 | 3,2682 | 0,0958 | 1,7907[598] |
| H 1b | 0,34 | 3,2826 | 0,1036 | 0,056 | 0,5009 | 0,1118 | 1,8078[599] |
| H 1c | 0,128 | 1,3532 | 0,0946 | 0,444 | 4,3726 | 0,1015 | 2,2537 |
| H 1d | 0,107 | 1,5041 | 0,0711 | -0,151 | 1,7842 | 0,0846 | 2,3508 |

Tabelle 39: Werte des Gruppenvergleichs für die moderierende Variable Anzahl der Ausstrahlungen

Die bisherige Rezeptionshäufigkeit der ausgewählten Sportart im Profi-Sport-Format stellt die dritte der fünf moderierenden Variablen dar und soll den Einfluss des Involvements des Probanden bezüglich der gewählten Sportart auf die Modellzusammenhänge überprüfen (Hypothese 10). Gemäß ihrer Antworten auf der fünfstufigen Häufigkeitsskala wurden 81 Probanden, die die gewählte Sportart im Profi-Sport-Format nie oder selten zuvor gesehen haben, der Gruppe mit geringer Rezeptionshäufigkeit zugeordnet – während 98 Befragte die Sportart bislang häufig oder immer gesehen haben und somit der Gruppe mit hoher Rezeptionshäufigkeit angehörten.

Für beide Gruppen konnten – wie auch für das Gesamtmodell – die Hypothesen H 1c, H 1f, H 2b, H 2c, H 2f und H 7a bestätigt werden. H 1e und H 7b wurden dagegen nur für die Gruppe mit seltener Rezeption und H 1b sowie H 3 nur für die Gruppe mit häufiger Rezeption bestätigt (vgl. Tabelle 40 und 41).

---

[598] T-Wert des Gruppenvergleichs auf dem 10%-Niveau signifikant.
[599] T-Wert des Gruppenvergleichs auf dem 10%-Niveau signifikant.

| Hypothese | Geringe bisherige Rezeption Profi-Format (n=81) | | |
|---|---|---|---|
| | t-Wert | Pfadkoeffizient | Ergebnis |
| H 1a | 0,8798 | 0,077 | verworfen |
| H 1b | 0,8796 | -0,084 | verworfen |
| H 1c | 2,8070 | 0,307 | beibehalten |
| H 1d | 0,5943 | 0,057 | verworfen |
| H 1e | 2,5733 | 0,223 | beibehalten |
| H 1f | 4,5446 | 0,412 | beibehalten |
| H 2a | 0,8509 | 0,052 | verworfen |
| H 2b | 2,6529 | 0,202 | beibehalten |
| H 2c | 5,2771 | 0,540 | beibehalten |
| H 2d | 0,3179 | -0,027 | verworfen |
| H 2e | 0,2576 | 0,029 | verworfen |
| H 2f | 2,6463 | 0,226 | beibehalten |
| H 3 | 1,5048 | 0,091 | verworfen |
| H 5a | 0,5478 | -0,059 | verworfen |
| H 5b | 0,4922 | 0,056 | verworfen |
| H 7a | 6,0775 | 0,575 | beibehalten |
| H 7b | 6,0522 | 0,570 | beibehalten |

Tabelle 40: Pfadkoeffizienten und t-Werte der Gruppe mit bisher niedriger Rezeption des Profi-Formats

| | Hohe bisherige Rezeption Profi-Format (n=98) | | |
|---|---|---|---|
| Hypothese | t-Wert | Pfadkoeffizient | Ergebnis |
| H 1a | 1,2468 | -0,100 | verworfen |
| H 1b | 3,3100 | 0,344 | beibehalten |
| H 1c | 3,2639 | 0,322 | beibehalten |
| H 1d | 0,7047 | 0,077 | verworfen |
| H 1e | 0,0000 | 0,000 | verworfen |
| H 1f | 1,8838 | 0,15 | beibehalten[600] |
| H 2a | 0,0546 | -0,005 | verworfen |
| H 2b | 2,4745 | 0,236 | beibehalten |
| H 2c | 2,6449 | 0,308 | beibehalten |
| H 2d | 0,337 | 0,031 | verworfen |
| H 2e | 2,1395 | 0,234 | beibehalten |
| H 2f | 2,0352 | 0,2070 | beibehalten |
| H 3 | 1,7810 | -0,137 | beibehalten[601] |
| H 5a | 0,7877 | -0,091 | verworfen |
| H 5b | 0,6324 | 0,078 | verworfen |
| H 7a | 4,2813 | 0,434 | beibehalten |
| H 7b | 1,2420 | 0,165 | verworfen |

Tabelle 41: Pfadkoeffizienten und t-Werte der Gruppe mit bisher hoher Rezeption des Profi-Formats

Beide Gruppen wurden dann zum Vergleich einem t-Test unterzogen. Aus Tabelle 42 wird ersichtlich, dass zwischen den Einflussfaktoren der Einstellung gegenüber dem Profi-Format Spannung (H 1b), Funktion des Moderators (H 1f) und hinsichtlich des Kausalzusammenhangs von Einstellung und Zapping-Absicht im Profi-Sport-Format (H 7b) ein signifikanter Unterschied besteht. Hypothese 10 kann daher nur zum Teil bestätigt werden. Die Richtung der Unterschiede zwischen den Gruppen ist bei den einzelnen Hypothesen unterschiedlich. Ein signifikant positiver Einfluss der Spannung (H 1b) auf die Einstellung gegenüber dem Profi-Sport-Format konnte nur für Befragte mit häufiger Rezeption nachgewiesen werden, während der Moderator (H 1f) als Einflussfaktor der Einstellung gegenüber dem Profi-Format ebenso wie der Einfluss letzterer auf die Zapping-Absicht bei Personen mit geringer Rezeption stärker ist als bei der Vergleichsgruppe mit hoher Rezeption. Ein signifikanter

---

[600] Auf dem 10%-Niveau signifikant.
[601] Auf dem 10%-Niveau signifikant.

Unterschied zwischen den Gruppen konnte zudem für den Einstellungstransfer vom Profi- auf das Promi-Sport-Format festgestellt werden (H 3). Für die Gruppe mit hoher Rezeptionshäufigkeit erwies sich dieser Zusammenhang im Gegensatz zu Personen, die das Profi-Format bisher selten gesehen haben, als signifikant, wobei jedoch anders als in H 3 postuliert ein negativer Zusammenhang vorlag. Eine Interpretation dieser Ergebnisse erfolgt in Kapitel 5.5.

| Hypothese | Geringe bisherige Rezeption Profi-Format (n=81) | | | Hohe bisherige Rezeption Profi-Format (m=98) | | | Gruppen-vergleich |
|---|---|---|---|---|---|---|---|
| | Pfad-koeff. | t-Wert | Standard-fehler | Pfad-koeff. | t-Wert | Standard-fehler | t-Wert |
| H 1b | -0,084 | 0,8796 | 0,1094 | 0,344 | 3,31 | 0,1039 | 2,9983 |
| H 1f | 0,412 | 4,5446 | 0,0905 | 0,15 | 1,8838 | 0,0796 | 2,1930 |
| H 3 | 0,091 | 1,5048 | 0,0605 | -0,137 | 1,781 | 0,0769 | 2,2717 |
| H 7b | 0,57 | 6,0522 | 0,0942 | 0,165 | 1,242 | 0,1329 | 2,4029 |

Tabelle 42: Werte des Gruppenvergleichs für die moderierende Variable bisherige Profi-Sport-Rezeption

Eine weitere Moderator-Größe im Modell stellt die allgemeine Fernsehnutzung dar (Hypothese 11). Die Probanden wurden nach ihrem täglichen Fernsehkonsum in zwei Gruppen aufgeteilt, wobei die Befragten mit geringer Fernsehnutzung zwischen 0 und zwei Stunden und die Personen mit einem hohen Fernsehkonsum zwischen zwei und mehr als vier Stunden am Tag fernsehen.[602] Bei der zunächst getrennten Betrachtung der Messergebnisse für beide Gruppen konnten H 2a für die Gruppe mit geringem Fernsehkonsum und H 1b, H 1d sowie H 2e für die Personen, die häufig Fernsehen schauen, bestätigt werden. Wie in den Tabellen 43 und 44 ersichtlich, haben sich für beide Gruppen zusammen kongruent zum Gesamtmodell die Konstruktzusammenhänge gemäß H 1c, H 1f, H 2b, H 2c, H 2f, H 7a und H 7b als signifikant erwiesen.

---

[602] Vgl. Kapitel 5.4.1.

| Geringe allgemeine Fernsehnutzung (n= 157) | | | |
|---|---|---|---|
| Hypothese | t-Wert | Pfadkoeffizient | Ergebnis |
| H 1a | 0,7974 | 0,051 | verworfen |
| H 1b | 1,5835 | 0,119 | verworfen |
| H 1c | 4,3775 | 0,386 | beibehalten |
| H 1d | 0,3319 | 0,020 | verworfen |
| H 1e | 0,9160 | 0,068 | verworfen |
| H 1f | 4,6284 | 0,290 | beibehalten |
| H 2a | 1,8017 | 0,109 | beibehalten[603] |
| H 2b | 2,0265 | 0,139 | beibehalten |
| H 2c | 3,4712 | 0,310 | beibehalten |
| H 2d | 1,4923 | 0,119 | verworfen |
| H 2e | 0,7525 | -0,054 | verworfen |
| H 2f | 4,9450 | 0,294 | beibehalten |
| H 3 | 0,6513 | -0,039 | verworfen |
| H 5a | 1,1005 | -0,063 | verworfen |
| H 5b | 0,8602 | 0,062 | verworfen |
| H 7a | 11,2277 | 0,636 | beibehalten |
| H 7b | 6,8716 | 0,548 | beibehalten |

Tabelle 43: Pfadkoeffizienten und t-Werte der Gruppe mit geringer allgemeiner Fernsehnutzung

---

[603] Auf dem 10%-Niveau signifikant.

| Hohe allgemeine Fernsehnutzung (m= 109) | | | |
|---|---|---|---|
| Hypothese | t-Wert | Pfadkoeffizient | Ergebnis |
| H 1a | 1,0039 | 0,066 | verworfen |
| H 1b | 2,2824 | 0,233 | beibehalten |
| H 1c | 2,9271 | 0,261 | beibehalten |
| H 1d | 1,9155 | 0,116 | beibehalten |
| H 1e | 0,6981 | 0,088 | verworfen |
| H 1f | 3,6170 | 0,259 | beibehalten |
| H 2a | 1,0081 | 0,068 | verworfen |
| H 2b | 2,2593 | 0,193 | beibehalten |
| H 2c | 2,8846 | 0,307 | beibehalten |
| H 2d | 1,3080 | 0,099 | verworfen |
| H 2e | 3,5688 | 0,318 | beibehalten |
| H 2f | 2,2081 | 0,180 | beibehalten |
| H 3 | 1,3210 | -0,064 | verworfen |
| H 5a | 1,4663 | -0,123 | verworfen |
| H 5b | 0,4348 | -0,044 | verworfen |
| H 7a | 6,4482 | 0,546 | beibehalten |
| H 7b | 3,4121 | 0,354 | beibehalten |

Tabelle 44: Pfadkoeffizienten und t-Werte der Gruppe mit hoher allgemeiner Fernsehnutzung

Der t-Test des Gruppenvergleichs zeigte, dass bei hoher Fernsehnutzung die Identifikation mit dem Promi (H 2e) stark auf die Einstellung gegenüber dem Promi-Sport-Format wirkt, während bei geringer Fernsehnutzung kein signifikanter Einfluss der Identifikation auf die Einstellung im Falle des Promi-Formats festgestellt werden konnte. Hypothese 11 kann daher nur für einen Konstruktzusammenhang bestätigt werden.

| | Geringe allgemeine Fernseh-nutzung (n=157) | | | Hohe allgemeine Fernseh-nutzung (m=109) | | | Gruppen-vergleich |
|---|---|---|---|---|---|---|---|
| Hypothese | Pfad-koeff. | t-Wert | Standard-fehler | Pfad-koeff. | t-Wert | Standard-fehler | t-Wert |
| H 2e | -0,054 | 0,7525 | 0,0718 | 0,318 | 3,5688 | 0,0891 | 3,2831 |

Tabelle 45: Werte des Gruppenvergleichs für die moderierende Variable allgemeine Ferseh-
        nutzung

Abschließend wurde gemäß Hypothese 12 der Einfluss der TV-Sport-Nutzung auf die Modellzusammenhänge überprüft. Die Einteilung der Probanden erfolgte anhand ihrer Angaben zur Häufigkeit der Rezeption von Sportberichterstattungen im Fernsehen. Dabei wurde zwischen Personen, die nie oder einmal im Monat Sport im Fernsehen ansehen und Personen, die mehrmals in der Woche oder sogar täglich TV-Sport-Angebote nutzen, unterschieden.[604] Wie auch für das Gesamtmodell konnten die Hypothesen H 1c, H 1f, H 2c, H 7a und H7b sowohl für stark TV-Sport-Interessierte als auch für Befragte mit geringem Interesse an TV-Sport bestätigt werden. Allein für wenig TV-Sport-Interessierte konnten zudem H 2f und für häufige Nutzer H 1d, H 2a sowie H 2e beibehalten werden (vgl. Tabelle 46 und 47).

| | Geringe TV-Sport-Nutzung (n= 96) | | |
|---|---|---|---|
| Hypothese | t-Wert | Pfadkoeffizient | Ergebnis |
| H 1a | 1,1271 | 0,118 | verworfen |
| H 1b | 0,7318 | 0,072 | verworfen |
| H 1c | 2,6928 | 0,3 | beibehalten |
| H 1d | 0,4343 | 0,033 | verworfen |
| H 1e | 0,0102 | 0,001 | verworfen |
| H 1f | 3,8421 | 0,432 | beibehalten |
| H 2a | 1,1443 | 0,116 | verworfen |
| H 2b | 0,5451 | 0,064 | verworfen |
| H 2c | 3,7368 | 0,402 | beibehalten |
| H 2d | 0,249 | 0,02 | verworfen |
| H 2e | 0,1275 | 0,012 | verworfen |
| H 2f | 5,0162 | 0,354 | beibehalten |
| H 3 | 0,0312 | -0,002 | verworfen |
| H 5a | 0,4013 | -0,035 | verworfen |
| H 5b | 0,0194 | -0,002 | verworfen |
| H 7a | 6,3352 | 0,539 | beibehalten |
| H 7b | 4,3849 | 0,445 | beibehalten |

Tabelle 46: Pfadkoeffizienten und t-Werte der Gruppe mit hoher TV-Sport-Nutzung

---

[604] Vgl. Kapitel 5.4.1.

| Hohe TV-Sport-Nutzung (n= 93) | | | |
|---|---|---|---|
| Hypothese | t-Wert | Pfadkoeffizient | Ergebnis |
| H 1a | 0,0313 | 0,003 | verworfen |
| H 1b | 0,53 | 0,074 | verworfen |
| H 1c | 4,5049 | 0,475 | beibehalten |
| H 1d | 1,7067 | 0,158 | beibehalten[605] |
| H 1e | 0,7986 | 0,092 | verworfen |
| H 1f | 2,1746 | 0,16 | beibehalten |
| H 2a | 1,6955 | 0,12 | beibehalten[606] |
| H 2b | 2,2129 | 0,158 | beibehalten |
| H 2c | 2,829 | 0,325 | beibehalten |
| H 2d | 0,5183 | -0,048 | verworfen |
| H 2e | 3,1151 | 0,357 | beibehalten |
| H 2f | 1,5275 | 0,129 | verworfen |
| H 3 | 1,0778 | -0,056 | verworfen |
| H 5a | 1,432 | -0,107 | verworfen |
| H 5b | 0,3077 | -0,029 | verworfen |
| H 7a | 6,6923 | 0,589 | beibehalten |
| H 7b | 5,0104 | 0,485 | beibehalten |

Tabelle 47: Pfadkoeffizienten und t-Werte der Gruppe mit niedriger TV-Sport-Nutzung

Aus Tabelle 48 werden signifikante Unterschiede zwischen den Gruppen bei H 1f, H 2e und H 2f ersichtlich. Der Moderator als Einflussgröße auf die Einstellung sowohl gegenüber dem Profi-Sport-Format (H 1f) als auch gegenüber dem Promi-Sport-Format (H 2f) wirkt bei wenig TV-Sport-Interessierten wesentlich stärker als bei Personen, die häufig TV-Sport-Angebote nutzen. Die Identifikation mit dem Prominenten hingegen als Einflussfaktor ist bei der letzteren Gruppe deutlich stärker ausgeprägt. Mögliche Gründe für diese Unterschiede werden im folgenden Abschnitt diskutiert.

| | Geringe TV-Sport-Nutzung (n=96) | | | Hohe TV-Sport-Nutzung (m=93) | | | Gruppen-vergleich |
|---|---|---|---|---|---|---|---|
| Hypothese | Pfad-koeff. | t-Wert | Standard-fehler | Pfad-koeff. | t-Wert | Standard-fehler | t-Wert |
| H 1f | 0,432 | 3,8421 | 0,1124 | 0,16 | 2,1746 | 0,0736 | 2,0219 |
| H 2e | 0,012 | 0,1275 | 0,0941 | 0,357 | 3,1151 | 0,1146 | 2,3458 |
| H 2f | 0,354 | 5,0162 | 0,0706 | 0,129 | 1,5275 | 0,0844 | 2,061 |

Tabelle 48: Werte des Gruppenvergleichs für die moderierende Variable TV-Sport-Nutzung

---

[605] Auf dem 10%-Niveau signifikant.
[606] Auf dem 10%-Niveau signifikant.

## 5.5    Interpretation der Ergebnisse

Die im vorangegangenen Kapitel beschriebenen Ergebnisse der Untersuchung bedürfen nun einer Interpretation, um daraus aussagefähige Implikationen ableiten zu können. Zunächst ist für das Messmodell zu konstatieren, dass nach der Elimination eines Indikators für alle übrigen Indikatoren die erforderlichen Gütekriterien erfüllt wurden und somit von einer hohen Güte des Messmodells ausgegangen werden kann.[607] Bezüglich der reflektiven Indikatoren impliziert dies eine gelungene Operationalisierung, da die latenten Variablen tatsächlich ihre zugehörigen Indikatoren verursachen und diese demzufolge zur Messung der latenten Variablen eingesetzt werden können. Bei den formativen Indikatoren hingegen ist ein signifikanter Einfluss der Indikatoren nicht bei allen hypothetischen Konstrukten gegeben, zudem weisen drei formative Indikatoren negative Gewichte auf, ohne dass es sich um invers formulierte Fragen handelt. Da diese Gewichte jedoch bis auf einen Fall im nicht signifikanten Bereich liegen und insgesamt für jedes formative Konstrukt mindestens ein Indikator einen signifikanten t-Wert aufweist, wird von einer Entfernung dieser Indikatoren aus dem Modell abgesehen, da dies den Bedeutungsinhalt des Konstrukts verändern würde.[608]

Lediglich der reflektive Indikator Identifikation 2c „Ich feuere gerne bestimmte Promis in dieser Sportart im Promi-Format an" musste aus dem Modell entfernt werden, da hier das Unidimensionalitäts-Kriterium, das eine klare Zuordnung der reflektiven Indikatoren zu ihrem Konstrukt erfordert, nicht erfüllt war. Der Indikator Identifikation 2c weist mit einem Wert von über 0,5 eine relativ hohe Ladung auf das Konstrukt Spannung auf. Dieses Item wurde bei der Operationalisierung in Kapitel 5.2.6 der Motiv-Skala von *Gantz* entnommen und konnte dort dem Faktor „to thrill in victory" zugeordnet werden, der die emotionale Befriedigung durch die Sport-Rezeption mit dem Sieg der favori-

---

[607] Vgl. Kapitel 5.4.2.
[608] Zur Begründung dieser Entscheidung vgl. auch Kapitel 5.4.2.

sierten Mannschaft verbindet.[609] Gemäß der in Kapitel 3.4.2 vorgestellten Dispositionstheorie wird ein Zusammenhang zwischen der Parteinahme für ein Team und der empfundenen Spannung beschrieben, sodass dadurch das Anfeuern auch als ein Element des Konstruktes Spannung bezeichnet werden kann. Die unklare Zuordnung des Indikators ist jedoch nur im Promi-Sport-Format aufgetreten, mögliche Schlussfolgerungen aus dieser Unterscheidung sollen an dieser Stelle jedoch nicht gezogen werden.

Darüber hinaus konnten bei der Überprüfung der Unidimensionalität starke Ladungen der Indikatoren des Konstruktes Sehabsicht 1 (Zielgerichtet) sowohl auf das eigene Konstrukt als auch auf die Sehabsicht 2 (Zapping) nachgewiesen werden. Die starke Ähnlichkeit in der Formulierung der Items stellt hier eine mögliche Ursache dar. Zudem schließt das zielgerichtete Sehen von Profi-Sport möglicherweise das ‚Hängen bleiben' beim Zapping mit ein, denn Personen, die normalerweise zielgerichtet eine Sportübertragung auswählen, werden wahrscheinlich auch im Falle des zufälligen Zappens die Übertragung ansehen. Umgekehrt hingegen erscheint dies weniger plausibel.

Bei Betrachtung der Modellzusammenhänge auf Strukturmodellebene mussten einige Hypothesen abgelehnt werden. Sowohl für das Profi- als auch für das Promi-Sport-Format hat sich der positive Einfluss der Ästhetik auf die Einstellung nicht bestätigen lassen, obwohl etwa die Hälfte der Probanden Sportarten wie Eiskunstlauf, Tanzen, Turmspringen oder Turnen ausgewählt hat,[610] bei denen ästhetische Elemente wie Bewegungsstil oder Auswahl der Kleidung sogar in die Punkte-Bewertung der Jury mit einfließen. Der Gruppenvergleich zeigte in diesem Zusammenhang auch einen durchaus signifikanten Einfluss des Faktors Ästhetik im Profi-Sport-Bereich bei den Serien-Formaten Tanzen und Eiskunstlauf.[611] Da die andere Hälfte der Befragten jedoch Anga-

---

[609] Vgl. Gantz (1981), S. 268.
[610] Vgl. Kapitel 5.4.1.
[611] Vgl. Kapitel 5.4.4.

ben zu weniger ästhetischen Sportarten abgegeben hat, lässt sich daraus der nicht-signifikante Einfluss dieses Konstruktes im Gesamtmodell ableiten.

Ebenfalls musste die vermutete positive Wirkung der Sensationslust im Gesamtmodell für beide Formate revidiert werden, denn auch hier haben sich die Zusammenhänge als nicht signifikant erwiesen. Eine der möglichen Erklärungen kann in der Gesamtbetrachtung der Sportarten liegen, wodurch Einzeleffekte möglicherweise aufgehoben werden – denn bei einer späteren separierten Betrachtung einiger Sportarten im Modellvergleich zeigen sich durchaus signifikante Einflüsse.[612]

Im Gegensatz zu den bisherigen Forschungen zur Sport-Rezeption, die einen starken Einfluss der Identifikation mit Sportlern auf die Rezeptionsabsicht nachweisen konnten,[613] zeigten sich diese Zusammenhänge im vorliegenden Modell für das Profi-Sport-Format nicht.[614] Dies kann daran liegen, dass entgegen der bisherigen Vorgehensweise die Sehmotive nicht als direkte Einflussgrößen auf die Sehabsicht, sondern gemäß der Theorie des geplanten Verhaltens zunächst als Einflussgrößen der Einstellung gemessen wurden,[615] was beim Vergleich mit Ergebnissen anderer Studien zu berücksichtigen ist. Im Gegensatz zum Profi-Sport-Format bestätigte sich beim Promi-Sport der Einfluss der Identifikation auf die Einstellung, wobei hier die Identifikation mit den prominenten Teilnehmern erfolgt. Eine Diskrepanz zeigt sich auch zwischen dem Ergebnis der Analyse des Profi-Sport-Formats mittels PLS und den Resultaten der direkten Befragung der Teilnehmer, was ihnen denn beim Profi-Sport wichtig ist. Hier gehört die Möglichkeit zur Identifikation mit einem Wert von 5,23 zu den drei wichtigsten Faktoren. Eine umgekehrte Situation zeigte sich für den Faktor Unterhaltung. Während dieser von den Befragten selbst als weniger wichtig angegeben wurde (3,87), zeigte er sich interessanterweise

---

[612] Vgl. Kapitel 5.4.4.
[613] Vgl. Kapitel 3.2.2.
[614] Vgl. Kapitel 5.4.3.
[615] Vgl. Kapitel 4.5.

jedoch als bedeutendster Einflussfaktor beider Einstellungskonstrukte, also Promi- und Profi-Sportsendung.

Zwei Konsequenzen lassen sich aus diesen Unterschieden schlussfolgern. Einerseits können diese Diskrepanzen auf Verzerrungen durch eine direkte Abfrage der Wichtigkeit von Rezeptionsmotiven hindeuten. Direkt befragt verbinden die Probanden eine Sportübertragung weniger mit Unterhaltungsaspekten, bei der Einstellungsbildung spielen solche Aspekte jedoch möglicherweise unterbewusst eine Rolle. Andererseits ist es möglich, dass die Auswahl einer Fernsehsendung – und das insbesondere beim Zapping, bei dem keine auf vorherigen Überlegungen fundierte Auswahl einer Sendung erfolgt – nicht über den Prozess der Einstellungsbildung erfolgt,[616] sondern die Erfüllung verschiedener Rezeptionsmotive sich direkt in einem ‚Hängen bleiben' an einem Fernsehprogramm beim Zapping niederschlägt.[617] Daraus resultierende Handlungsempfehlungen werden in Kapitel 6.2.2 aufgezeigt.

Einheitliche Ergebnisse konnten dagegen bei den Faktoren Spannung und Moderator festgestellt werden. Beide werden von den Probanden selbst als die bedeutsamsten Faktoren für die Rezeption einer Profi-Sportübertragung angesehen und haben sich zudem für beide Formate als signifikante positive Einflussfaktoren der Einstellung erwiesen.[618] Hinsichtlich des bisher unzureichend untersuchten Einflusses des Moderators kann konstatiert werden, dass den Ergebnissen zufolge sowohl die Informationsübermittlung als auch eine unterhaltsame Moderation wichtige Funktionen des Moderators darstellen.

Neben der Wirkungsdeutung der verschiedenen Einflussfaktoren auf das Einstellungs-Konstrukt sind in einem weiteren Schritt die Ergebnisse zum Ein-

---

[616] Diese Vermutung wird durch die unzureichenden R²- und Q²-Werte der Konstrukts Zapping auf Strukturmodellebene gestützt, vgl. Kapitel 5.4.3 sowie die weiteren Ausführungen dieses Kapitels. Zur Begründung von Zapping vgl. auch Rubin (1983) sowie Rubin (1984) und Kapitel 3.1.3.
[617] Aus der Werbewirkung kennt man solche direkten Wirkungen ohne dass eine Einstellungsbildung erfolgt, vgl. z. B. Kroeber-Riel/Weinberg (1999), S 587 ff.
[618] Vgl. Kapitel 5.4.3.

stellungstransfer einer genaueren Betrachtung zu unterziehen. Die aufgestellten Hypothesen zum Transfer der Einstellung vom Profi- auf das Promi-Sport-Format unter Berücksichtigung des Fits als Interaktionsvariable (H 3 und H 4) konnten nach Auswertung der erhobenen Daten nicht beibehalten werden.[619] Dieses Resultat deckt sich nicht mit dem vielfach nachgewiesenen positiven Zusammenhang zwischen Muttermarke und Transferprodukt aus der klassischen Markentransferforschung.[620] Obwohl der Fit zwischen den Nutzungsattributen gemäß der Schematheorie als einer der wichtigsten Erfolgsfaktoren für einen Markentransfer gilt ist sein Einfluss in der vorliegenden Studie nicht signifikant.

Aufgrund dieser Ergebnisse sollte indessen nicht der durch viele Studien manifestierte Einstellungstransfer in Frage gestellt werden. Vielmehr ist anzunehmen, dass – im Gegensatz zur klassischen Konsumgüterbranche, in der eine große Anzahl verschiedener Marken nebeneinander existieren und daher eine Differenzierung durch die Schaffung klarer, in den Köpfen der Verbraucher verankerter Markenbilder vonnöten ist,[621] – ein Verständnis von Sportarten als Marken bei den Zuschauern nicht zu bestehen scheint. Folglich wird deshalb auch der postulierte Zusammenhang zwischen dem Profi-Sport-Format als Muttermarke und dem Promi-Sport-Format als ihr Transferprodukt möglicherweise nicht wahrgenommen.

Vermutlich kann aufgrund dieser zu schwach wahrgenommenen Verbindung auch die in den Hypothesen H 5a, H 5b, H 6a und H 6b formulierte, in der Studie aber nicht nachgewiesene[622] positive Rückwirkung vom Transferprodukt Promi-Sport-Format auf die zukünftige Sehabsicht des Profi-Sport-Formates erklärt werden. Hier ist anzumerken, dass auch die bisherige Forschung zum Rücktransfer keine eindeutigen Ergebnisse zulässt und zudem im Medienbe-

---

[619] Vgl. Kapitel 5.4.3.
[620] Vgl. Kapitel 4.4.
[621] Vgl. Nieschlag/Dichtl/Hörschgen (2002), S. 229.
[622] Vgl. Kapitel 5.4.3.

reich zwar von *Caspar* eine solche Rückwirkung als theoretisch durchaus existent bezeichnet, empirisch jedoch nicht nachgewiesen wird.[623] Die in Kapitel 4.1 diskutierten Überlegungen zum Reputationsaufbau von Randsportarten durch die Implementierung in Promi-Unterhaltungs-Formate können nach Auswertung der Messergebnisse demnach nicht aufrechterhalten werden. Da die Wirkungen eines Rücktransfers jedoch im beschriebenen Rahmen der vorliegenden Arbeit erstmalig untersucht wurden, sollte aus diesen Ergebnissen nicht geschlussfolgert werden, dass ein Transferprodukt die Stammmarke nicht stärken kann. Stattdessen ist aufgrund der Neuartigkeit der Thematik im Hinblick auf daraus abzuleitende Implikationen der eher explorative Charakter dieser Studie zu berücksichtigen. Bestätigt werden konnte durch die empirische Studie hingegen der positive Einfluss der Einstellung gegenüber dem Profi-Sport-Format auf die zukünftige Sehabsicht des Profi-Sport-Formates (Hypothesen 7a und 7b),[624] womit die in Kapitel 4.5 vorgestellte Theorie des geplanten Verhaltens auch im Kontext von Fernsehsendungen bestätigt werden kann.

Abgesehen von der Hypothesenüberprüfung bedürfen im Weiteren die Ergebnisse zur Gütebeurteilung des Modells auf Strukturebene einer genaueren Interpretation. Hierbei ist die Erklärungskraft aller endogenen Konstrukte im Modell durch die ihnen vorgelagerten, exogenen Größen zu betrachten, wobei das Konstrukt Sehabsicht 2 (Zapping) den erforderlichen $R^2$-Wert nicht erreicht.[625] Demzufolge kann die Verhaltensabsicht, beim Zappen durch die Programme bei einem Profi-Sport-Format ,hängen zu bleiben', nur unzureichend durch die vorgelagerten Einstellungsgrößen erklärt werden. Andere Größen, die dieses Konstrukt möglicherweise besser determinieren, aber nicht im Modell Berücksichtigung fanden, können situative Faktoren wie das Wetter oder der Wochentag sein.[626] Das unbestimmte Durchschalten der Programme

---

[623] Vgl. Caspar (2002b) sowie Kapitel 4.5.
[624] Vgl. Kapitel 5.4.3.
[625] Vgl. Kapitel 5.4.3.
[626] Vgl. Kapitel 3.1.1.

und ‚Hängen bleiben' an einer Sendung impliziert demzufolge kein zielgerichtetes Interesse an einer Sportart, welches in Zusammenhang mit der kognitiven Komponente der Einstellung steht,[627] sondern tritt womöglich aufgrund mangelnder alternativer Freizeitaktivitäten auf. In Verbindung mit der mangelnden Erklärungskraft der Sehabsicht mittels Zapping durch die exogenen Einflussgrößen ist auch die Nicht-Erfüllung der Vorhersagevalidität dieses Konstrukt zu sehen. *Stone-Geissers* $Q^2$ liegt für das Konstrukt Sehabsicht 2 (Zapping) unter dem Mindestwert, was bedeutet, dass die Parameter des Modells das Konstrukt nur unzureichend vorhersagen können und folglich andere Einflussgrößen existieren müssen.

Im Fall der beiden Einstellungs-Konstrukte sowie für die zielgerichtete Sehabsicht als Zielgröße im Modell erfüllen die erklärte Varianz und die Vorhersagevalidität hingegen die Mindestanforderungen. Dieses Ergebnis steht im Einklang mit der Definition nach *Kroeber-Riel*, wonach die Einstellung von der subjektiv empfundenen Eignung des betreffenden Objektes zur Befriedigung der Motive einer Person abhängt.[628] So wird die Varianz der Einstellung gegenüber dem Profi-Sport-Format zu rund 58% bzw. gegenüber dem Promi-Sport-Format sogar zu 64% durch die sechs Einflussfaktoren, die als Motive zu verstehen sind, erklärt.[629] Auch die Varianz des Konstruktes Sehabsicht 1 (Zielgerichtet) lässt sich zu einem guten Drittel (36%) durch die ihr vorgelagerten Größen erklären, wobei hier die Einstellung gegenüber dem Profi-Sport-Format aufgrund des stark positiven Pfadkoeffizienten von 0,6 den entscheidenden Einfluss aufweist,[630] was eine weitere Bestätigung der Theorie des geplanten Verhaltens für diesen Zusammenhang ausdrückt.

Im Anschluss an die Betrachtung des Modells auf aggregiertem Niveau erfolgte die Durchführung verschiedener Gruppenvergleiche zur Analyse der mode-

---

[627] Vgl. Kapitel 4.1 zur Drei-Komponenten-Theorie der Einstellung.
[628] Vgl. Kapitel 4.2.
[629] Vgl. Kapitel 5.4.3.
[630] Vgl. Kapitel 5.4.3.

rierenden Variablen. In einem ersten Modellvergleich zum Einfluss des Geschlechts zeigten sich wenige Unterschiede in der Stärke der Ursache-Wirkungs-Zusammenhänge. Lediglich in einem Fall konnte ein signifikanter Unterschied zwischen Männern und Frauen festgestellt werden. Bei Frauen wirkt die empfundene Spannung bei der Rezeption einer Promi-Veranstaltung demnach deutlich stärker auf die Einstellung gegenüber diesem Format als bei den männlichen Befragten. Des Weiteren zeigten sich einzelne Pfadkoeffizienten nur bei einem Geschlecht als signifikant, der t-Test zum Gruppenvergleich zeigte jedoch keine Signifikanz der Unterschiede zwischen den Gruppen.[631]

Der zweite Gruppenvergleich befasste sich mit der Unterscheidung der Promi-Veranstaltungen in Einzel- und Serien-Formate, wobei die Sportarten Rodeln und Turmspringen dem Einzel- bzw. Eiskunstlauf und Tanzen dem Serien-Format zugeordnet wurden und diese vier Sportarten gleichzeitig die größten Gruppen stellten. Interessanterweise haben sich ausschließlich für das Profi-Sport-Format signifikante Unterschiede in den Einflussgrößen der Einstellung ergeben,[632] sodass sich die Anzahl der Ausstrahlungen der verschiedenen Promi-Veranstaltungen auf die Einstellung gegenüber dem Promi-Sport-Format sowie dem Rücktransfer vom Promi- auf das Profi-Sport-Format nicht auszuwirken scheint.

Dies widerspricht zunächst den Überlegungen aus der Konsumkapitaltheorie von *Stigler/Becker*, nach der die Häufigkeit des Konsums sich positiv auf das Wissen und damit auch auf den Nutzen aus der Sport-Rezeption auswirkt, wodurch eine langfristige Bindung an die Sportart möglich ist, die wiederum eine positive Einstellung voraussetzt.[633] Hinsichtlich der Konzeption des Fragebogens ist jedoch darauf hinzuweisen, dass die Bedingung für die Auswahl einer Sportart lediglich in der zumindest einmaligen Rezeption im Promi-Sport-Format bestand, sodass innerhalb der Probandengruppe, die sich für ein Se-

---

[631] Vgl. Kapitel 3.1.1.
[632] Vgl. Kapitel 5.4.4.
[633] Vgl. Kapitel 4.1.

rien-Format entschieden hat, nicht zu differenzieren ist, ob dieses nur einmal oder tatsächlich über mehrere Wochen hinweg regelmäßig verfolgt wurde. Die Frage, ob sich die Anzahl der Ausstrahlungen auf die Modellzusammenhänge tatsächlich nicht auswirkt, kann daher aufgrund des zu unklar definierten Auswahlkriteriums einer Sportart nicht abschließend beurteilt werden.

Der Modellvergleich kann jedoch bezüglich der hierfür ausgewählten Sportarten eine nähere Betrachtung erfahren. Im Profi-Sport-Format ist ein deutlich stärkerer Einfluss der Konstrukte Ästhetik und Unterhaltung auf die Einstellung bezüglich der Sportarten Tanzen und Eiskunstlauf zu konstatieren, was die Einordnung in der Literatur als typisch ästhetische Sportarten, die unterhaltsam und entspannend wirken, stützt.[634] Zudem zeigte sich für diese beiden Sportarten im Profi-Sport-Format ein signifikant negativer Einfluss des Konstrukts Sensationslust auf die Einstellung.[635] Als mögliche Ursache für dieses Ergebnis kann wiederum auf die Theorie der sozialen Identität verwiesen werden, nach der sich Personen bestimmten sozialen Gruppen – wie der Fan-Gemeinde eines Sportlers oder Teams – zuordnen und durch den Erfolg des Sportlers bzw. Teams ihr eigenes Selbstbewusstsein stärken. Demzufolge sind spektakuläre und unerwartete Aktionen sowie die Blamage eines Sportlers nicht erwünscht. Es wird stattdessen der ‚sichere Sieg' präferiert.[636]

Als weitere moderierende Variable im Modell wurde der Einfluss der Häufigkeit der bisherigen Rezeption der gewählten Sportart im Profi-Sport-Format untersucht. Interessanterweise konnte einzig für diesen Gruppenvergleich ein signifikanter Unterschied für den Einstellungstransfer vom Profi- auf das Promi-Sport-Format ermittelt werden (H 3). Bei Personen, die bereits mehrfach Berichterstattungen über die gewählte Sportart im Profi-Sport-Format verfolgt haben, ist ein signifikant negativer Einfluss der Einstellung gegenüber dem Profi- auf die Einstellung gegenüber dem Promi-Sport-Format zu verzeichnen, was

---

[634] Vgl. Schellhaaß (2003b), S. 3.
[635] Vgl. Kapitel 5.4.4.
[636] Vgl. Kapitel 3.4.2.

wiederum darauf hindeutet, dass die Promi-Sendung – zumindest für Sportin-teressierte – nicht als gelungenes Transferprodukt wahrgenommen wird. Ob hier die Betonung der Unterhaltungskomponente gegenüber einer ernsthaften sportlichen Leistungsmessung als Ursache des negativen Einstellungstrans-fers gilt, kann an dieser Stelle nur vage gemutmaßt werden. Dagegen ist der Kausalzusammenhang von Einstellung gegenüber dem Profi-Format und der Absicht, bei diesem auch zukünftig beim Zapping ‚hängen zu bleiben' bei Per-sonen, die bisher selten professionelle Wettkämpfe der Sportart gesehen ha-ben, wesentlich stärker ausgeprägt.

Hervorzuheben ist außerdem ein deutlich höherer positiver Einfluss der Span-nung auf die Einstellung gegenüber dem Profi-Format bei häufiger im Ver-gleich zu geringer Rezeption,[637] was sich durch die Überlegungen von *Schell-haaß* begründen lässt, nach denen der Aufbau eines Basiswissens durch re-gelmäßige Nutzung notwendig ist, um die Spannung eines sportlichen Wett-kampfes zu empfinden. Denn wer die Regeln nicht versteht, schaltet in ein an-deres Programm mit höherem Nutzenwert um.[638] Damit einhergehend ist e-benfalls der höhere Einfluss des Moderators einer Sportsendung bei geringer bisheriger Rezeption zu erklären, denn diese Personen erhoffen sich mögli-cherweise durch zusätzliche Erklärungen und Hintergrundinformationen sei-tens des Moderators eine Orientierungshilfe und Unterstützung bei der Investi-tion in den Wissensaufbau (Konsumkapital). Damit lässt sich auch der signifi-kant stärkere Einfluss des Moderators auf die Einstellung gegenüber beiden Sendeformaten bei Personen, die selten Sport im Fernsehen schauen, be-gründen.

Die Gruppenvergleiche bezüglich der allgemeinen Fernsehnutzung als auch der speziellen TV-Sport-Nutzung zeigten zudem einen Unterschied im Einfluss des Motivs Identifikation auf die Einstellung. Bei Rezipienten, die häufig Fern-

---

[637] Vgl. Kapitel 5.4.4.
[638] Vgl. Schellhaaß (2003b), S. 3 f.

sehen bzw. Sport im Fernsehen schauen, ist dieser Zusammenhang deutlich stärker ausgeprägt.[639] Allerdings handelt es sich hierbei um die Identifikation mit einem Prominenten (H 2e), während die Identifikation mit einem Profi-Sportler (H 1e) in beiden Vergleichen keine signifikanten Ergebnisse hervorgebracht hat. Dieser Unterschied entspricht den Ergebnissen des Gesamtmodells.

Hinsichtlich der Ableitung von Handlungsempfehlungen aus den ausführlich diskutierten Ergebnissen ist vor allem vor allgemeingültigen Aussagen bezüglich der Rezeption von Sport zu warnen, da in der empirischen Studie verschiedene Sportarten berücksichtigt, diese aber nicht alle explizit getrennt voneinander betrachtet wurden. Hierbei ist zudem die in der Gesamtansicht zwar ausreichend große, bezüglich der einzelnen Sportarten aber relativ kleine Stichprobengröße zu berücksichtigen, die zudem aufgrund des hohen Akademiker-Anteils und des jungen Durchschnittsalters als nicht repräsentativ für die Gesamtbevölkerung gelten muss. Dennoch lassen sich insbesondere im Hinblick auf den bisher unerforschten Zusammenhang zwischen Profi- und Promi-Sport-Formaten im Fernsehen interessante Ergebnisse ableiten, die sowohl für die Forschung in diesem Bereich als auch für Fernsehanstalten und Sportverbände von Bedeutung und Interesse sind.

---

[639] Vgl. Kapitel 5.4.4.

# 6 Implikationen

## 6.1 Implikationen für die Medien-Sport-Forschung

Für weitergehende Forschungen im Medien-Sport-Kontext ist zunächst auf die hohe Güte des Messmodells der empirischen Studie hinzuweisen, die eine gelungene Operationalisierung der Konstrukte impliziert und demzufolge auch zukünftig Anwendbarkeit finden kann. Auf Strukturmodellebene ist vor allem die hohe Erklärungskraft der beiden Einstellungs-Konstrukte durch die ausgewählten Rezeptionsmotive zu betonen sowie der stark positive Einfluss des Konstruktes Moderator aufgrund seiner Neuaufnahme in den Motiv-Katalog hervorzuheben. Die Funktion des Moderators sollte daher auch in weiteren Studien untersucht werden. Jedoch ist der Einfluss bestimmter Faktoren immer unter Berücksichtigung der ausgewählten Sportart zu betrachten, beispielsweise konnte der Einfluss der ästhetischen Komponente für das Gesamtmodell zwar nicht, für die Sportarten Tanzen und Eiskunstlauf hingegen deutlich nachgewiesen werden, sodass in weiteren Untersuchungen die verschiedenen Sportarten verstärkt eine getrennte Betrachtung bezüglich der Einstellungsfaktoren erfahren sollten.

Darüber hinaus ist die Analyse von Zusammenhängen zwischen den Rezeptionsmotiven von Bedeutung. Denkbar ist beispielsweise, dass der Unterhaltungsaspekt durch den Moderator beeinflusst wird[640] oder auch das eine Verbindung zwischen der Befriedigung des Motivs Sensationslust und der durch eine Sendung generierten Spannung besteht. Die Untersuchung von Querverbindungen war jedoch nicht Ziel der vorliegenden Studie. Insgesamt ist zu konstatieren, dass Mediennutzungsmotive allein nicht die Hinwendung zu und den Umgang mit bestimmten Medien erklären können. Die Alltagsstruktur des Rezipienten, d. h. welchen Belastungen und Beanspruchungen er ausgesetzt

---

[640] So wird das Konstrukt Moderator über die Dimensionen Informationsvermittlung und unterhaltsame Moderation operationalisiert. Insbesondere letzteres wird wahrscheinlich einen Einfluss auf den Unterhaltungscharakter einer Sendung ausüben. Auf Zusammenhänge zwischen der Gestaltung der Moderation und anderen Rezeptionsmotiven weisen auch *Bryant et al.* (1982) hin.

ist, wie sich seine familiäre Situation oder die ökonomische Sicherheit gestaltet, wurde bisher nur unzureichend im Zusammenhang mit der Mediennutzung untersucht und bedarf weiterer Forschung.[641] Ein anderer Ansatzpunkt für zukünftige Forschungsanliegen sind die festgestellten Diskrepanzen zwischen direkter Befragung der Probanden nach der Wichtigkeit verschiedener Rezeptionsmotive sowie die Ermittlung der Bedeutung dieser Motive als Einflussfaktoren der Einstellung. Die in Kapitel 5.5 aufgestellten Vermutungen zur Erklärung der Differenzen sollten in weiteren Studien eine Überprüfung erfahren.

Bezug nehmend auf die ausgewählte Zielgröße Sehabsicht ist festzustellen, dass die Unterteilung in zielgerichtete Verhaltensintention und ungerichtete Zapping-Absicht keine aufschlussreichen Ergebnisse erbracht hat. Das Zapping scheint zu stark von anderen, nicht im Modell erfassten Größen beeinflusst zu sein und ist somit nicht als Folge einer Einstellungsbildung zu verstehen, sodass sich dieses Konstrukt – zumindest in der hier verwendeten Form – nicht als abhängige Größe der Einstellung eignet. In der Forschung werden daher über die Befragung der Rezipienten hinaus auch Experimente oder Zukunftsszenarios als viel versprechende Methoden angesehen, um verschiedene Darstellungsformen auf ihre Akzeptanz hin zu überprüfen.[642] Bei diesen Verfahren ist es möglicherweise einfacher, den bereits angesprochenen Einfluss situativer Faktoren auf die Verhaltensabsicht zu überprüfen.

Kritisch anzumerken ist, dass die vorliegende Form der Befragung zwar zulässt, zwischen Probanden, die eine Einzelsendung bzw. eine Sendung des Serienformats bei der Beantwortung der Fragen berücksichtigt haben, zu unterscheiden, jedoch setzte die Fragestellung lediglich eine mindestens einmalige Rezeption der Sendung im Promi-Format voraus. Dadurch war der Einfluss einer mehrfachen Nutzung von Serien-Formaten nicht prüfbar, was jedoch interessante Ergebnisse hinsichtlich der Einstellungsbildung und Verhal-

---

[641] Vgl. Huber (2006), S. 23.
[642] Vgl. Hagenah (2004a), S. 92.

tensintention hätte erbringen können und daher in zukünftigen Untersuchungen zweckdienlicher erfasst werden sollte. Eine weitere Problematik bei der Betrachtung solcher Promi-Sport-Formate liegt allerdings darin, dass nur drei der zwölf verschiedenen Formate als Serien-Format produziert wurden, sodass es schwierig erscheint, eine ausreichende Anzahl an Probanden zu ermitteln, die alle einzelnen Ausstrahlungen einer Serie gesehen haben.

Weiterhin konnte durch die große Anzahl der zur Wahl stehenden Promi-Sport-Formate zwar ein großer Probandenkreis für die Studie gewonnen werden, die einzelnen Gruppen sind jedoch aufgrund der Unterteilung in zwölf Sportarten teilweise sehr klein[643] und daher nicht für eine detailliertere Betrachtung geeignet. In der vorliegenden Studie sollte jedoch vordergründig ein genereller Zusammenhang zwischen dem Profi- und Promi-Sport-Format untersucht werden, um neue Möglichkeiten eines Reputationsaufbaus für Randsportarten zu überprüfen. Daher war eine Zusammenfassung der verschiedenen Promi-Sport-Formate zu vertreten – um Aussagen hinsichtlich einer genaueren Wirkungsweise einzelner Formate formulieren zu können, bieten sich aber zukünftig weitere Forschungen zu einzelnen Formaten an.

Forschungsstrategisch betrachtet ist die fast ausschließliche Konzentration auf medial unterrepräsentierte Sportarten in der Studie hervorzuheben, da sich ein Großteil der bisherigen Forschungen auf die Rezeption von Spitzensportarten wie American Football, Baseball oder Fußball beschränkt.[644] Daher liegt insbesondere für den Randsportbereich enormer Forschungsbedarf vor, sodass zu weiteren Untersuchungen für eine bessere Vergleichsmöglichkeit der ermittelten Ergebnisse dringlich geraten werden kann. Die vorliegende Studie stellt dabei einen ersten Schritt dar, Forschungslücken im Bereich Randsportarten zu schließen.

---

[643] Vgl. Kapitel 5.4.1.
[644] Vgl. Kapitel 3.2.

Ein weiteres interessantes Forschungsgebiet liegt in der Analyse der Unterschiede zwischen den Geschlechtern, denn das in jüngeren Studien konstatierte stärkere Sport-Interesse besonders von jüngeren Frauen im Vergleich zu Männern konnte durch die vorliegende Stichprobe nicht bestätigt werden. Bei der Interpretation der Ergebnisse künftiger Erhebungen bezüglich des Geschlechtes ist jedoch eine Unterscheidung zwischen einer regelmäßigen Rezeption von Sportberichterstattungen im Fernsehen und der Rezeption besonderer Großereignisse wie der Fußball-WM in 2006 vorzunehmen, da solche Großveranstaltungen eine starke weibliche Sehbeteiligung, die teilweise über der männlichen liegt, aufweisen.

Hervorzuheben für weitergehende Betrachtungen ist abschließend, dass der in der Literatur immer wieder betonte und auch empirisch bekräftigte starke Einfluss der Identifikation mit dem Sportler bzw. Team im Profi-Sport-Format nicht bestätigt werden konnte, obwohl derselbe Probandenkreis diesen Faktor als generell wichtiges Zuwendungsmotiv für die Rezeption von Sportberichterstattungen im Fernsehen empfunden hat. Auch hier sollten sich weitere Forschungsbemühungen dieser Fragestellung annehmen.

## 6.2    Implikationen für die Medien-Sport-Praxis

### 6.2.1    Zur Vermarktung von Randsportarten durch Fernsehsender und Sportverbände

Sowohl Fernsehanstalten als auch Sportverbände verfolgen das gemeinsame Ziel der Generierung zusätzlicher Zuschauernachfrage, um letztlich in einem von starken Verdrängungsmechanismen geprägten Markt wettbewerbsfähig zu bleiben bzw. die erreichte Position weiter auszubauen. Im Falle von Randsportarten ist nach der Konsumkapitaltheorie zunächst der Aufbau von Wissen über die Sportart nötig,[645] bevor der Konsument Nutzen aus der Rezeption einer entsprechenden Randsport-Fernsehübertragung ziehen kann. Hier können Promi-Sport-Formate einen unterhaltsamen ersten Kontaktpunkt mit einer

---

[645] Vgl. Kapitel 4.1.

Randsportart bieten. Für den Erfolg solcher Sendungen sprechen die hohen Einschaltquoten, die auch die Produktion nachfolgender Sendungen bzw. Staffeln zur Folge hatten.[646] Die Möglichkeit einer Rückwirkung solcher Formate auf den Profi-Sport-Bereich im Sinne der Markentransfertheorie konnte in der vorliegenden Studie jedoch nicht bestätigt werden. Für die Vermarktung einer Randsportart scheinen Promi-Sport-Sendungen demnach wenig nutzbringend zu sein.

Eine Erklärung für dieses Ergebnis könnte sein, dass die beiden Formate einen zu unterschiedlichen Charakter aufweisen und Rezipienten die Promi-Sport-Formate lediglich als Unterhaltungsshows ansehen,[647] bei denen der Sport eine eher untergeordnete Rolle spielt bzw. die Sportart an sich für die Show nicht entscheidend ist. Letzterer Aspekt kann auch dadurch begründet sein, dass Promi-Formate verschiedener Sportarten (z. B. „Stars on Ice" und „Let's Dance") sehr ähnlich gestaltet sind, während entsprechende Profi-Sportveranstaltungen in den Sportarten (z. B. Eiskunstlaufen und Tanzen) durchaus größere Unterschiede aufweisen.

Es ist anzunehmen, dass sich Rückwirkungen eher erreichen lassen, wenn eine stärkere Verknüpfung des unterhaltsamen Promi-Formats mit dem entsprechenden Profi-Sport erfolgt. Dies kann durch die Fokussierung auf bestimmte, in beiden Formaten auftretende Personen als Verbindungselemente erreicht werden. Es empfiehlt sich daher, sowohl aktive Spitzensportler für eine Teilnahme an der Promi-Veranstaltung zu gewinnen, deren sportliche Leistungen von interessierten Zuschauern zukünftig auch bei professionellen Wettkämpfen verfolgt werden können, als auch prominente Personen aus der Promi-Sport-Veranstaltung zukünftig beispielsweise als Co-Moderatoren für den Profi-Wettkampf einzusetzen.

---

[646] So wurde die TV Total Wok WM von 2003 bis 2007 jedes Jahr ausgestrahlt und von dem Serienformat „Let's dance" erschien 2007 eine zweite Staffel.

[647] So liegt auch der Mittelwert für die Erfüllung des Rezeptionsmotivs Unterhaltung bei den Promi-Formaten mit einem Wert von 4,64 im überdurchschnittlichen Bereich. Vgl. Kapitel 5.4.3.

Die fehlende Transferwirkung von Promi- zu Profi-Sport ist zudem ein Hinweis darauf, dass der Randsport als solcher vom Zuschauer nicht als Marke wahrgenommen wird. Daraus resultierend ist sowohl den Sportverbänden, die ihre Sportart stärker medial präsentieren möchten, als auch den Fernsehsendern, die sich mit Hilfe einer bisher weniger bekannten Sportart von anderen Sendern differenzieren wollen, dringend zu empfehlen, durch gezielte Marketingmaßnahmen in den Aufbau eines klar positionierten, konstanten Markenbildes zu investieren sowie sich dabei auf bestimmte Zielgruppen zu konzentrieren.[648]

Für die Markenpositionierung einer Sportart sind ein systematischer Aufbau und die gezielte Vermarktung von Spitzensportlern, für die Medien und Sportverbände gleichermaßen verantwortlich sind, von grundlegender Bedeutung. Hier kommen wiederum die Promi-Sport-Formate zum Einsatz, in denen Spitzensportler vergleichbar zu neuen Produkten eingeführt werden können. Dabei empfiehlt es sich, eine Konzentration auf einige wenige hochrangige Sportler vorzunehmen, so dass die Rezipienten im Laufe der Zeit mit den Sportlern vertraut werden. Im Rahmen der Promi-Sport-Formate in Form von Serien bietet es sich hierbei an, in mehreren Staffeln auf dieselben Sportler zurückzugreifen, sodass die Randsportler selbst eine gewisse Prominenz erreichen und zu Stars werden.[649]

Daneben sollte der Reputationsaufbau einer Randsportart durch professionelles Merchandising unterstützt werden, um Sportinteressierten zu ermöglichen, sich auch nach außen hin zum favorisierten Sportler bzw. Team zu bekennen und um dadurch gleichzeitig auf relativ einfache Weise den Bekanntheitsgrad der Sportart zu steigern. Insbesondere für Randsportarten liegt hierin erhebliches, bisher nicht ausreichend ausgeschöpftes Potenzial. Denn je mehr Per-

---

[648] Schellhaaß/Hafkemeyer (2002) bieten in diesem Zusammenhang konkrete Vorschläge für eine Reihe ausgesuchter Sportarten an.
[649] Als Beispiel ist hier die zweite Staffel der Tanzshow „Let's dance" auf RTL zu nennen, bei der die beiden erfolgreichsten Profi-Sportler der ersten Staffel auch in der zweiten Staffel wieder verpflichtet wurden.

sonen sich für eine Sportart und deren Spitzensportler interessieren und dies nach außen hin zeigen, desto höher ist in der Folge auch der zusätzliche Konsumnutzen, der durch die soziale Interaktion, d. h. die gemeinsamen Gespräche mit Gleichgesinnten, entsteht.

Medien können die Vermarktung einer Randsportart dahingehend unterstützen, dass die Sendungen so gestaltet werden, dass sie die Rezeptionsmotive der Zuschauer erfüllen.[650] Generiert eine Sendung beim Zuschauer durch einen entsprechend gestalteten Ablauf Interesse, so ist dieses durch eine regelmäßige Berichterstattung weiter auszubauen, damit – im Sinne der Konsumkapitaltheorie – die Investitionsleistungen der Rezipienten in eine Sportart durch zukünftig erhaltenen Nutzen kompensiert werden bzw. der Nutzen langfristig darüber hinaus geht. Medien können den Aufbau einer Sportart und die Vermarktung von Spitzensportlern außerdem durch so genannte interne Cross-Promotions unterstützen, bei denen Sportler beispielsweise in anderen Sendungen desselben Senders als Gäste auftreten oder durch so genannte Home-Stories Einblicke in ihr Privatleben geben.[651] Auch Ankündigungen und Hinweise auf Sportberichterstattungen in Werbepausen oder innerhalb anderer Sendungen können die Aufmerksamkeit und das Interesse seitens der Zuschauer erhöhen.

Des Weiteren kann der Reputationsaufbau für Randsportarten und ein damit verbundenes gesteigertes Zuschauerinteresse an Profi-Sport-Veranstaltungen durch eine aktive Förderung der Ausübung von Randsportarten durch Medien und Sportverbände unterstützt werden. Auch hier bieten sich die Promi-Sport-Sendungen als Aufhänger für Workshops, Schnupperkurse etc. an. Die Verknüpfung kann dabei entweder kommunikativ erfolgen, indem solche Kurse entsprechend vermarktet werden (z. B. als „Dancing on Ice"-Kurse), oder dadurch, dass den Teilnehmern auch wirklich einige Elemente beigebracht wer-

---

[650] Eine ausführlichere Betrachtung dieses Ansatzpunktes erfolgt in Kapitel 6.2.2.
[651] Vgl. hierzu auch Kühnert (2004), S. 87.

den (z. B. bestimmte Figuren im Eiskunstlauf), die auch von den Prominenten erlernt werden mussten. Als besonderes Highlight sind Workshops denkbar, bei denen die Profi-Sportler der Promi-Formate als Gasttrainer fungieren bzw. komplett ein solches Event anbieten. Einschränkend ist hierbei anzumerken, dass solche Maßnahmen nicht bei allen Randsportarten (z. B. Springreiten, Turmspringen) einfach realisierbar sind.

Ein weiterer Ansatz besteht darin, bei der Vermarktung von Randsportarten über die gezielte Ansprache bestimmter Gruppen zu arbeiten, welche analog zum Diffusionsprozess von Innovationen[652] als Innovatoren die Diffusion und Bekanntheit einer Sportart vorantreiben. Beispiele sind hier Gesellschaftsgruppen wie Schüler oder auch Immigranten, die aufgrund ihres kulturellen Hintergrundes bestimmte Sportarten präferieren und über ihre sozialen Netzwerke die Verbreitung der Sportart ermöglichen.[653]

An all diesen verschiedenen Stellhebeln kann angesetzt werden, damit die Rezeption einer Sportart für den Zuschauer als unterhaltsam und lohnenswert empfunden wird, sich gleichzeitig gegenüber anderen Sportarten abgrenzt und dadurch eher als eigenständige Marke wahrgenommen wird. Fernsehsendern bietet der Aufbau eines Sports zu einer Marke Differenzierungspotential und Ansatzpunkte für eine Senderpositionierung, die sich von konkurrierenden Fernsehanstalten abhebt.

### 6.2.2  Zur Gestaltung von Sportsendungen

Für die Einstellung gegenüber einer professionellen Randsportübertragung haben sich drei Rezeptionsmotive als bedeutsam herausgestellt: Unterhaltung, Spannung und der Moderator. Bei der Promi-Sportsendung kommt als weiteres Motiv die Identifikation mit den Prominenten hinzu. Bei der direkten Befragung nach der Wichtigkeit der Erfüllung der sechs Rezeptionsmotive zeigte

---

[652] Zur Diffusion von Innovationen vgl. z. B. Rogers (1983).
[653] Frisch (2004) stellt beispielsweise Möglichkeiten zum Reputationsaufbau von Fußball in den USA durch die Konzentration auf bestimmte gesellschaftliche Zielgruppen vor.

sich jedoch ein anderes Bild. Hier nahmen Spannung und der Moderator ebenfalls die vorderen Ränge ein, gefolgt von der Identifikationsmöglichkeit. Der Aspekt Unterhaltung wurde dagegen als weniger wichtig bewertet.

In Kapitel 5.5 wurde vor dem Hintergrund dieser Diskrepanzen bereits gemutmaßt, dass die Auswahl einer Sendung sowohl über den Prozess der Einstellungsbildung als auch durch die direkte Wirkung der befriedigten Rezeptionsmotive auf die Sendungswahl erfolgen kann, wobei letzteres insbesondere beim Zapping der Fall ist. Diesem Gedankengang folgend, ist es für die Gestaltung von Sportübertragungen im Randsportbereich von Bedeutung, sowohl die Motive zu befriedigen, die eine positive Einstellungsbildung zur Folge haben, als auch die Aspekte zu berücksichtigen, die von den Zuschauern direkt eine Bedeutung zugewiesen bekommen bzw. ein ‚Hängen bleiben' an einer Sendung bewirken. Daher werden im Folgenden sogenannte Importance-Performance-Matrizen auf Basis der indirekt und direkt erhobenen Bedeutungen der Rezeptionsmotive sowie deren Erfüllung für den Profi-Sportbereich entwickelt, um daraus Handlungsempfehlungen für die effektivere Gestaltung von Sportsendungen im professionellen Randsportbereich ableiten zu können. Abschließend wird ebenfalls mittels einer Importance-Performance-Matrix ein kurzer Blick auf Verbesserungspotential im Bereich der Promi-Formate geworfen. Hierbei erfolgt lediglich eine Betrachtung auf Basis der indirekt ermittelten Bedeutungen (Pfadkoeffizienten), da vermutet wird, dass die Befragten die Promi-Sport-Formate als Unterhaltungsshows und nicht als Sportsendungen aufgefasst haben,[654] weshalb die direkt angegebenen Wichtigkeiten der Motive im Falle der Promi-Sendungen eine geringere Relevanz aufweisen.

Importance-Performance-Matrizen stellen die relative Bedeutung verschiedener Determinanten ihren jeweiligen Ausprägungen (Performance) gegenüber.[655] Für den Praktiker hat das zur Folge, dass er eine mögliche Rangrei-

---

[654] Vgl. Kapitel 6.2.1.
[655] Vgl. Huber/Herrmann/Peter (2003), S. 351.

hung erhält, an welchen Punkten die Gestaltung einer Sendung besonderen Verbesserungsbedarf aufweist. Es zeigt sich, wo unbedeutende Aspekte übermäßig gut erfüllt werden bzw. wichtige Determinanten bisher zu wenig berücksichtigt wurden.[656] Der Wert der relativen Bedeutung ermittelt sich dabei aus der Einflussstärke der Rezeptionsmotive auf die Einstellung bzw. aus der direkten Angabe der Wichtigkeit der sechs Motive durch die Probanden. Im ersten Fall wurden nur die Faktoren aufgenommen, die sich als signifikante Determinanten der Einstellung herausgestellt haben. Die Performance-Werte werden in beiden Situationen durch die Konstruktwerte[657] repräsentiert. Abbildung 14 und 15 zeigen die beiden Importance-Performance-Matrizen für die Profi-Sportübertragung:

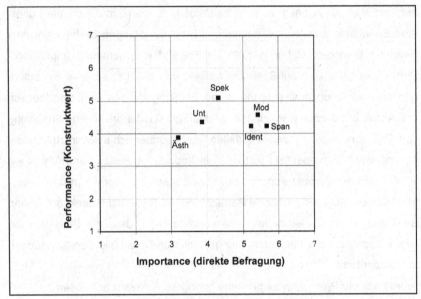

Abbildung 14: Importance-Performance-Matrix für das Profi-Sport-Format auf Basis der direkt abgefragten Wichtigkeiten

---

[656] Zur Importance-Performance-Matrix und der Ableitung von Handlungsempfehlungen vgl. auch Slack (1994).
[657] Vgl. Kapitel 5.4.3.

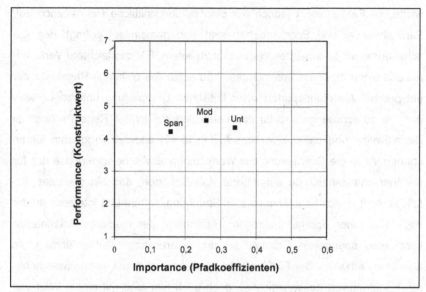

Abbildung 15: Importance-Performance-Matrix für das Profi-Sport-Format auf Basis der berechneten Pfadkoeffizienten

Es zeigt sich, dass bei fast allen Konstrukten noch Verbesserungspotential besteht. Lediglich die Befriedigung der Sensationslust kann bei der zukünftigen Gestaltung von Profi-Sportsendungen außer Acht gelassen werden, da sie mit einem Performance-Wert über 5 bereits gut erfüllt wird, bei der direkten Probandenbefragung nur eine mittlere Wichtigkeit einnimmt und sich für die Einstellungsbildung als nicht signifikant erwiesen hat. Ebenfalls kein Handlungsbedarf besteht bei dem Aspekt Ästhetik, zwar liegt hier eine leicht unterdurchschnittliche Performance vor, aber die Wichtigkeit ist gering bzw. das Konstrukt ist nicht signifikant für die Bildung der Einstellung gegenüber einer Sendung.

Dagegen sollten Fernsehsender bei der Gestaltung von Sportübertragungen einen starken Wert auf die Punkte Spannung und Moderator legen. Während der Moderator im Vergleich zur Spannung für eine Einstellungsbildung von stärkerer Bedeutung ist, zeigt die Importance-Performance-Matrix auf Basis der direkt erfragten Wichtigkeiten ein umgekehrtes Bild. Spannung ist hier der wichtigste Faktor, weist jedoch nur eine durchschnittliche Performance auf. Fernsehsender und Sportverbände sind also gemeinsam gefragt, den Zuschauern einen spannenden Wettkampf zu liefern. Für das leichtere Verständnis und einen erhöhten Spannungsaufbau sollte das bisherige Regelwerk der entsprechenden Randsportart einer kritischen Überprüfung unterzogen werden, da zu schwierige und für den Laien undurchsichtige Regeln schnell zu Demotivation und damit zum Umschalten in ein anderes Programm führen können. Auch die Optimierung der Wettkampfmodi wie beispielsweise das für die Vierschanzentournee eingeführte K.O.-Springen, das ein gewisses Zufallselement in sich birgt, können zum Spannungsaufbau und Interesse an der Rezeption einer Sportart beitragen. Hinsichtlich der medialen Präsentation kann eine spannende Dramaturgie und interessante Kameraführung die Spannung erhöhen. Der Einflussfaktor Moderator ist durch einen etwas höheren Konstruktwert gekennzeichnet, doch auch hier sind mit einem Wert von 4,56 Verbesserungen möglich. Daher ist den Medien zu raten, ein besonderes Augenmerk auf die sorgfältige Auswahl geeigneter Moderatoren zu legen, da diese durch gezielte Informationsvermittlung außerdem einen wichtigen Beitrag zum Reputationsaufbau einer Sportart leisten können.

Ein differenzierteres Bild zeigen die beiden Importance-Performance-Matrizen für die Motive Identifikation und Unterhaltung. Der Aspekt Unterhaltung weist den stärksten Einfluss auf die Einstellung gegenüber der Sendung auf, wird von den Befragten selbst als weniger wichtig für die Auswahl einer Sendung angesehen. Die umgekehrte Situation liegt bei der Determinante Identifikation vor. Beide Faktoren weisen Konstruktwerte im leicht überdurchschnittlichen Bereich auf. Hier sollten Fernsehsender und Sportverbände mit Bedacht vorgehen und nicht zu viele Ressourcen investieren, da die Ergebnisse nicht eindeutig sind und die Performance-Werte akzeptabel sind.

Wie die Importance-Performance-Matrix auf Basis der Pfadkoeffizienten und Konstruktwerte für das Promi-Sport-Format zeigt (vgl. Abbildung 16), weist auch bei diesen Sendeformaten die Unterhaltung den höchsten Pfadkoeffizienten unter den Einstellungsdeterminanten auf. Da diese Formate auch als Unterhaltungsshows vermarktet werden und – wie bereits erwähnt – von den Rezipienten sehr wahrscheinlich als solche wahrgenommen werden, können Fernsehsender durchaus ohne Bedenken Maßnahmen ergreifen, um diesen Aspekt noch weiter zu steigern. Denn der Performance-Wert liegt mit 4,64 zwar über dem Durchschnitt, aber dennoch weit unter dem Maximalwert 7. Eine konkrete Maßnahme zur Steigerung des Unterhaltungswerts könnte beispielsweise die Einbindung von Showeinlagen von Sängern oder auch anderen Sportlern sein, wie es in manchen Promi-Formaten bereits praktiziert wird. Auch sollten nicht zu lange Pausen zwischen den Darbietungen der einzelnen Promi-Sportler liegen, da Rezipienten sonst möglicherweise das Gefühl haben, dass der Inhalt einer Sendung auf zu viel Sendezeit gestreckt wird.

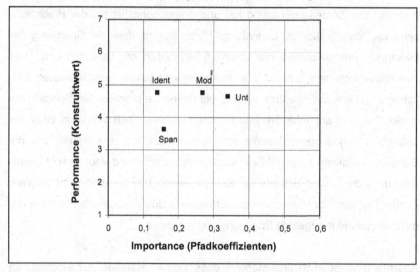

Abbildung 16: Importance-Performance-Matrix für das Promi-Sport-Format auf Basis der berechneten Pfadkoeffizienten

Hinsichtlich des Moderators lässt sich im Fall der Promi-Sportsendungen ähnliches wie für die professionellen Sportübertragungen konstatieren. Die Auswahl des Moderators sollte mit Sorgfalt vorgenommen werden, da angenehme, unterhaltsame Moderatoren zu einer positiven Einstellung gegenüber der

Sendung führen. Die Moderatoren der untersuchten Promi-Sportformate kommen bei den Zuschauern im Durchschnitt zwar recht gut an (Performance-Wert 4,76), aber auch dieser Wert ist nicht als sonderlich hoch zu bezeichnen.

Einen ähnlichen Performance-Wert (4,75) weist die Identifikation auf, die jedoch den geringsten, noch signifikanten Einfluss auf die Einstellung gegenüber der Promi-Sportshow darstellt. Es erscheint demnach wenig sinnvoll für Fernsehsender, Ressourcen dafür aufzuwenden, dass den Rezipienten ein stärkeres Identifikationspotential geboten wird. Die Beteiligung der Prominenten an den Sportwettkämpfen bietet ausreichend Möglichkeit für Rezipienten, sich mit bekannten Persönlichkeiten zu identifizieren, sodass hier kein akuter Handlungsbedarf besteht. Eher sollte dann Wert darauf gelegt werden, die Spannung vor Promi-Shows zu erhöhen, da Spannung einen signifikanten Einfluss auf die Einstellungsbildung hat und dieser höher ist als der Pfadkoeffizient von Identifikation zu Einstellung. Hinzu kommt, dass die Spannung der bisherigen Promi-Formate nur unterdurchschnittlich gut bewertet wird.[658] In den Serienformaten könnten zur Spannungssteigerung beispielsweise Entscheidungskämpfe eingeführt werden, bei denen die prominenten Sportler, die in der Sendung am schlechtesten bewertet wurden, noch einmal in einer zusätzlichen Runde gegeneinander antreten müssen, um zu ermitteln, wer die Sendung verlassen muss.[659] Bei Einzelsendungen sollte darauf geachtet werden, dass die Leistungsdichte der teilnehmenden Prominenten nicht zu stark gestreut ist, um klar voraussehbare Ergebnisse des Wettkampfs und eine damit verbundene mangelnde Spannung zu vermeiden.

Abschließend ist noch anzumerken, dass sich im Rahmen der empirischen Analyse nur wenige Unterschiede in den Einstellungsdeterminanten für Männer und Frauen ergeben haben. Lediglich der Faktor Spannung weist beim

---

[658] Dies scheint auch von RTL in Bezug auf seine Tanzshow „Let's dance" festgestellt worden zu sein, so dass der Ablauf der zweiten Staffel modifiziert wurde (mehr Promi-Profi-Tanzpaare nahmen teil und ein Teilnehmerpaar muss die Show bereits nach der ersten Sendung verlassen), um mehr Spannung zu erzeugen.

[659] Dies wird bereits in der italienischen Version von „Let's dance" so praktiziert.

Promi-Format einen signifikant stärkeren Einfluss für Frauen als für Männer auf. Bei den anderen Rezeptionsmotiven konnten keine signifikanten Unterschiede festgestellt werden. Eine getrennte Fokussierung auf bzw. Ansprache von weiblichen und männlichen Rezipienten erscheint demnach nicht notwendig. Weitere Gruppenvergleiche[660] zeigten, dass der Moderator eine besonders wichtige Funktion für Rezipienten einnimmt, die wenig Sport im Fernsehen schauen und bisher auch professionelle Randsportübertragungen selten rezipiert haben. Will ein Sender folglich Personen als Zuschauer gewinnen, die bisher in geringem Maße Sportsendungen konsumieren, sollte der Moderator mit äußerster Sorgfalt ausgewählt werden. Darüber hinaus zeigte sich, dass insbesondere bei der Gestaltung der Profi-Sendungen die entsprechenden Sportarten zu berücksichtigen ist, da die Einstellungsdeterminanten unterschiedlich stark ausgeprägt waren. Dieses Ergebnis ist nicht weiter verwunderlich, da Sportarten wie z. B. Eiskunstlauf und Rodeln durchaus unterschiedlicher Natur sind und damit auch verschiedene Rezeptionsmotive erfüllen. Deshalb sei an dieser Stelle nur noch einmal darauf hingewiesen, dass die abgeleiteten Handlungsempfehlungen nicht unbedacht übernommen werden sollten, sondern unter Einbezug der konkreten Sendung zu betrachten sind.

## 6.3    Empfehlung der Überprüfung alternativer medialer Vermarktungskonzepte

Neben dem in der vorliegenden Studie untersuchten Promi-Sport-Format existieren im Sinne der Beimischungsstrategie[661] noch andere Möglichkeiten, Rezipienten auf unterhaltsame Weise an (Rand)-Sportinhalte heranzuführen. Auch hier ist ein enormer Forschungsbedarf zu verzeichnen. Beispielsweise ist es möglich, Sport in Vorabendserien wie Soap Operas oder Telenovelas zu integrieren, welche den Vorteil bieten, durch Eigenproduktionen relativ kostengünstig zu sein, was es den Sendern ermöglicht, bei geringem finanziellem Risiko die Akzeptanz verschiedener Inhalte beim Nachfrager zu testen. Da bei

---

[660] Vgl. Kapitel 5.4.4.
[661] Vgl. Kapitel 2.5.

diesen Formaten das Zusammenspiel der einzelnen Charaktere und weniger das Umfeld im Vordergrund steht, können hier Sportinhalte gut integriert werden, ohne die Primärhandlung zu torpedieren. Gleichzeitig wird überwiegend eine jugendliche Zielgruppe angesprochen, die häufig nach Vorbildfunktionen sucht und sich mit den sporttreibenden Darstellern identifizieren kann.[662] In der Folge können dadurch sowohl die Sportverbände durch steigende Mitgliederzahlen als auch die Fernsehsender durch erhöhte Einschaltquoten profitieren.[663]

Eine ebenfalls interessante Alternative stellen so genannte Tanz-Casting-Shows wie „You can dance!" des Senders SAT1 dar. Hier werden, ähnlich der Musik-Casting-Show „Deutschland sucht den Superstar", potentielle Siegeskandidaten über Wochen und Monate hinweg kontinuierlich einem Massenpublikum präsentiert und regelrecht zu Stars aufgebaut. In diesem Zusammenhang sollte zunächst im Hinblick auf eine mögliche Transferwirkung untersucht werden, wie hoch das Zuschauerinteresse wäre, wenn der Gewinner dieser Show an einem professionellen Wettbewerb teilnehmen würde, bevor konkrete Handlungsempfehlungen ausgesprochen werden können.

Eine Weiterentwicklung der Promi-Sport-Formate stellen länderübergreifende Wettbewerbe dar. Ein Beispiel hierfür ist der im September 2007 ausgestrahlte „Eurovision Dance Contest". Auch dieses Format entstammt ursprünglich dem Musikbereich und wird nun für den Randsport eingesetzt wird. Wie beim „Eurovision Song Contest" (ehemals Grand Prix) darf hier pro Land ein Tanzpaar teilnehmen, welches durch einen Vorausscheid ermittelt wurde. Interessant wäre hier, zu untersuchen, ob aufgrund der Tatsache, dass es um einen Wett-

---

[662] Hier kann auf die Erfolgsserie „Anna" im ZDF im Jahr 1987 mit Silvia Seidel in der Rolle einer Balletttänzerin verwiesen werden, die einen wahren Ballett-Boom bei jungen Mädchen nach sich zog. Aktuell wären ähnliche Konsequenzen für die Serie „Alles was zählt" des Senders RTL mit der ehemaligen Einkunstläuferin Tanja Szewczenko zu überprüfen.
[663] Hafkemeyer (2003) empfiehlt auch die Implementierung in Magazinsendungen, Regionalsendungen oder Formate wie das Frühstücksfernsehen.

bewerb zwischen ganzen Nationen geht, andere Wirkungen auftreten als bei den normalen Promi-Formaten.

Abschließend kann zusammengefasst werden, dass die angenommene positive Transferleistung von nationalen Promi-Sport-Veranstaltungen auf den Profi-Sport den empirischen Ergebnissen zufolge zwar nicht nachgewiesen werden konnte, die Studie aber einigen Beschränkungen unterlag und somit weiterhin insbesondere in Bezug auf die bislang unzureichende Forschung im Randsport-Bereich Untersuchungen durchgeführt werden sollten, um die hier ermittelten Ergebnisse in einen Vergleichsrahmen stellen zu können. Die im letzten Abschnitt kurz vorgestellten alternativen Implementierungsvorschläge dürften zusätzliche Anregungen für die in Kapitel 6.1 angesprochene Medien-Sport-Forschung darstellen.

# 7 Schlussbetrachtung

Dass Fußball die Spitzensportart Nr. 1 in Deutschland ist und aufgrund kulturell gewachsener Strukturen auch bleiben wird, ist unumstritten – jedoch existieren auch für bislang medial unterrepräsentierte Sportarten unausgeschöpfte Potenziale, die sowohl für die Sendeanstalten als auch für die Sportverbände bei zielgerechter Verwendung zu einem Reputationsaufbau des Produktes Randsport führen können, wie das Beispiel der erfolgreichen Vermarktung einiger Sportarten durch den Sender RTL gezeigt hat.

Im Gegensatz zur Konsumgüterbranche, wo umfangreiche Marktstudien zur Erfassung von latenten Kundenbedürfnissen und -präferenzen schon seit langer Zeit durchgeführt werden, gibt es im Bereich der Sportvermarktung bislang wenige Studien, die Zuwendungsmotive der Rezipienten untersucht haben. Um aber ein attraktives, auf die Bedürfnisse des Zuschauers abgestimmtes Produkt anzubieten, von dem letztlich die Verbände, die Medien und die Wirtschaft profitieren können, ist die Rezipienten-Forschung von zentraler Bedeutung.

Die vorliegende Studie setzte sich daher zum Ziel, Rezeptionsmotive zu erkennen und in Verbindung mit neuen möglichen Vermarktungsstrategien für Randsportarten zu überprüfen. Hierbei wurde die Implementierung der Sportart in ein neues Unterhaltungsformat, dem Promi-Sport-Format, mit der Überlegung ausgewählt, bisherigen Nicht-Rezipienten die Möglichkeit zu eröffnen, ohne große Anstrengungen in den Wissensaufbau über eine Sportart investieren zu können und daraus folgend Interesse an der Sportart zu generieren, sodass letztlich der Profi-Sport durch höhere Einschaltquoten und erweiterte Medienpräsenz davon profitieren kann.

Diese Annahmen wurden nach ausführlicher Literatursichtung sowohl zum Medien- als auch zum Sport-Bereich in einem Modell zusammengefasst, das zwischen zwei Formaten, dem Profi- und dem Promi-Sport-Format, unterschied. Unter Berücksichtigung verschiedener Rezeptionsmotive als Einfluss-faktoren wurde die Einstellung der Zuschauer gegenüber den beiden Forma-ten untersucht sowie Transferwirkungen vom Profi- auf das Promi-Sport-Format und die umgekehrte Rückwirkung des Promi-Sport-Formates auf die Sehabsicht des Profi-Sports überprüft. Darüber hinaus erfuhren verschiedene moderierende Größen des Gesamtmodells eine nähere Betrachtung. Die Er-gebnisse der Modellschätzung mittels PLS zeigten, dass die ausgewählten Rezeptionsmotive es gut vermögen, die Einstellung der Zuschauer gegenüber den beiden Formaten zu einem großen Teil zu erklären. Die Annahme eines positiven Rücktransfers vom Promi- auf das Profi-Sport-Format konnte – ge-mäß den Überlegungen der Markentransfertheorie – jedoch nicht bestätigt werden, was möglicherweise auf ein zu schwach wahrgenommenes Marken-bild der untersuchten Sportarten zurückzuführen ist. Daraus ableitend wurde die Empfehlung ausgesprochen, dringend in den Aufbau eines starken Mar-kenbildes zu investieren. Unterstützend wirken können dabei insbesondere die Einflussfaktoren Spannung und die Funktion des Moderators, die von den Zu-schauern als bedeutend erachtet und einen signifikanten Einfluss auf die Ein-stellung aufwiesen, in der bisherigen Präsentation der Sportart aber zum Teil als unterdurchschnittlich ausgeprägt bewertet wurden.

Abschließend wurde kurz auf alternative Implementierungsmöglichkeiten wie einer Integration von Sportinhalten in Vorabendserien oder Casting-Shows eingegangen, die aufgrund des relativ geringen finanziellen Risikos durch weitgehende Eigenproduktion der Sender zusätzliche Vermarktungsmöglich-keiten darstellen und daher einer näheren wissenschaftlichen Betrachtung be-dürfen.

Die untersuchte Transferwirkung des Promi-Sport-Formates auf den Profi-Sport in der vorliegenden Untersuchung stellt demnach einen ersten Versuch dar, neue Sport-Unterhaltungsformate auf ihre Akzeptanz und Wirksamkeit für den Reputationsaufbau von Randsportarten zu überprüfen und ist daher als

Aufruf an die Forschung zu verstehen, weitergehende Untersuchungen vorzunehmen, die einen Beitrag zu einer zukünftig erfolgreicheren Vermarktung von Randsportarten leisten können.

# Literaturverzeichnis

Aaker, David (1990): Brand Extensions: The Good, the Bad, and the Ugly, in: Sloan Management Review, Vol. 31, Nr. 4, S. 47-56.

Abelman, Robert/Atkin, David/Rand, Michael (1997): What Viewers Watch When They Watch TV: Affiliation Change as Case Study, in: Journal of Broadcasting & Electronic Media, Vol. 41, Nr. 3, S. 360-379.

Adler, Jost (1996): Informationsökonomische Fundierung von Austauschprozessen : Eine nachfrageorientierte Analyse, Wiesbaden.

Adler, Moshe (1985): Stardom and Talent, in: American Economic Review, Vol. 75, Nr. 1, S. 208-212.

Aimiller, Kurt/Kretzschmar, Harald (1995): Motive des Sportzuschauers. Umfeldoptimierung durch motivationale Programmselektion, Studie im Auftrag des DSF, Mölln.

Ajzen, Icek (1985): From Intentions to Actions: A Theory of Planned Behavior, in: Action Control, Kuhl, J./ Beckman, J. (Hrsg.), Berlin et al., S. 11-39.

Ajzen, Icek (1988): Attitudes, Personality and Behavior, Milton Keynes.

Ajzen, Icek (1991): The Theory of Planned Behavior, in: Organizational Behavior and Human Decision Processes, Vol. 50, S. 179-211.

Ajzen, Icek/Fishbein, Martin (1980): Understanding Attitudes and Predicting Social Behavior, New York.

Ajzen, Icek/Madden, Thomas J. (1986): Prediction of Goal-Directed Behavior: Attitudes, Intentions, and Perceives Behavioral Control, in: Journal of Experimental Social Psychology, Vol. 22, S. 453-474.

Albers, Sönke/Hildebrandt, Lutz (2004): Methodische Probleme bei der Erfolgsfaktorenforschung – Messfehler, formative versus reflektive Indikatoren und die Wahl des Strukturgleichungs-Modells, Arbeitspapier, Universität Kiel.

Armstrong, Ketra L. (2002): Race and Sport Consumption Motivations: A Preliminary Investigation of a Black Consumers' Sport Motivation Scale, in: Journal of Sport Behavior, Vol. 25, Nr. 4, S. 309-330.

Backhaus, Klaus/Erichson, Bernd/Plinke, Wulff/Weiber, Rolf (2003): Multivariate Analysemethoden, 10. Auflage, Berlin, Heidelberg, New York.

Backhaus, Klaus/Erichson, Bernd/Plinke, Wulff/Weiber, Rolf (2006): Multivariate Analysemethoden, 11. Auflage, Berlin, Heidelberg, New York.

Baron, Reuben M./Kenny, David A. (1986): The Moderator-Mediator Variable Distinction in Social Psychological Research: Conceptual, Strategic, and Statistical Considerations, in: Journal of Personality and Social Psychology, Vol. 51, Nr. 6, S. 1173-1182.

Bauer, Hans H./Mäder, Ralf/Huber, Frank (2002): Markenpersönlichkeit als Determinante von Markenloyalität, in: Schmalenbachs Zeitschrift für betriebswirtschaftliche Forschung, 54. Jg. Nr. 12, S. 687-709.

Baumgarth, Carsten (2001): Markenpolitik: Markenwirkungen – Markenführung – Markenforschung, Wiesbaden.

Baumgarth, Carsten (2004): Markenführung im Mediensektor, in: Bruhn, Manfred (Hrsg.): Handbuch Markenführung, Band 3, 2. Auflage, Stuttgart, S. 2251-2272.

Baumgartner, Hans/Homburg, Christian (1996): Applications of Structural Equation Modeling in Marketing and Consumer Research: A Review, in: International Journal of Research in Marketing, Vol. 13, Nr. 2, S. 139-161.

Bente, Gary/Fromm, Bettina (1997): Affektfernsehen: Motive, Angebotsweisen und Wirkungen, Schriftenreihe Medienforschung der Landesanstalt für Rundfunk Nordrhein-Westfalen, Nr. 23, Opladen.

Binder, Christof U. (1996): Brand Alliances: Wie Marken noch wachsen, in: Absatzwirtschaft. Zeitschrift für Marketing, Heft 4, S. 54-63.

Blödorn Sascha/Gerhards, Maria/Klingler, Walter (2006): Informationsnutzung und Medienauswahl 2006, in: Media Perspektiven 12/2006, S. 630-638.

Bollen, Kenneth A. (1989): Structural Equations with Latent Variables, New York.

Bonfadelli, Heinz (2004): Medienwirkungsforschung II: Anwendungen, 2. Auflage, Konstanz.

Bonfield, E. H. (1974): Attitude, Social Influence, Personal Norm, and Intention Interactions as Related to Brand Purchase Behavior, in: Journal of Marketing Research, Vol. 11, November 1974, S. 379-389.

Boush, David M./Loken, Barbara (1991): A Process-Tracing Study of Brand Extension Evaluation, in: Journal of Marketing Research, Vol. 28, Februar 1991, S. 16-28.

Braunstein, Christine (2001): Einstellungsforschung und Kundenbindung, Wiesbaden.

Bräutigam, Sören (2004): Management von Markenarchitekturen: Ein verhaltenswissenschaftliches Modell zur Analyse und Gestaltung von Markenportfolios, Dissertation, Universität Gießen, http://geb.uni-gießen.de/geb/volltexte/2004/1464, letzter Abruf: 14.01.2007.

Brinkmann, Tomas (2000): Sport und Medien – Die Auflösung einer ursprünglichen Interessengemeinschaft?, in: Media Perspektiven 11/2000, S. 491-498.

Bronner, Rolf/Appel, Wolfgang/Wiemann, Volker (1999): Empirische Personal- und Organisationsforschung: Grundlagen – Methoden – Übungen, München.

Brosius, Hans Bernd (2003): Medienwirkung, in: Bentele, Günter/Brosius, Hans-Bernd/ Jarren, Otfried (Hrsg.): Öffentliche Kommunikation, Handbuch Kommunikations- und Medienwissenschaft, Wiesbaden, S. 128-148.

Brosius, Hans-Bernd/ Esser, Frank (1998): Mythen in der Wirkungsforschung: Auf der Suche nach dem Stimulus-Response-Modell, in: Publizistik Nr. 43, S. 341-361.

Bryant, Jennings/Brown, Dan/Comisky, Paul W./Zillmann, Dolf (1982): Sports and Spectators: Commentary and Appreciation, in: Journal of Communication, Vol. 32, Nr. 1, S. 109-119.

Bryant, Jennings/Raney, Arthur A. (2000): Sports on the Screen, in: Zillmann, Dolf/Vorderer, Peter (Hrsg.): Media Entertainment: The Psychology of its Appeal, Mahwah et al., S. 153-174.

Caspar, Mirko (2002a): Markenausdehnungsstrategien, in: Meffert, Heribert/Burmann, Christoph/Koers, Martin (Hrsg.): Markenmanagement: Grundfragen der identitätsorientierten Markenführung, Wiesbaden, S. 233-259.

Caspar, Mirko (2002b): Cross-Channel-Medienmarken: Strategische Optionen, Ausgestaltungsmöglichkeiten und nachfragerseitige Bewertung, Frankfurt am Main.

Cezanne, Wolfgang (2005): Allgemeine Volkswirtschaftslehre, 6. Auflage, München.

Charlton, Michael/Klemm, Michael (1998): Fernsehen und Anschlusskommunikation, in: Klingler, Walter/Roters, Gunnar/Zöllner, Oliver (Hrsg.): Fernsehforschung in Deutschland: Themen, Akteure, Methoden, SWR: Schriftenreihe: Medienforschung 1, Band 2, Baden-Baden, S. 709-727.

Chin, Wynne W. (1998): The Partial Least Squares Approach to Structural Equitation Modeling, in: Marcoulides, George A. (Hrsg.): Modern Methods for Business Research, Mahwah, New York, S. 295-336.

Chin, Wynne W. (2000): Frequently Asked Questions – PLS and PLS Graph, http://disc-nt.cba.uh.edu/chin/plsfaq/plsfaq.htm, letzter Abruf: 10.08. 2007.

Chin, Wynne W./Marcolin, Barbara L./Newsted, Peter N. (2003): A Partial Least Squares Latent Variable Modeling Approach for Measuring Interaction Effects: Results from a Monte Carlo Simulation Study and an Electronic-Mail Emotion/Adoption Study, in: Information Systems Research, Vol. 14, Nr. 2, S. 189-217.

Chin, Wynne W./Newsted, Peter R. (1999): Structural Equation Modeling Analysis with Small Samples Using Partial Least Squares, in: Hoyle, Rick H. (Hrsg.): Strategies for Small Sample Research, Thousand Oaks (USA), S. 307-341.

Cialdini, Robert B./Borden, Richard J./Thorne, Avril/Walker, Marcus R./Freeman, Stephen/Sloan, Lloyd R. (1976): Basking in Reflected

Glory: Three (Football) Field Studies, in: Journal of Personality and Social Psychology, Vol. 34, S. 366-375.

Coenen, Michael (2004): Der Handel mit Sportübertragungsrechten, in: Schauerte, Thorsten/Schwier, Jürgen (Hrsg.): Die Ökonomie des Sports in den Medien, Sportkommunikation Band 1, Köln, S. 127-151.

Comisky, Paul W./Bryant, Jennings/Zillmann, Dolf (1977): Commentary as a Substitute for Action, in: Journal of Communication, Vol. 27, Nr. 3, S. 150-153.

Diamantopoulos, Adamantios/Winklhofer, Heidi M. (2001): Index Construction with Formative Indicators: An Alternative to Scale Development, in: Journal of Marketing Research, Vol. 38, Mai 2001, S. 269-277.

Diekmann, Andreas (2006): Empirische Sozialforschung: Grundlagen, Methoden, Anwendungen, 15. Auflage, Hamburg.

Dietz-Uhler, Beth/Harrick, Elizabeth A./End, Christian/Jacquemotte, Lindy (2000): Sex Differences in Sport Fan Behavior and Reasons for Being a Sport Fan, in: Journal of Sport Behavior, Vol. 23, Nr. 3, S. 219-231.

Dietz-Uhler, Beth/Murrell, Audrey (1999): Examining Fan Reactions to Game Outcomes: A Longitudinal Study of Social Identity, in: Journal of Sport Behavior, Vol. 22, Nr. 1, S. 15-27.

Digel, Helmut/Burk, Verena (2001): Sport und Medien: Entwicklungstendenzen und Probleme einer lukrativen Beziehung, in: Roters, Gunnar/Klingler, Walter/Gerhards, Maria (Hrsg.): Sport und Sportrezeption, Forum Medienrezeption, Band 5, Baden- Baden, S. 15-31.

Donsbach, Wolfgang (1991): Medienwirkung trotz Selektion: Einflussfaktoren auf die Zuwendung zu Zeitungsinhalten, Köln et al.

Eagly, Alice H./Chaiken, Shelly (1993): The Psychology of Attitudes, Fort Worth et al.

Eberl, Markus (2004): Formative und reflektive Indikatoren im Forschungsprozess: Entscheidungsregeln und die Dominanz des reflektiven Modells, in: Schriften zur empirischen Forschung und Quantitativen Unternehmensplanung der Ludwig-Maximilians-Universität München, Heft 19, S. 1-34.

Efron, Bradley/Gong, Gail (1983): A Leisurely Look at the Bootstrap, the Jacknife and Cross-Validation, in: The American Statistician, Vol. 37, Nr. 1, S. 36-48.

Eggert, Andreas/Fassott, Georg (2003): Zur Verwendung formativer und reflektiver Indikatoren in Strukturgleichungsmodellen, in: Kaiserslauterer Schriftenreihe Marketing, Nr. 20, S. 1-24.

End, Christian M./Kretschmar, Jeff M./Dietz-Uhler, Beth (2004): College Students' Perceptions of Sports Fandom as a Social Status Determinant, in: International Sports Journal, Vol. 8, Nr. 1, S. 114-123.

Enderle, Gregor (2000): Die Vermarktung der Senderechte professioneller Sportligen – Strategische und wettbewerbspolitische Implikationen aus Sicht der Fernsehsender, in: Schellhaaß, Horst M. (Hrsg.): Sportökonomie 3: Sportveranstaltungen zwischen Liga- und Medieninteressen, Schorndorf, S. 71-88.

Engel, James F./Blackwell, Roger D./Miniard, Paul W. (1990): Consumer Behavior, 6. Auflage, Chicago et al.

Esch, Franz-Rudolf/Fuchs, Marcus/Bräutigam, Sören/Redler, Jörn (2005): Konzeption und Umsetzung von Markenerweiterungen, in: Esch, Franz-Rudolf (Hrsg.): Moderne Markenführung: Grundlagen – Innovative Ansätze – Praktische Umsetzungen, Wiesbaden, 4. Auflage, S. 905-946.

Fahrmeir, Ludwig/Künstler, Rita/Pigeot, Iris/Tutz, Gerhard (2003): Statistik: Der Weg zur Datenanalyse, 4. Auflage, Berlin et al.

Fazio, Russell H. (1990): Multiple Processes by Which Attitudes Guide Behavior: The Mode Model as Integrative Framework, in: Advances in Experimental Social Psychology, Vol. 23, S. 75-109.

Felser, Georg (1997): Werbe- und Konsumentenpsychologie, Heidelberg.

Festinger, Leon (1954): A Theory of Social Comparison Process, in: Human Relations, Nr. 7, S. 117-140.

Festinger, Leon (1957): A Theory of Cognitive Dissonance, Stanford.

Fink, Janet S./Trail, Galen T./Anderson, Dean F. (2002): An Examination of Team Identification: Which Motives are Most Salient to its Existence?, in: International Sports Journal, Vol. 6, Nr. 2, S. 195-207.

Fishbein, Martin (1963): An Investigation of the Relationships Between Beliefs About an Object and the Attitude Towards that Object, in: Human Relations, Vol. 16, S. 233-239.

Fishbein, Martin/Ajzen, Icek (1975): Belief, Attitude, Intention and Behaviour: An Introduction to Theory and Research, Reading.

Fornell, Claes/Bookstein, Fred L. (1982): Two Structural Equation Models: LISREL and PLS Applied to Consumer Exit-Voice Theory, in: Journal of Marketing Research, Vol. 19, November 1982, S. 440-452.

Fornell, Claes/Larcker, David F. (1981): Evaluating Structural Equation Models with Unobservable Variables and Measurement Error, in: Journal of Marketing Research, Vol. 18, Februar 1981, S. 39-50.

Frey, Dieter/Stahlberg, Dagmar/Gollwitzer, Peter M. (1993): Einstellung und Verhalten: Die Theorie des überlegten Handelns und die Theorie des geplanten Verhaltens, in: Theorien der Sozialpsychologie, Frey, Dieter/Irle, Martin (Hrsg.), Band I, Kognitive Theorien, 2. Auflage, Bern, S. 363-398.

Frisch, Florian (2004): „Soccer?" – Futból!": Zielgruppenorientierte Strategien zur Fernsehvermarktung von Fußball als Schwellensportart in den USA, Arbeitspapiere des Instituts für Rundfunkökonomie, Heft 186, Universität Köln.

Fritz, Wolfgang (1995): Marketing-Management und Unternehmenserfolg, 2. Auflage, Stuttgart.

Früh, Werner/Schönbach, Klaus. (1982): Der dynamisch-transaktionale Ansatz: Ein neues Paradigma der Medienwirkungen, in: Publizistik, Nr. 27, Heft 1/2, S. 74-88.

Gabler, Helmut (2002): Motive im Sport: Motivationspsychologische Analysen und empirische Studien, Reihe Sportwissenschaft, Band 31, Schorndorf.

Gantz, Walter (1981): An Exploration of Viewing Motives and Behaviors Associated with Television Sports, in: Journal of Broadcasting, Vol. 25, Nr. 3, S. 263-275.

Gantz, Walter/Wenner, Lawrence A. (1991): Men, Women, and Sports: Audience Experiences and Effects, in: Journal of Broadcasting & Electronic Media, Vol. 35, Nr. 2, S. 233-243.

Geese, Stefan/Zeughardt, Claudia/Gerhard, Heinz (2006): Die Fußball-Weltmeisterschaft 2006 im Fernsehen, in: Media Perspektiven 9/2006, S. 454-464.

Gefen, David/Straub, Detmar W./Boudreau, Marie-Claude (2000): Structural Equation Models and Regression: Guidelines for Research Practice, in: Communications of the Association for Informations Systems, Vol. 4, Artikel 7, S. 1-79.

Gerhards, Maria/Klingler, Walter (2005): Programmangebote und Spartennutzung im Fernsehen, in: Media Perspektiven 11/2005, S. 558-569.

Gerbing, David W. /Anderson, James C. (1988): An Updated Paradigm for Scale Development Incorporating Unidimensionality and its Assessment, in: Journal of Marketing Research, Vol. 25, Mai 1988, S. 186-192.

Gleich, Uli (1995): Zuschauermotivation für den Fernsehkonsum, in: Media Perspektiven 4/1995, S. 186-191.

Gleich, Uli (1997): Parasoziale Interaktionen und Beziehungen von Fernsehzuschauern mit Personen auf dem Bildschirm: Ein theoretischer und empirischer Beitrag zum Konzept des aktiven Rezipienten, Landau.

Gleich, Uli (1998): Sport, Medien und Publikum – eine wenig erforschte Allianz, in: Media Perspektiven 3/1998, S. 144-148.

Gleich, Uli (2000): Merkmale und Funktionen der Sportberichterstattung, in: Media Perspektiven 11/2000, S. 511-516.

Gleich, Uli/Kreisel, Eva/Thiele, Lars/Vierling, Matthias/Walter, Stephan (1998): Sensation Seeking, Fernsehverhalten und Freizeitaktivitäten, in: Klingler, Walter/Roters, Gunnar/Zöllner, Oliver (Hrsg.): Fernsehforschung in

Deutschland: Themen, Akteure, Methoden, SWR: Schriftenreihe: Medienforschung 1, Band 2, Baden-Baden, S. 661-687.

Goertz, Lutz (1997): Perspektiven der Rezeptionsforschung, in: Scherer, Helmut/Brosius, Hans-Bernd (Hrsg.): Zielgruppen, Publikumssegmente, Nutzergruppen: Beiträge aus der Rezeptionsforschung, Angewandte Medienforschung Band 5, München 1997, S. 9-28.

Götz, Oliver/Liehr-Gobbers, Kerstin (2004): Der Partial-Least-Squares (PLS)-Ansatz zur Analyse von Strukturgleichungsmodellen, Arbeitspapier des Instituts für Marketing Nr. 2, Universität Münster.

Greenberg, Bradley S. (1974): Gratifications of Television Viewing and their Correlates for British Children, in: Blumler, Jay G./Katz, Elihu (Hrsg.): The Uses of Mass Communication, Beverly Hills, S. 71-92.

Gujarati, Damodar N. (2003): Basic Econometrics, 4. Auflage, Burr Ridge.

Gürhan-Canli, Zeynep/Maheswaran, Durairaj (1998): The Effects of Extensions on Brand Name Dilution and Enhancement, in: Journal of Marketing Research, Vol. 35, November 1998, S. 464-473.

Ha, Louisa/Chan-Olmsted, Silvia M. (2001): EnchancedTV as Brand Extension, in: The International Journal of Media Management, Vol. 3, Nr. 4, S. 202-212.

Hackforth, Josef (1978): Sport und Fernsehen, in: Hackforth, Josef/ Weischenberg, Siegfried (Hrsg.): Sport und Massenmedien, Bad Homburg, S. 29-37.

Hackforth, Josef (1988): Publizistische Wirkungsforschung: Ansätze, Analysen und Analogien, in: Hackforth, Josef (Hrsg.): Sportmedien und Mediensport: Wirkungen – Nutzung – Inhalte, Berlin, S. 15-33.

Hackforth, Josef (1994): Sportjournalismus in Deutschland: Die Kölner Studie, in: Hackforth, Josef/Fischer, Christoph (Hrsg.): ABC des Sportjournalismus, München, S. 13-49.

Hackforth, Josef (2001): Auf dem Weg in die Sportgesellschaft?, in: Roters, Gunnar/Klingler, Walter/Gerhards, Maria (Hrsg.): Sport und Sportrezeption, Forum Medienrezeption, Band 5, Baden-Baden, S. 33-40.

Hafkemeyer, Lutz (2003): Die mediale Vermarktung des Sports, Dissertation an der Universität Köln, Wiesbaden.

Hagenah, Jörg (2002): Gütekriterien eingesetzter Messinstrumente, Anhang zur Dissertation: Sportrezeption und Medienwirkung, http://www.verlag-reinhard-fischer.de/ liste3.html., letzter Abruf: 12.12.2006.

Hagenah, Jörg (2004a): Einfluss auf Persönlichkeit auf das Erleben von Sport in den Medien, in: Schramm, Holger (Hrsg.): Die Rezeption des Sports in den Medien, Sportkommunikation Band 3, Köln, S. 75-96.

Hagenah, Jörg (2004b): Sportrezeption und Medienwirkung, Reihe Medien Skripten, Band 41, München.

Haller, Peter (1996): Fragmentierung des Medienmarktes: Wie effektiv ist die Werbung noch?, in: Markenartikel, Heft 8, S. 348-353.

Hammann, Peter/Erichson, Bernd (2000): Marktforschung, 4. Auflage, Stuttgart.

Handl, Andreas (2002): Multivariate Analysemethoden: Theorie und Praxis multivariater Verfahren unter besonderer Berücksichtigung von S-PLUS, Berlin, Heidelberg, New York.

Hartmann, Tilo (2004): Parasoziale Interaktionen und Beziehungen mit Sportstars, in: Schramm, Holger (Hrsg.): Die Rezeption des Sports in den Medien, Sportkommunikation Band 3, Köln, S. 97-120.

Hartmann, Tilo/Daschmann, Gregor/Stuke, Daniela (2006): Parasoziale Beziehungen zu Sportlern. Eine empirische Studie am Beispiel von Formel 1-Fahrern, in: Schramm, Holger/Wirth, Werner/Bilandzic, Helena (Hrsg.): Empirische Unterhaltungsforschung: Studien zur Rezeption und Wirkung medialer Unterhaltung, Reihe Rezeptionsforschung, Band 8, München, S. 149-167.

Hattig, Fritz (1994): Fernsehsport im Spannungsfeld von Information und Unterhaltung, Butzbach-Griedel.

Hätty, Holger (1989): Zentrale Erfolgsfaktoren des Markentransfers, in: Markenartikel, Heft 7, S. 390-393.

Heckhausen, Jutta/Heckhausen, Heinz (2006): Motivation und Handeln, 3. Auflage, Heidelberg.

Heider, Fritz (1958): The Psychology of Interpersonal Relations, New York.

Heinemann, Klaus (1998): Einführung in Methoden und Techniken empirischer Forschung im Sport, Schorndorf.

Hermanns, Arnold (1997): Sponsoring: Grundlagen, Wirkungen, Management, Perspektiven. 2. Auflage, München.

Herrmann, Andreas (1998): Produktmanagement, München.

Herrmann, Andreas/Huber, Frank/Kressmann, Frank (2006): Varianz- und kovarianzbasierte Strukturgleichungsmodelle – Ein Leitfaden zu deren Spezifikation, Schätzung und Beurteilung, in: Zeitschrift für betriebswirtschaftliche Forschung, Vol. 58 (Februar 2006), S. 34-66.

Hildebrandt, Lutz (1984): Kausalanalytische Validierung in der Marketingforschung, in: Marketing ZFP, Heft 1, S. 41-51.

Homburg, Christian (1992): Die Kausalanalyse – Eine Einführung, in: Wirtschaftswissenschaftliches Studium, Heft 10, S. 499-508.

Huber, Frank/Herrmann, Andreas/Meyer, Frederik/Vogel, Johannes/Vollhardt, Kai (2007): Kausalmodellierung mit Partial Least Squares: Eine anwendungsorientierte Einführung, Wiesbaden.

Huber, Frank/Herrmann, Andreas/Peter, Sybille (2003): Ein Ansatz zur Steuerung der Markenstärke – Grundidee, Methodik und Implikationen, in: Zeitschrift für Betriebswirtschaft, Vol. 79., Nr. 4, S. 345-370.

Huber, Natalie (2006): Chancen und Grenzen von qualitativen Studien zur Mediennutzung, in: Huber, Natalie/Meyen, Michael (Hrsg.): Medien im Alltag: Qualitative Studien zu Nutzungsmotiven und zur Bedeutung von Medienangeboten, Berlin, S. 13-32.

Hulland, John (1999): Use of Partial Least Squares (PLS) in Strategic Management Research: A Review of Four Recent Studies, in: Strategic Management Journal, Vol. 20, S. 195-204.

Jaccard, James J./Davidson, Andrew R. (1975): A Comparison of Two Models of Social Behavior: Results of a Survey Sample, in: Sociometry, Vol. 38, S. 497-517.

Jäckel, Michael (2005): Medienwirkungen: Ein Studienbuch zur Einführung, 3. Auflage, Wiesbaden.

James, Jeffrey D./Ridinger, Lynn L. (2002): Female and Male Sport Fans: A Comparison of Sport Consumption Motives, in: Journal of Sport Behavior, Vol. 25, Nr. 3, S. 260-278.

Jap, Sandy D. (1993): An Examination of the Effects of Multiple Brand Extensions on the Brand Concept, in: Advances in Consumer Research, Vol. 20, S. 607-611.

Jarvis, Cheryl B./MacKenzie, Scott B./Podsakoff, Philip M. (2003): A Critical Review of Construct Indicators and Measurement Model Misspecifications in Marketing and Consumer Research, in: Journal of Consumer Research, Vol. 30, September 2003, S. 199- 218.

Karnowski, Veronika (2003): Von den Simpons zur Rundschau: Wie sich Fernsehnutzung im Laufe des Lebens verändert, Angewandte Medienforschung, Band 28, München.

Katz, Elihu/Blumler, Jay G./Gurevitch, Michael (1974): Utilization of Mass Communication by the Individual, in: Blumler, Jay G./Katz, Elihu (Hrsg.): The Uses of Mass Communication, Beverly Hills, S. 19-32.

Keller, Kevin L. (1993): Conceptualizing, Measuring, and Managing Customer-Based Brand Equity, in: Journal of Marketing, Vol. 57, Nr. 1, S. 1-22.

Keller, Kevin L./Aaker, David A. (1992): The Effects of Sequential Introduction of Brand Extensions, in: Journal of Marketing Research, Vol. 29, Februar 1992, S. 35-50.

Kepplinger, Hans M./Martin, Verena (1986): Die Funktion der Massenmedien in der Alltagskommunikation, in: Publizistik, Nr. 31, Heft 1/2, S. 118-128.

Kipker, Ingo (2003): Determinanten der kurzfristigen TV-Nachfrage in der Formel 1, in: Dietl, Helmut M. (Hrsg.): Sportökonomie 5: Globalisierung des wirtschaftlichen Wettbewerbs im Sport, Schorndorf, S. 85-103.

Klapper, Joseph T. (1960): The Effects of Mass Communication, Glencoe et al.

Klausner, Samuel Z. (1968): Empirical Analysis of Stress-Seekers, in: Klausner, Samuel Z. (Hrsg.): Why Man takes Chances, New York.

Klimmt, Christoph/Bepler, Michel/Scherer, Helmut (2006): „Das war ein Schuss wie ein Mehlkloß ins Gebüsch!" Fußball-Live-Kommentatoren zwischen Journalistik und Entertainment, in: Schramm, Holger/Wirth, Werner/Bilandzic, Helena (Hrsg.): Empirische Unterhaltungsforschung: Studien zur Rezeption und Wirkung medialer Unterhaltung, Reihe Rezeptionsforschung, Band 8, München, S. 169-189.

Knobbe, Thorsten (2000): Spektakel Spitzensport. Der Moloch aus Stars, Rekorden, Doping, Medienwahn, Sponsorenmacht, Dissertation an der Universität Siegen, http://deposit.ddb.de/cgi-bin/dokserv?idn=9619030 23& dok_var=d1&dok_ext=pdf& filename=961903023.pdf, letzter Abruf: 29.03.2007.

Kotler, Philip/Bliemel, Friedhelm (1995): Marketing-Management: Analyse, Planung, Umsetzung und Steuerung, 8. Auflage, Stuttgart.

Krei, Alexander (2005): „Turmspringen": Stefan Raab räumt ab, http://www.quotenmeter.de/ index.php?newsid=12151, letzter Abruf: 27.11.2006.

Krei, Alexander (2005): ZDF: Gute Quoten für das „Prominenten-Turnen", http://www.quotenmeter.de/index.php?newsid =9881, letzter Abruf: 27.11.2006.

Kroeber-Riel, Werner/Weinberg, Peter (1999): Konsumentenverhalten, 7. Auflage, München.

Kruse, Jörn (2000): Informationsfreiheit versus wirtschaftliche Verwertungsinteressen aus ökonomischer Sicht, in: Schellhaaß, Horst M. (Hrsg.): Sport und Medien: Rundfunkfreiheit, Wettbewerb und wirtschaftliche Verwertungsinteressen, Schriften zur Rundfunkökonomie, Band 8, Berlin, S. 11-28.

Kunczik, Michael/Zipfel, Astrid (2005): Publizistik, 2. Auflage, Köln.

Kühnert, Daniela (2004): Sportfernsehen und Fernsehsport: Die Inszenierung von Fußball, Formel 1 und Skispringen im deutschen Fernsehen, München.

Lamprecht, Markus/Stamm, Hanspeter (2002): Sport zwischen Kultur, Kult und Kommerz, Zürich.

Lazarsfeld, Paul F./Berelson, Bernard R./Gaudet, Hazel (1944): The People's Choice: How the Voter Makes up his Mind in a Presidential Campaign, New York.

Leonard, George (1974): The Ultimate Athlete, New York.

Lohmöller, Jan-Bernd (1989): Latent Variable Path Modeling with Partial Least Squares, Heidelberg.

Loken, Barbara/Roedder John, Deborah (1993): Diluting Brand Beliefs: When Do Brand Extensions Have a Negative Impact?, in: Journal of Marketing, Vol. 57, Nr. 3, S. 71-84.

Loosen, Wiebke (2004): Sport als Berichterstattungsgegenstand der Medien, in: Schramm, Holger (Hrsg.): Die Rezeption des Sports in den Medien, Sportkommunikation Band 3, Köln, S. 10-27.

MacKenzie, Scott B./Lutz, Richard J./Belch, George E. (1986): The Role of Attitude Toward the Ad as a Mediator of Advertising Effectiveness: A Test of Competing Explanations, in: Journal of Marketing Research, Vol. 23, Nr. 2, S. 130-143.

MacKenzie, Scott B./Lutz, Richard J. (1989): An Empirical Examination of the Structural Antecedents of Attitude Toward the Ad in an Advertising Pretesting Context, in: Journal of Marketing, Vol. 53, April 1989, S. 48-65.

Madrigal, Robert (2001): Social Identity Effects in a Belief-Attitude-Intentions Hierarchy: Implications for Corporate Sponsorship, in: Psychology & Marketing, Vol. 18, Nr. 2, S. 145-165.

Magin, Stephanie (2001): Markenwahlverhalten: Produkt-, persönlichkeits- und situationsbezogene Determinanten, Wiesbaden.

Mahony, Daniel F./Madrigal, Robert/Howard, Dennis (2000): Using the Psychological Commitment to Team (PCT) Scale to Segment Sport Consumers Based on Loyalty, in: Sport Marketing Quarterly, Vol. 9, Nr. 1, S. 15-25.

Mahony, Daniel F./Moorman, Anita M. (2000): The Relationship Between the Attitudes of Professional Sport Fans and Their Intentions to Watch Televised Games, in: Sport Marketing Quarterly, Vol. 9, Nr. 3, S. 131-139.

Mahony, Daniel F./Nakazawa, Makato/Funk, Daniel C./James, Jeffrey D./Gladden, James M. (2002): Motivational Factors Influencing the Behaviour of J. League Spectators, in: Sport Management Review, Vol. 5, S. 1-24.

Maslow, Abraham H. (1970): Motivation and Personality, New York.

McQuail, Denis (1977): The Influence and Effects of Mass Media, in: Curran, James/Gurevitch, Michael/Woollacott, Janet (Hrsg.): Mass Communication and Society, London, S. 70-94.

McQuail, Denis (2000): McQuail's Mass Communication Theory, 4. Auflage, London et al.

Meffert, Heribert (2000): Marketing: Grundlagen marktorientierter Unternehmensführung: Konzepte – Instrumente – Praxisbeispiele, 9. Auflage, Wiesbaden.

Mehus, Ingar (2005): Sociability and Excitement Moives of Spectators Attending Entertainment Sport Events: Spectators of Soccer and Ski-jumping, in: Journal of Sports Behavior, Vol. 28, Nr. 4, S. 333-350.

Melnick, Merrill J./Wann, Daniel L. (2004): Sport Fandom Influences, Interests, and Behaviors among Norwegian University Students, in: International Sport Journal, Vol. 8, Nr. 1, S. 1-13.

Merton, Robert King (1968): Patterns of Influence: Local and Cosmopolitan Influentials, in: Merton, Robert King (Hrsg.): Social Theory and Social Structure. New York, S. 441-474.

Michener, James A. (1976): Sports in America, New York.

Milberg, Sandra J./Park, C. Whan/McCarthy, Michael S. (1997): Managing Negative Feedback Effects Associated With Brand Extensions: The Impact of Alternative Branding Strategies, in: Journal of Consumer Psychology, Vol. 6, Nr. 2, S. 119-140.

Mindak, William A. (1969): Fitting the Semantic Differential to the Marketing Problem, in: Snider, James G./Osgood, Charles E. (Hrsg.): Semantic Differential Technique: A Sourcebook, Chicago, S. 618-623.

Morrison, Diane M. (1996): Children's Decisions about Substance Use: An Application and Extension of the Theory of Reasoned Action, in: Journal of Applied Social Psychology, Vol. 26, S. 1658-1679.

Muehling, Darrel D./Laczniak, Russell N. (1988): Advertising's Immediate and Delayed Influence on Brand Attitudes: Consideration Across Message-Involvement Levels, in: Journal of Advertising, Vol. 17, Nr. 4, S. 23-34.

Nieschlag, Robert/Dichtl, Erwin/Hörschgen, Hans (2002): Marketing, 19. Auflage, Berlin.

Noelle-Neumann, Elisabeth (1973): Return to the Concept of Powerful Mass Media, in: Studies of Broadcasting 9, S. 66-112.

Noelle-Neumann, Elisabeth/Schulz, Winfried/Wilke, Jürgen (2002): Das Fischer-Lexikon Publizistik, Massenkommunikation, Frankfurt am Main.

o.V. (2006a): Wer wird Dancing-On-Ice-Champion?, http://www.rtl.de/tv/dancingonice_924910.php, letzter Abruf: 09.10.2006.

o.V. (2006b): Fußball-Saison der Superlative, in: Werben & Verkaufen 31/2006, S. 12-13.

o.V. (2007): Star-Biathlon mit Jörg Pilawa, http://www.daserste.de/print.asp?url =http://www.daserste.de/starbiathlon, letzter Abruf: 20.02.2007.

o.V. (2007): Posh Spice soll im TV das Tanzbein schwingen, http://www. nachrichten.ch/ detail/273120.htm, letzter Abruf: 20.04.2007.

Osgood, Charles E./Suci, George J./Tannenbaum, Percy H. (1975): The Measurement of Meaning, 9. Auflage, Urbana, Illinois.

Palmgreen, Philip/Wenner, Lawrence, A./Rayburn, Jay D. II (1980): Relations between Gratifications Sought and Obtained: A Study of Television News, in: Communication Research, Vol. 7, S. 161-192.

Pan, David W./Baker, John A. W. (2005): Factors, Differential Market Effects, and Marketing Strategies in the Renewal of Season Tickets for Intercollegiate Football Games, in: Journal of Sport Behavior, Vol. 28, Nr. 4, S. 351-377.

Pan, David W./Gabert, Trent E./McGaugh, Eric C./Branvold, Scott E. (1997): Factors and Differential Demographic Effects on Purchases of Season Tickets for Intercollegiate Basketball Games, in: Journal of Sport Behavior, Vol. 20, Nr. 4, S. 447-464.

Park, C. Whan/Jaworski, Bernard J./MacInnis, Deborah J. (1986): Strategic Brand Concept-Image Management, in: Journal of Marketing, Vol. 50, Nr. 4, S. 135-145.

Park, C. Whan/McCarthy, Michael S./Milberg, Sandra J. (1993): The Effects of Direct and Associtaive Brand Extension Strategies on Consumer Response to Brand Extensions, in: Advances in Consumer Research, Vol. 20, S. 28-33.

Petty, Richard E./Cacioppo, John T./Schumann, David (1983): Central and Peripheral Routes to Advertising Effectiveness: The Moderating Role of Involvement, in: Journal of Consumer Research, Vol. 10, Nr. 2, S. 135-146.

Pleitgen, Fritz (2000): Der Sport im Fernsehen, Arbeitspapiere des Instituts für Rundfunkökonomie, Heft 127, Universität Köln.

Raney, Arthur A. (2004): Motives for Using Sport in the Media: Motivational Aspects of Sport Reception Processes, in: Schramm, Holger (Hrsg.): Die Rezeption des Sports in den Medien, Sportkommunikation Band 3, Köln, S. 49-74.

Rheinberg, Falko (2002): Motivation, 4. Auflage, Stuttgart.

Ridder, Christa-Maria/Engel, Bernhard (2001): Massenkommunikation 2000: Images und Funktionen der Massenmedien im Vergleich, in: Media Perspektiven 3/2001, S. 102-125.

Rigdon, Edward E. (1998): Structural Equation Modelling, in: Marcoulides, George A. (Hrsg.): Modern Methods for Business Research, Mahwah et al., S. 251-294.

Ringle, Christian M. (2004a): Messung von Kausalmodellen: Ein Methodenvergleich, Arbeitspapier Industrielles Management Nr. 14, Universität Hamburg.

Ringle, Christian M. (2004b): Gütemaße für den Partial Least Squares-Ansatz zur Bestimmung von Kausalmodellen, Arbeitspapier Industrielles Management Nr. 16, Universität Hamburg.

Ritter, Joachim (1971): Historisches Wörterbuch der Philosophie, Band 1, Basel, Stuttgart.

Rodgers, Shelly (2004): The Effects of Sponsor Relevance on Consumer Reactions to Internet Sponsorship, in: Journal of Advertising, Vol. 32, Nr. 4, S. 67-76.

Rogers, Everett. M. (1983): Diffusion of Innovations, 3. Auflage, New York.

Romeo, Jean B. (1991): The Effect of Negative Information on the Evaluations of Brand Extensions and the Family Brand, in: Advances in Consumer Research, Vol. 18, S. 399-406.

Rosen, Sherwin (1981): The Economics of Superstars, in: American Economic Review, Vol. 71, Nr. 6, S. 845-858.

Rosenberg, Morris J. (1956): Cognitive Structure and Attitudinal Affect, in: Journal of Abnormal Social Psychology, Vol. 53, S. 367-372.

Rott, Armin/Schmitt, Stefan (2004): Zur Kreation von Zuschauernachfrage, in: Büch, Martin-Peter/Maennig, Wolfgang/Schulke, Hans-Jürgen (Hrsg.): Sport im Fernsehen – zwischen gesellschaftlichem Anliegen und ökonomischen Interessen, Bundesinstitut für Sportwissenschaft: Wissenschaftliche Berichte und Materialien, Band 7/2004, Köln, S. 29-38.

Rubin, Alan M. (1983): Television Uses and Gratifications: The Interaction of Viewing Patterns and Motivations, in: Journal of Broadcasting, Vol. 27, Nr. 1, S. 37-51.

Rubin, Alan M. (1984): Ritualized and Instrumental Television Viewing, in: Journal of Communication, Vol. 34, Nr. 3, S. 67-77.

Rubin, Alan M. (2002): The Uses-and-Gratification Perspective of Media Effects, in: Bryant, Jennings/Zillmann, Dolf (Hrsg.): Media Effects: Advances in Theory and Research, Mahwah, New York, S. 525-548.

Rühle, Angela (2000): Sportprofile im deutschen Fernsehen, in: Media Perspektiven 11/2000, S. 499-510.

Rühle, Angela (2003): Sportprofile deutscher Fernsehsender 2002, in: Media Perspektiven 5/2003, S. 216-230.

Ruth, Julie A./Simonin, Bernard L. (2003): "Brought to you by Brand A and Brand B", in: Journal of Advertising, Vol. 32, Nr. 3, S. 19-30.

Sattler, Henrik (2001): Brand-Stretching: Chancen und Risiken, in: Köhler, Richard/Maier, Wolfgang/Wiezorek, Heinz (Hrsg.): Erfolgsfaktor Marke: Neue Strategien des Markenmanagements, München, S. 141-149.

Sattler, Henrik/Völckner, Franziska (2002): Bestimmungsfaktoren des Markentransfererfolges. Eine Replikation der Studie von Zatloukal (2002), Research Papers on Marketing and Retailing Nr. 11, University of Hamburg.

Schaffrath, Michael (2002): Sportjournalismus in Deutschland, in: Schwier, Jürgen (Hrsg.): Mediensport: Ein einführendes Handbuch, Schorndorf, S. 7-26.

Schaffrath, Michael (2003): Mehr als 1:0! Die Bedeutung des Live-Kommentars bei Fußballübertragungen – eine explorative Fallstudie, in: Medien- und Kommunikationswissenschaft, 51. Jg., Nr. 1, Baden-Baden, S. 82-104.

Schauerte, Thorsten (2002): Quotengaranten und Minderheitenprogramme: Theoretisch-empirische Analyse der Nutzung von medialen Sportangeboten in Deutschland, http://nbn-resolving.de/urn/resolver.pl?urn=urn:nbn:de:hebis:26-opus-7471, letzter Abruf: 10.10.2006.

Schauerte, Thorsten (2004): Die Entwicklung des Verhältnisses zwischen Sport und Medien, in: Schauerte, Thorsten/Schwier, Jürgen (Hrsg.): Die

Ökonomie des Sports in den Medien, Sportkommunikation Band 1, Köln, S. 84-104.

Schauerte, Thorsten/Schwier, Jürgen (2004): Vorwort, in: Schauerte, Thorsten/Schwier, Jürgen (Hrsg.): Die Ökonomie des Sports in den Medien, Sportkommunikation Band 1, Köln, S. 7-10.

Schellhaaß, Horst M. (1999): Die zentrale Vermarktung von Europapokalspielen – Ausbeutung von Marktmacht oder Sicherung des sportlichen Wettbewerbs?, Arbeitspapiere des Instituts für Rundfunkökonomie, Heft 109, Universität Köln.

Schellhaaß, Horst M. (2000): Sport und Medien – eine Einführung, in: Schellhaaß, Horst M. (Hrsg.): Sport und Medien: Rundfunkfreiheit, Wettbewerb und wirtschaftliche Verwertungsinteressen, Schriften zur Rundfunkökonomie, Band 8, Berlin, S. 7-10.

Schellhaaß, Horst M. (2003a): Sport als Teil des öffentlich-rechtlichen Programmauftrags, Arbeitspapiere des Instituts für Rundfunkökonomie, Heft 174, Universität Köln.

Schellhaaß, Horst M. (2003b): Strategien zur Vermarktung des Sports im Fernsehen, Arbeitspapiere des Instituts für Rundfunkökonomie, Heft 172, Universität Köln.

Schellhaaß, Horst M./Hafkemeyer, Lutz (2002): Wie kommt der Sport ins Fernsehen? Eine wettbewerbspolitische Analyse, Bundesinstitut für Sportwissenschaft: Wissenschaftliche Berichte und Materialien, Band 8/2002, Köln.

Schenk, Michael (2002): Medienwirkungsforschung, 2. Auflage, Tübingen.

Schmitz, Bernhard/Alsdorf, Claudia/Sang, Fritz/Tasche, Karl: (1993): Der Einfluss psychologischer und familialer Rezipientenmerkmale auf die Fernsehmotivation, in: Rundfunk und Fernsehen 41, 1/1993, S. 5-19.

Schramm, Holger/Dohle, Marco/Klimmt, Christoph (2004): Das Erleben von Fußball im Fernsehen, in: Schramm, Holger (Hrsg.): Die Rezeption des Sports in den Medien, Sportkommunikation Band 3, Köln, S. 121-142.

Schramm, Holger/Hartmann, Tilo/Klimmt, Christoph (2002): Desiderata und Perspektiven der Forschung über Parasoziale Interaktionen und Beziehungen zu Medienfiguren, in: Publizistik, Nr. 47, S. 436-459.

Schramm, Holger/Klimmt, Christoph (2003): „Nach dem Spiel ist vor dem Spiel", in: Medien- und Kommunikationswissenschaft, 51. Jg., Heft 1, S. 55-81.

Schwier, Jürgen (2000): Sport als populäre Kultur: Sport, Medien und Cultural Studies, in: Trendsport Wissenschaft, Band 5, Hamburg.

SevenOne Media GmbH (2004a): Die Sinus Milieus 2003/04: Lebensstil und TV-Nutzung, http://appz.sevenonemedia.de/download/publikationen/111 8-03_Sinus-Folder.pdf, letzter Abruf: 13.10.2006.

SevenOne Media GmbH (2004b): Semiometrie: Der Zielgruppe auf der Spur, http://appz.sevenonemedia.de/download/publikationen/Semiometrie.pdf, letzter Abruf: 13.10.2006.

SevenOne Media GmbH (2005): TimeBudget 12: 1999-2005, http://appz. sevenonemedia.de/download/publikationen/TimeBudget12.pdf, letzter Abruf: 13.10.2006.

Siegert, Gabriele/Lobigs, Frank (2004): Powerplay – Sport aus Perspektive des strategischen TV-Managements, in: Schauerte, Thorsten/Schwier, Jürgen (Hrsg.): Die Ökonomie des Sports in den Medien, Sportkommunikation Band 1, Köln, S. 168-196.

Sinus Sociovision (2006): http://www.sinus-sociovision.de, letzter Abruf: 10.12.2006.

Sirgy, Joseph M. (1986): Self Congruity: Toward a Theory of Personality and Cybernetics, New York.

Slack, Nigel (1994): The Importance-Performance Matrix as a Determinant of Improvement Priority, in: International Journal of Operations & Production Management, Vol. 14, Nr. 5, S: 59-75.

Sloan, Lloyd Reynolds (1989): The Motives of Sport Fans, in: Goldstein, Jeffrey H. (Hrsg.): Sport, Games and Play: Social and Psychological Viewpoints, 2. Auflage, Hillsdale, S. 175-240.

Snyder, Charles R./Lassegard, MaryAnne/Ford, Carol E. (1986): Distancing After Group Success and Failure: Basking in Reflected Glory and Cutting off Reflected Failure, in: Journal of Personality and Social Psychology, 51, S. 382-388.

Stigler, George J./Becker, Gary S. (1977): De Gustibus Non Est Disputandum, in: American Economic Review, Vol. 67, Nr. 2, S. 76-90.

Stolte, Dieter (1996): Markenkommunikation und Medienwirtschaft, in: Markenartikel 8/1996, S. 357-358.

Strauss, Bernd (2002): Zuschauer und Mediensport, in: Schwier, Jürgen (Hrsg.): Mediensport: Ein einführendes Handbuch, Schorndorf, S. 151-171.

Strobach, Rolf (1993): Die Rolle der Moderatoren/in in der ZDF-Fernsehsendung „Das aktuelle Sportstudio", in: Krüger, Arnd/ Scharenberg, Swantje (Hrsg.): Wie die Medien den Sport aufbereiten: Ausgewählte Aspekte zur Sportpublizistik, Beiträge und Quellen zu Sport und Gesellschaft, Band 5, Berlin, S. 122-136.

Tajfel, Henri (Hrsg.): Social Identity and Intergroup Relations, Cambridge.

Tauber, Edward M (1981): Brand Franchise Extension: New Product Benefits From Existing Brand Names, in: Business Horizonts, Vol. 24, Nr. 2, S. 36-41.

Tauber, Edward M. (1988): Brand Leverage: Strategy for Growth in a Cost-Control World, in: Journal of Advertising Research, August/September 1988, S. 26-30.

Teichert, Will (1975): Bedürfnisstruktur und Mediennutzung, in: Rundfunk und Fernsehen, 23 Jg., Heft 3/4, S. 269-283.

Trail, Galen T./Fink, Janet S./Anderson, Dean F. (2003): Sport Spectator Consumption Behavior, in: Sport Marketing Quarterly, Vol. 12, Nr. 1, S. 8-17.

Trail, Galen T./James, Jeffrey D. (2001): The Motivation Scale of Sport Consumption: Assessment of the Scale's Psychometric Properties, in: Journal of Sport Behavior, Vol. 24, Nr. 1, S. 108-127.

Trommsdorff, Volker (1975): Die Messung von Produktimages für das Marketing: Grundlagen und Operationalisierung, Köln et al.

Trommsdorff, Volker (2002): Konsumentenverhalten, 4. Auflage, Stuttgart.

Turner, John C. (1987): Rediscovering the Social Group: A Self-Categorization
Theory, Oxford.

Vorderer, Peter (1996): Rezeptionsmotivation. Warum nutzen Rezipienten
mediale Unterhaltungsangebote?, in: Publizistik, Nr. 41, Heft 3, S. 310-
326.

Vorderer, Peter (1998): Unterhaltung durch Fernsehen: Welche Rolle spielen
parasoziale Beziehungen zwischen Zuschauern und Fernsehakteuren?,
in: Klingler, Walter/Roters, Gunnar/Zöllner, Oliver (Hrsg.): Fernsehforschung in Deutschland: Themen, Akteure, Methoden, SWR: Schriftenreihe: Medienforschung 1, Band 2, Baden-Baden, S. 689-707.

Wann, Daniel (2006): Examining the Potential Causal Relationship Between
Sport Team Identification and Psychological Well-being, in: Journal of
Sport Behavior, Vol. 29, Nr. 1, S. 79-95.

Wann, Daniel L./Royalty, Joel L./Roberts, Angie (2000): The Self-Presentation
of Sport Fans: Investigating the Importance of Team Identification and
Self Esteem, in: Journal of Sport Behavior, Vol. 23, Nr. 2, S. 198-206.

Wann, Daniel L./Royalty, Joel L./Rochelle, Al R. (2002): Using Motivation and
Team Identification to Predict Sport Fans' Emotional Responses to
Team Performance, in: Journal of Sport Behavior, Vol. 25, Nr. 2, S. 207-
216.

Wann, Daniel L./Schrader, Michael P./Wilson, Antony M. (1999): Sport Fan
Motivation: Questionnaire Validation, Comparisons by Sport, and Relationship to Athletic Motivation, in: Journal of Sport Behavior, Vol. 22, Nr.
1, S. 114-13.

Wann, Daniel L./Waddill, Paula J./Dunham, Mardis D. (2004): Using Sex and
Gender Role Orientation to Predict Level of Sport Fandom, in: Journal of
Sport Behavior, Vol. 27, Nr. 4, S. 367-377.

Weischenberg, Siegfried (1976): Die Außenseiter der Redaktion, Bochumer Studien zur Publizistik und Kommunikationswissenschaft, Band 9, Bochum.

Wenner, Lawrence A./Gantz, Walter (1989): The Audience Experience with Sports on Television, in: Wenner, Lawrence A. (Hrsg.): Media, Sports & Society, Newburg Park, S. 241-269.

Wold, Herman (1980): Model Construction and Evaluation When the Theoretical Knowledge is Scarce: Theory and Application of Partial Least Squares, in: Kmenta, Jan/Ramsey, James G. (Hrsg.): Evaluation of Econometric Models, New York, S. 47-74.

Woratschek, Herbert/Schafmeister, Guido: Einflussfaktoren der TV-Nachfrage nach Sportübertragungen – Wettbewerb, Konsumkapital, Popularität, Spannungsgrad und Relevanz, in: Schauerte, Thorsten/Schwier, Jürgen (Hrsg.): Die Ökonomie des Sports in den Medien, Sportkommunikation Band 1, Köln, S. 61-83.

Zhang, James J./Pease, Dale G./Lam, Eddie T. C./Bellerive, Liette M./Pham, Uyen L./Williamson, Debbie P./Lee, Jay T./Wall, Kenneth A. (2001): Sociomotival Factors Affecting Spectator Attendance at Minor League Hockey Games, in: Sport Marketing Quarterly, Vol. 10, Nr. 1, S. 43-54.

Zillmann, Dolf (1983): Transfer of Excitation in Emotional Behaviour, in: Cacioppo, John T./Petty, Richard E. (Hrsg.): Social Psychophysiology: A Source Book, New York, S. 215-240.

Zillmann, Dolf/Bryant, Jennings (1985): Selective Exposure to Communication, Hillsdale et al.

Zillmann, Dolf/Bryant, Jennings/Sapolsky, Barry S. (1989): Enjoyment from Sports Spectatorship, in: Goldstein, Jeffrey H. (Hrsg.): Sport, Games and Play: Social and Psychological Viewpoints, 2. Auflage, Hillsdale, S. 241-278.

Zillmann, Dolf/Paulus, Paul B. (1993): Spectators: Reactions to Sport Events and Effects on Athletic Performance, in: Singer, Robert N./Murphey,

Milledge/Tennant, L. Keith (Hrsg.): Handbook of Research on Sports Psychology, New York, S. 600-619.

Zubayr, Camille/Geese, Stefan/Gerhard, Heinz (2004): Olympia 2004 im Fernsehen, in: Media Perspektiven 10/2004, S. 466-471.

Zuckerman, Marvin (1994): Behavioral Expressions of Biosocial Bases of Sensation Seeking, Cambridge.

# 2hm & Associates GmbH
Research. Consulting. Implementation.

Unser Ziel als erfolgreiche Strategie- und Managementberatung ist Wettbewerbsvorteile für unsere Kunden zu schaffen.

Dabei setzen wir auf unseren 360°-Beratungsansatz:

- ▶ hochwertige Marktforschung,
- ▶ belastbare Beratungsansätze und
- ▶ prozessorientierte Umsetzung.

Diese Qualität belegen wir durch einen hohen Stamm loyaler Kunden, preisgekrönte Methodeninnovationen, zahlreiche Veröffentlichungen und Beratungsprojekte auf allen 5 Kontinenten.

re Referenzen (Auszug)

       Deutsche Bank

2hm & Associates GmbH
Breidenbacherstraße 8-10
D- 55116 Mainz

Fon:   +49 6131-3716-60
Fax:   +49 6131-3716-50

info@2hm.com
www.2hm.com

Printed in the United States
By Bookmasters